주요대학 15명의 학생부종합전형 합격 사례 심층분석

학생부종합전형 마스터 플랜

주요대학 15명의
학생부종합전형 합격 사례 심층분석

학생부종합전형 마스터 플랜

펴낸날 2017년 4월 3일 1판 1쇄

지은이 투모라이즈-S 대입진학프로그램 연구진

펴낸이 김영선
교정·교열 이교숙
디자인 윤영옥

펴낸곳 (주)다빈치하우스-미디어숲
주소 경기도 고양시 일산서구 고양대로 632번길 60, 405호
전화 02-323-7234
팩스 02-323-0253
홈페이지 www.mfbook.co.kr
출판등록번호 제 2-2767호

값 18,800원
ISBN 979-11-5874-019-1

이 도서의 국립중앙도서관 출판예정도서목록(CIP)은 서지정보유통지원시스템 홈페이지(http://seoji.nl.go.kr)와 국가자료공동
목록시스템(http://www.nl.go.kr/kolisnet)에서 이용하실 수 있습니다.
(CIP제어번호: CIP 2017005383)

주요대학 15명의 학생부종합전형 합격 사례 심층분석

학생부종합전형 마스터 플랜

투모라이즈-S 대입진학프로그램 연구진 지음

미디어숲

현재 전 세계의 가장 큰 이슈 중 하나는 4차 산업혁명이라 할 수 있습니다. 기술 융합을 통해 산업구조가 근본적으로 변화하는 현상을 산업혁명이라고 정의할 때, 1차 산업혁명은 농·축산업, 2차 산업혁명은 제조업, 3차 산업혁명은 IT정보기술 서비스업의 변화를 불러일으켰습니다. 그러나 4차 산업혁명은 모바일 인터넷, 센서, 빅데이터, 인공지능, 3D프린터, 합성생물학 등 전 방위적으로 전체 산업의 혁신을 이끌고 있습니다.

이러한 혁신은 기존의 산업 질서를 무력화시키는 특징이 있습니다. 공간을 이동하고 싶은 소비자와 이동 도구를 가진 자동차 소유자를 연결하는 '우버'는 세계 최대의 여객운수업체이지만 자동차는 한 대도 없습니다. 숙박시설을 찾는 소비자와 빈 방을 활용하고 싶은 집주인을 연결하는 '에어비앤비'는 세계 최대 숙박회사이지만, 숙박시설은 한 곳도 운영하고 있지 않습니다. 세계에서 가장 많은 상품을 유통시키는 '아마존'은 세계 최대의 유통회사이지만, 매장을 한 곳도 보유하고 있지 않습니다. 무인전기자동차 시대를 앞둔 지금 현대자동차의 가장 큰 경쟁자는 세계적으로는 구글과 애플이고, 국내에서는 네이버와 삼성전자일 수도 있습니다.

이제 우리 청소년들이 경험할 세상은 기성세대가 살아온 세상과는 비교할 수 없을 만큼 다른 세상입니다. 이전에 없는 세상을 스스로 만들어가고 그 속에서 살아가야 하는 우리 아이들이기에, 이들에게 필요한 교육은 기존의 그것과는 달라져야 합니다.

지난 2015년 말 발표되어, 2018년부터 적용되는 '2015 개정교육과정'에서는 기존의 지식 중심교육에서, 미래 사회를 살아가는 데 필요한 능력을 키우는 역량 중심의 교육으로 큰 축을 이동하였습니다. 이는 지식을 많이 습득하는 것보다, 자신이 알고 있는 지식을 활용하여 문제를 해결하고, 새로운 가치를 만들어 낼 수 있는 인재를 만들어내겠다는 것이 주요 골자입니다.

자동차를 연구하고 싶은 학생이 있다면 기계공학과가 아니라 전자공학과로 진학의 방향을 바꿔야 할 수도 있습니다. 내연기관을 이용해 이동하는 수단이 아니라, 배터리와 모터를 통해 이동하는 수단이기 때문입니다. 그리고 자동차의 용도 역시 이동수단에 앞서 새로운 라이프스타일을 창조하는 공간일 수 있습니다. 영화를 보고, 사람을 만나고, 휴식을 취하는 공간으로서 자동차를 바라볼 수 있어야 합니다. 이를 위해서 인간의 삶에 대해 고민하는 인문학자들의 역할이 자동차 산업에서 더욱 커질 수 있습니다. 그래서 사람의 삶을 이해하는 과학자, 과학의 원리를 이해하는 인문학자와 같이 학문의 경계도 사라질 것입니다.

우리 청소년들에게 필요한 공부는 세상을 넓게 이해하고, 특히 자신이 관심 있어 하는 분야는 깊이 이해하고 경험하는 'T' 자형 배움입니다. 이러한 배움의 깊이는 지식의 양을 평가하는 지필고사(중간/기말/수능시험)의 형태뿐 아니라, 수행평가와 면접 등 다양한 방법을 활용한 종합평가의 형식으로 확대될 것입니다. 그것이 바로 현재의 학생부종합전형입니다.

앞으로의 입시가 또 어떻게 바뀔지 모르겠습니다만, 이러한 사회 흐름과 연계해 판단한다면 형태의 변화는 있겠지만, 학생의 역량을 종합적으로 평가하여 미래사회를 이끌어갈 인재를 선발해야 한다는 기조에는 변화가 없을 것입니다.

이 책은 현재 진행되고 있는 학생부종합전형을 통해 명문대학에 입학한 학생들을 심층적으로 분석한 내용을 담고 있습니다. 이들의 입시준비 과정을 보고 따라 하는 것이 중요한 것이 아니라, 이 학생들이 어떤 분야에 관심을 갖게 되었고, 왜 그러한 활동을 하였으며, 그 활동을 통해 무엇을 배우고 느꼈는가를 이해하는 것이 중요한 것 같습니다. 그들의 성공한 사례를 면밀히 살펴보면 준비과정의 맥락이 보이고, 그 맥락을 나의 삶에 투영시킬 때 나만의 이야기를 만들어갈 수 있습니다. 자신의 길을 찾아가는 데 어려움을 느끼거나, 학생부종합전형을 통해 어떤 학생을 선발하려고 하는가에 대한 궁금증을 갖는 독자 분들께 큰 도움이 될 것으로 기대해 봅니다.

좋은 사례 발굴을 위해 노력해주신 전용준 소장님과 투모라이즈-S 대입진학 프로그램 연구진들께 큰 감사의 말씀을 올립니다.

감사합니다.

디비케이에듀케이션 대표이사 임정빈

교육부가 최근 배포한 2017학년도 학교생활기록부 기재 요령에 따르면, 예년 처럼 학기말이나 학년말에 학생의 학교활동 결과물을 기록하는 기재 방식에서 벗어나, 학생의 자기 주도적인 학교생활 활동에 대한 과정과 성장의 모습들을 상시로 현장에서 관찰한 다음 기록하는 방식으로 변경 발표되었습니다.

2016대비 변경된 특징들로 진로희망사유는 학생의 희망직업에 대한 진로선택 동기, 이유, 계기 등의 상담 결과를 기초로 입력하게 되며, 학생부종합전형에 대한 일부 언론의 '금수저 전형' 논란의 쟁점이 되어 온 소위 소논문 관련 자율탐구활동은 정규교육 이수과정의 범위 내에서 참여하는 학생주도로 진행되는 연구주제, 참여인원, 소요시간만을 기재하도록 하였습니다. 이는 학생부종합전형 제출서류에서 가장 중요한 서류인 학교생활기록부의 신뢰성과 공정성을 제고하려는 교육부의 노력을 엿볼 수가 있습니다.

한편, 학교생활기록부에서 대학입학사정관들의 가장 중요한 평가항목인 교과학습발달상황(소위 교과세특)은 학생들의 수업참여 태도와 노력 그리고 교과별 성취기준에 따른 학습목표 성취를 변화와 성장의 과정중심으로 기록이 강조되고 있습니다. 또한, 어떠한 교외활동의 구체적인 기관명, 상호명, 강사명 등이 학교생활기록부의 어떠한 항목에도 기재할 수 없게 하여 온전하게 지원 학생들이 학교생활 전반에 걸쳐 교과와 비교과에 충실했다면, 학생부종합전형에 지원하는 데 어려움이 없도록 학교생활기록부의 관리 및 개선을 통해 학생부종합전형에 대한 오해를 해소하려는 교육부의 의지도 함께 느낄 수 있습니다.

특히 이러한 학교생활기록부 기재 개선 방안은 경희대학교 입학 전형연구센터가 전국대학 입학사정관 212명을 대상으로 '학생부종합전형으로 학생 선발 시 가장 중요하게 고려하는 평가요소가 무엇인가'라는 설문조사(2월 13일 발표)에서 학교생활기록부의 교과 및 교과 활동이 가장 중요한 평가요소이며, 자기소개서와 추천서는 참고자료로 보고 있다는 결과와 마찬가지로 학교생활기록부의 중요성이 학생부종합전형에서 더욱 중요해졌다고 볼 수 있습니다.

2018학년도 대입전형 시행계획안에 따르면, 수시 비중은 올해 최대치로 확대되어 73.7%로 전국 197개 4년제 대학 기준으로 처음 70%선을 초과했습니다. 그 가운데 학생부 교과 전형이 가장 큰 비중을 차지하는 것처럼 보이지만, 수시 100%를 학생부종합전형으로 선발하는 서울대를 필두로 고려대 62%, 서강대 55.4% 등 실제 상위 12개 대학 기준으로는 학생부종합전형은 수시전형 내에서 43.7%를 선발하고 있습니다.

이 책은 이러한 학생부종합전형 확대 실시로 학부모와 수험생들에게 도움을 드리고자, 작년 2017학년도에 실제 최종 합격한 상위권 대학 15명의 합격사례 심층 분석을 통해서 학생부종합전형에 가이드 역할을 하고자 합니다. 특히 작년 6월 한양대에서 개최된 '학생부종합전형 발전을 위한 고교-대학 연계 포럼'에서 서울대학교 권오현 입학본부장이 언급한 "학교생활기록부가 유일한 평가서류이고, 자기소개서나 추천서, 프로필 등은 참고자료일 뿐이며 자기소개서만으로는 서울대학교에 합격할 수 없다."라는 의견과 맥락을 함께 해 직접 현장에서 입학 상담한 투모라이즈-S 대입진학프로그램 모든 연구진이 15명 합격생의 학교생활기록부를 학년별 그리고 항목별로 심층적으로 분석 분류하였습니다.

학교생활기록부의 분석 내용들을 바탕으로 실제 자기소개서 스토리를 추출한 다음, 활동별로 STAR 방식[Situation(참여 상황)−Task(목표/역할)−Action(실천 사례)−Result(결과/변화/성장)]으로 개요를 정리했습니다. 이를 바탕으로 완성된 자기소개서를 보여줌으로써 학교생활기록부와 자기소개서의 연계성에 대한 이해를 돕고자 하였습니다.

끝으로 활동 증빙자료, 실제 면접 후기, 학생 인터뷰 그리고 전문가 의견을 실어 합격생들의 고교환경의 활동상황에 대한 이해 및 수시합불 여부까지 공개함으로써 전형적합 측면에서의 수시지원 전략 및 대학의 평가방식까지도 최대한 독자들에게 보여드려 학생부종합전형에 대한 오해를 불식시키고자 노력하였습니다.

원고마감까지 휴일도 없이 합격생들과의 인터뷰와 원고 관련 마라톤 회의 및 다양한 의견을 주신 투모라이즈−S 대입진학프로그램 모든 연구진과 원고 작성에 아낌없이 후원을 해주신 미디어숲 김영선 대표이사님과 투모라이즈 임정빈 대표님께도 감사의 말씀을 전합니다.

DBK에듀케이션 대입진학프로그램 연구소장 전용준

CONTENTS

Part 3 합격자 자기소개서

PART. 1

인문사회계열

서울대학교_지역균형선발전형
문이과를 아우르는 다양한 경험으로
학문 간 융합적 매력에 빠지다

자유전공학부 / 일반고 박소정 학생

학 생 합 격 인 터 뷰

"합격 비결이라기보다 제가 3년간 치열하게 살아올 수 있었던 원동력은 저에 대한 믿음과 정신력이 었던 것 같아요. 힘들 때마다 '아니야 벌써 그러지 말자. 뭐든 긍정적으로 즐겁게 생각하면서 하자', '난 뭐든 다 할 수 있어.'라고 주문을 외웠습니다. 내신과 비교과, 수능을 모두 챙기는 것이 버겁기는 했지만 문이과를 구분하지 않고 호기심으로 시작한 다양한 도전들이 결국은 차곡차곡 쌓여 실력을 올려주었던 것 같습니다."

01 고교3년 열정 STORY

진로희망사항

구분	1학년	2학년	3학년 1학기
진로 희망	국어교사	대학교수	대학교수
희망사유	환경이 열악한 아이들 대상으로 한글교육봉사를 하다 보니 국어교사를 희망하다.	한 주제를 연구, 조사, 분석하는 과정을 거쳐 토론 및 발표대회에 도전해봤던 1년의 경험이 학문의 발전과 인재 양성에 힘을 쏟는 전문인을 꿈꾸게 하다.	사회학, 경제학, 교육학을 공부하고 연구하는 것을 넘어 새로운 학문을 탐구하며 학생들의 심도 있는 학문적 지식을 공유하는 교육자를 희망하다.

> 다문화가정 학생들의 학습지도를 통해 막연하게 교사가 되고 싶었지만, 한 주제를 연구, 조사, 발표하는 다양한 활동을 통해 지적 호기심이 확장, 깊이 있는 학문의 세계를 접하게 되면서 새로운 학문을 탐구하는 대학교수를 꿈꾸게 됨.

수상경력

구분		1학년	2학년	3학년 1학기
수상경력	학업역량	• 영어경시대회(장려상) • 과학경시대회(지구과학)(동상) • 수학경시대회(인문계열)(대상) • 1학기 교과우수상(수학1, 실용영어1, 한국사, 한문1) • 2학기 교과우수상(국어2, 수학2, 한문1, 기술가정)	• 1학기성적우수상(경제, 미적분1, 생명과학1, 영어1, 일본어1) • 2학기 성적우수상(경제, 교양실기, 영어독해와 작문, 일본어1, 확률과통계, 화학1)	• 1학기 성적우수상(독서와문법, 생활과윤리, 영어2, 한국사, 한국지리, 한문2, 화법과작문, 확률과 통계)
	전공적합역량	• 과학탐구토론대회(은상) • 탐구발표대회(은상) • 교내 논술대회(장려상) • 영어 Essay Contest(동상)	• 영어 Essay Contest(동상) • 과학탐구 논술대회(생명과학)(은상) • 수리과학탐구논술 대회(대상) • 인문사회 논술대회(은상) • Debate Contest 우수상 • 인문사회 토론대회(금상) • 자연과학 핫 이슈 토론대회(동상)	• 인문논술대회(동상) • 수리과학 심화탐구 경연 대회(대상) • 교내 인문학탐구대회(국가개인)(은상) • 교내 인문학탐구대회(동서고전)(은상) • 교내 인문학탐구대회(우리문화)(동상)

구분		1학년	2학년	3학년 1학기
수상경력	경험다양	• 인문사회독서 경진대회(은상) • 교내 독서토론대회(은상) • 과학독후감쓰기대회(금상) • 백일장(산문)(은상) • 호국보훈의 달 기념 작품 경진대회(장려상) • 자기주도학습상(1년) • 친구사랑 117데이 대회(동상) • 자연체험 작품(동상)	• 교내 백일장 산문부(은상) • 환경논술대회(동상) • 자율동아리 활동 포스터 전시회(은상) • 소규모 테마형 교육여행 보고서 우수작품상(은상) • 친구사랑 117 데이 대회(4행시)(동상) • 도서관 활용 우수상(동상) • 자기주도학습우수자	• 교내 백일장(산문부)(은상) • 도서관 활동 우수상(다독상)(금상) • 교내 인문사회독서대회(금상) • 수리과학 독서대회(은상)
	인성역량	• 모범상(생활규칙 준수)	• 모범상(봉사활동우수상) • 모범상(선행상)	

> 5학기 전 교과 학업의 탁월성은 물론이고, 인문계와 자연계를 구분하지 않고 다양한 활동을 펼치는 모습은 지적 호기심, 자기 주도성을 보여주고 있으며 3년 동안 토론과 탐구대회를 통해 성장하는 결과물들은 전공적합성과 발전가능성이 잘 보여주고 있음.

창의적 체험활동 상황

구분		1학년	2학년	3학년 1학기
창의적 체험활동 상황	자율활동	• 1학기 학급회장 • 자연체험의 날	• 1학기 학급 부회장 • 교내 백일장 사생대회 • 친구사랑 117 데이	• 1학기 학급회장 • 교내 백일장 및 사생대회
	동아리활동	• 영어 신문반	• 영어 신문반 • 서양문화탐구반 • 인문-자연 융합포럼반(자율동아리) • 인문사회학술연구회반(자율동아리) • 방과후 탁구반(스포츠클럽)	• 수리과학독서반 • 인문-자연 융합포럼반(자율동아리) • 방과후 탁구반(스포츠클럽)
	봉사활동	• 교내 봉사 • 살레시오수녀회다문화교실(45시간) • 지역아동센터 학습지도(16시간)	• 교내 봉사 • 살레시오수녀회다문화교실(18시간) • 지역아동센터 학습지도(66시간)	• 교내 봉사 • 살레시오수녀회다문화교실(5시간) • 지역아동센터 학습지도(28시간)

구분	1학년	2학년	3학년 1학기
진로활동		• 장애학생도우미활동(학급)(10시간)	
	봉사시간 총 73시간	봉사시간 총 118시간	봉사시간 총 38시간
	• 대학탐방의 날(서울대학교 탐방) • 한국 잡월드 방문	• 자기소개서 논술반 참가 • 진로인성 프로그램 SNUE 공감 멘토링 프로그램 참여 및 수료	• K-MOOC '경제학들어가기' 강좌 수료 • 대학탐방(경제학교수 면담)

창의적 체험활동 안에 담겨진 인문, 사회, 과학 등을 아우르는 다양한 동아리 활동을 통해 융합적 학문을 경험한 것이 보이고, 3년간의 229시간의 학습지도 봉사시간이 '가르치고 공유하는 교수'라는 진로 설정이 진정성 있게 평가됨.

독서활동 상황

구분	1학년	2학년	3학년 1학기
독서활동 상황	• 꿈이 있는 공부는 배신하지 않는다_쇼 야노 • 멋진 신세계_올더스 헉슬리 • 수학, 철학에 미치다_장우석 • 과학 콘서트_정재승	• 무한상상력을 위한 크로스_정재승, 진중권 • 그림 속 경제학_문소영 • 학문의 즐거움_히로나카 헤이스케 • 미술관에 간 화학자_전창림 • 이기적유전자_리처드도킨스	• 내 안에서 나를 만드는 것들_러셀 로버츠 • 경제학, 인문의 경계를 넘나들다_오형규 • 박경미의 수학N_박경미 • 수학 끼고 가는 이탈리아_남호영, 정미자 • 통계 속 숫자의 거짓말_게르트 보스바흐 외
	국어7권/수학1권/영어1권/사회1권/과학2권/공통13권 = 총 25권	국어2권/수학1권/영어1권/사회3권/과학2권/공통6권 = 총 15권	수학2권/과학1권/공통4권 = 총 7권

1학년 때부터 진로를 찾기 위한 여정으로 책을 선택했고, 교과목 학습, 동아리 활동과 탐구, 토론대회를 도전할 때마다 결과물을 만드는 과정에서 책을 통한 사고의 확장과 깊이 있는 역량을 발전시켰음이 보임.

02 나의 성적

교과	학년 전체
국어	1.23
수학	1.00
영어	1.00
사회	1.09
과학	1.00

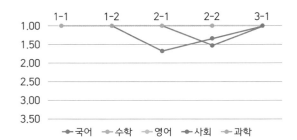

교과	학년 전체
전 교과	1.07
계열 교과	1.09

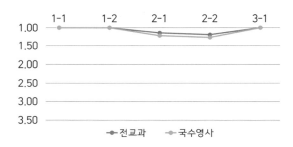

03 자기소개서 분석

1단계 자기소개서 작성을 위한 소재 찾기

	학업역량	전공적합성	발전가능성	인성
4. 수상 경력	• 교과우수상(27개) • 영어경시대회(장려상) • 과학경시대회(지구과학) • 수학경시대회(인문계열)	• 과학탐구토론대회 • 과학탐구논술대회 • 수리과학탐구 논술대회 • 인문사회논술대회 • 인문사회토론대회 • 자연과학 핫이슈 토론대회 • 인문논술대회 • 수리과학 심화탐구 경연대회 • 교내인문학탐구대회	• 인문사회독서경진대회 • 교내독서토론대회 • 과학독후감쓰기대회 • 교내백일장 산문부 • 수리과학 독서대회 • 영어에세이 Contest • Debate Contest • 자기주도학습상	—

	학업역량	전공적합성	발전가능성	인성
6. 진로		• 1학년 : 교사 • 2, 3학년 : 대학 교수		–
7. 창의적 체험 활동 (자동 봉진)	• 영어 신문반(경제, 교육분야 교내 영자 신문 기사화) • 서양문화탐구반(영어책자 발간) • 인문자연융합포럼반(논문 작성 구암학술제에서 발표) • 인문사회학술연구회(영어논문집 발간) • 수리과학독서반 • KMOOC '경제학들어가기' 강좌 수료 • 경제학교수 면담 • 진로인성프로그램 대학연계공감멘토링 프로그램참여 및 수료			• 학급임원 • 방과후 탁구반 (스포츠클럽)
8. 교과 세부 능력 특기 상황	• 구암융합인재캠프(나노과학, 해석기하, 영미문장, 사회주제, 융합과학 주제탐구)	• 자연과학 핫이슈 토론대회(인문학적인 해석 시도) • '연구법 및 논문작성' 전문가특강(통계학을 만나다)		–
9. 독서	• 그림 속 경제학_문소영 • 학문의 즐거움_히로나카 헤이스케 • 미술관에 간 화학자_전창림 • 이기적유전자_리처드 도킨스 • 내 안에서 나를 만드는 것들_러셀 로버츠 • 경제학, 인문의 경계를 넘나들다_오형규 • 박경미의 수학N_박경미 • 수학 끼고 가는 이탈리아_남호영 외 • 통계 속 숫자의 거짓말_게르트보스바흐 외		–	–

2단계 자기소개서 개요정리

STAR 방식 분석		학생부 연계 활용분석	지원대학 평가요소 분석
구분	내용		
Situation (상황, 배경)	2학년 9월, 과학실에 붙어있는 '빛이 현대사회에 활용되는 사례와 개선방안'을 주제로 한 과학탐구대회의 안내장을 봄	수상경력 + 동아리 활동 (자율동아리) + 교과세특(화학1) + 독서활동	학업 역량 (교과학습능력, 지식의 누적, 지식의 확장) + 학습 태도 (교과지식의 활용, 지적 호기심, 자기 주도성, 비판적 사고력)
Task (목표, 역할)	자연계 학생들을 중심으로 이뤄지는 대회에 인문학적인 과학을 보여주고 싶어 친구 2명을 설득해 참가		
Action (구체적인 행동)	1) 인간의 미의식과 감성을 좌우하는 소통의 매개에서 조형예술과 테크놀로지 미술인 '라이트아트'까지 이어지는 빛과 그것의 기계적 상호작용에 주목		

STAR 방식 분석		학생부 연계 활용분석	지원대학 평가요소 분석
구분	내용		
	2) 전명조명 없는 3차원적인 무대장치와, '비움'으로 공간을 풍요롭게 하는 구조적, 미학적 디자인으로의 발전방향을 제시		
Result (결과)	전체를 바라보며 깊게 공부하는 것이 진짜 학문하는 것이라는 걸 깨달은 계기		

3단계 자기소개서 완성

2. 고등학교 재학기간 중 본인이 의미를 두고 노력했던 교내 활동을 배우고 느낀 점을 중심으로 3개 이내로 기술해 주시기 바랍니다. 단, 교외 활동 중 학교장의 허락을 받고 참여한 활동은 포함됩니다(1,500자 이내).

빛으로 해낸 성장 '핫이슈 토론대회'

Situation 2학년 9월, 과학실에 붙어있는 '빛이 현대사회에 활용되는 사례와 개선방안'을 주제로 한 과학탐구대회의 안내장을 봤습니다. **Task** 자연계 학생들을 중심으로 이뤄지는 대회에 인문학적인 과학을 보여주고 싶어 친구 2명을 설득해 참가했습니다. 다른 팀들이 전부 공학적으로만 접근하는 것에 반해 **Action** 저희는 인간의 미의식과 감성을 좌우하는 소통의 매개에서 조형예술과 테크놀로지 미술인 '라이트아트'까지 이어지는 빛과 그것의 기계적 상호작용에 주목했습니다. 또한 전명조명 없는 3차원적인 무대장치와, '비움'으로 공간을 풍요롭게 하는 구조적, 미학적 디자인으로의 발전방향을 제시했습니다. **Result** 빛을 다각도로 바라보고 그 개념의 확장을 탐구하면서 '빛의 세계'가 세상 전체를 상징한다는 생각이 들었습니다. 그리고 마치 '빛'처럼 전체를 바라보며 깊게 공부하는 것이 진짜 학문하는 것이라는 걸 깨달은 계기가 되었습니다.

STAR 방식 분석		학생부 연계 활용분석	지원대학 평가요소 분석
구분	**내용**		
Situation (상황, 배경)	'인문사회 학술연구회반'을 통해 3명의 친구들과 한 팀이 되어 영어교육법에 관한 장기프로젝트논문 도전	수상경력 + 동아리 활동 (자율동아리) + 독서활동	학업 역량 (교과학습능력, 지식의 누적, 지식의 확장) + 학습 태도 (교과지식의 활용, 지적 호기심, 자기 주도성, 비판적 사고력)
Task (목표, 역할)	질문지법과 면접법을 이용하여 수집한 자료를 분석하는 역할		
Action (구체적인 행동)	1) 제가 코딩한 설문에 따른 분석결과를 통계 관련 전문가 선생님의 도움 받음. 2) 가설과 대비된 결과 고민 중 맨-휘트니 검정과 같은 생소한 용어가 많아 도서관에서 '통계학개론', '사회과학도를 위한 기초 통계' 등 통계학서적들을 펼쳐보고 공부함.		
Result (결과)	통계학을 제대로 배워 조사목적에 부합한 자료 수집을 해야겠다고 다짐.		

3단계 자기소개서 완성

2. 고등학교 재학기간 중 본인이 의미를 두고 노력했던 교내 활동을 배우고 느낀 점을 중심으로 3개 이내로 기술해 주시기 바랍니다. 단, 교외 활동 중 학교장의 허락을 받고 참여한 활동은 포함됩니다(1,500자 이내).

영어논문을 통해 통계학을 처음 접하며 느낀 설렘

Situation '인문사회 학술연구회반'을 통해 3명의 친구들과 한 팀이 되어 영어교육법에 관한 장기프로젝트논문을 썼는데 **Task** 저는 주로 질문지법과 면접법을 이용하여 수집한 자료를 분석하는 역할을 맡았습니다. **Action** 처음 써보는 논문인데다가 자료해석 방법을 고민하던 중 통계 관련 전문가 선생님을 통해 제가 코딩한 설문에 따른 분석결과를 얻을 수 있었습니다. 그런데 가설과 대비된 결과에다가 맨-휘트니 검정과 같은 생소한 용어가 많아 거의 이해가 되지 않았습니다. 궁금하면서도 제대로 알아야 결론을 낼 수 있겠다는 생각에 도서관에서 '통계학개론', '사회과학도를 위한 기초통계' 등 통계학서적들을 펼쳐보니 **Result** 그게 바로 비모수통계학이었다는 것을 알았습니다. 어려운 내용으로 가득 차 있어 이해할 순 없었지만, 잘못 설정된 표본집단 때문에 결론이 가설과 어긋난 것이라는 결과는 얻을 수 있었습니다. 이를 계기로 저는 통계학을 제대로 배워 조사목적에 부합한 자료 수집을 해야겠다고 다짐했습니다. 다소 무의미한 설문지였지만, 제겐 아주 유의미한 경험이었습니다.

2단계 **자기소개서 개요정리**

STAR 방식 분석		학생부 연계 활용분석	지원대학 평가요소 분석
구분	내용		
Situation (상황, 배경)	중학교 때부터 탁구를 좋아했던 저는 고등학교에 탁구부가 없어 아쉬움.	수상경력 + 동아리 활동 (스포츠클럽)	개인적 소양 (배려와 나눔, 모험심)
Task (목표, 역할)	2학년 때 친구들과 후배들을 모아 '스포츠클럽 탁구부'를 만듦.		
Action (구체적인 행동)	1) 강당이 좁아 무대를 이용하며 탁구대를 피고 접는 일이 반복 2) 주3회 점심시간 30분을 최대한 활용 3) 많은 학생이 몰리자 체육선생님과 교장 선생님께서도 관심을 가지며 탁구 기계 로봇과 탁구대 4대를 지원 4) 안 쓰는 교실을 탁구장으로 이용 5) 탁구부만의 시간표와 이용규칙 및 관리 시스템을 도입		
Result (결과)	신설학교에 학업으로 지친 후배들을 위한 청소년 문화를 만듦.		

3단계 **자기소개서 완성**

2. 고등학교 재학기간 중 본인이 의미를 두고 노력했던 교내 활동을 배우고 느낀 점을 중심으로 3개 이내로 기술해 주시기 바랍니다. 단, 교외 활동 중 학교장의 허락을 받고 참여한 활동은 포함됩니다(1,500자 이내).

학업생활의 에너지! 탁구부(GuahmTaTe)

Situation 중학교 때부터 탁구를 좋아했던 저는 고등학교에 탁구부가 없다는 게 너무 아쉬워 **Task** 2학년 때 친구들과 후배들을 모아 '스포츠클럽 탁구부'를 만들었습니다. **Action** 강당이 좁아 무대를 이용하며 탁구대를 피고 접는 일이 반복됐지만, 주3회 점심시간 30분을 최대한 활용했습니다. 많은 학생이 몰리자 체육선생님과 교장선생님께서도 관심을 가지며 탁구기계로봇과 탁구대 4대를 지원해주셨습니다. 또 안 쓰는 교실을 탁구장으로 이용할 수 있도록 해주셔서 저희는 요일별로 조를 나눠 탁구부만의 시간표와 이용규칙 및 관리시스템을 도입하여 전교생이 공평하게 탁구를 즐길 수 있도록 했습니다. **Result** 모두가 함께하여 활성화된 탁구부를 보며 이것이 학교의 전통이 되어 계속 이어졌으면 좋겠다는 생각을 했습니다. 신설학교에 학업으로 지친 후배들을 위한 청소년문화를 만들어준 탁구는 제게 벅찬 감동을 남겨주며 생활에 큰 활력소가 되어준 의미 있는 활동이었습니다.

참고 **활동증빙자료**

빛으로 성장한 '핫 이슈 토론 대회'

영어논문을 통해 통계학을 처음 접하다

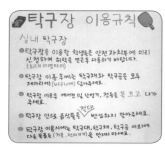

구암의 문화가 된 탁구부

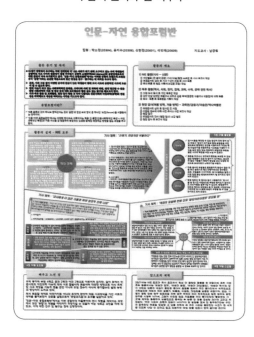

04 면접 후기

면접형식	면접시간	10분
	면접위원 수	면접위원 수 2명(男1 냉정, 女1 다정)
	면접절차	내 순서는 후반 정도(2시간 15분 정도 대기함) 서류기반 + 인성면접(자소서, 생기부 등등)
	면접장 분위기	서울대는 무조건 사복 입어야 함(교복 금지)
	유의사항	

면접질문

Q1 남 면접관 : 먼저 우리 과에 지원한 동기와 입학해서 무슨 과를 전공하고 싶은 지 말해보세요?

A1 저는 고등학교 1학년 때부터 진로가 정해진 적이 없었습니다. 하고 싶은 일도 너무 많고 도전해보고 싶은 분야도 너무 많아서 학교에서도 최대한 다양한 활동을 하려고 노력했고, 문과 이과 상관없이 인문, 사회, 과학, 수학 관련 행사에 참여하는 자체가 즐거웠습니다. 대학에서 전공하고 싶은 학과 하나를 꼭 정해야 한다는 게 굉장히 아쉬웠고, 수시 원서 접수할 때까지도 끊임없이 고민을 했습니다. 그래서 저는 법 관련 진출을 목적으로 공부하는 타 대학의 자유전공학부와 달리 학문과 배움의 폭을 넓힐 수 있는 서울대학교 자유전공학부에 입학하여 멋진 교수님들, 선배님들과 뛰어난 동기들과 함께 주제탐구세미나, 창의탐구세미나, 벼리 캠프 등을 통해 보다 다양한 학문적인 접근을 경험하며 큰 관심이 생기는 분야를 더 심도 있게 융합시켜보고 싶고, 저에 대해 그리고 제 진로에 대해 많이 탐색하고 싶어서 지원했습니다.

Q2 여 면접관 : 보니까 인문학적인 소양도 많지만, 과학적인 활동도 굉장히 많네.

과학에 관심이 많나? 자소서에 인문학적인 과학이라는 말이 있는데 인문학적인 과학이 뭐라고 생각해요?

A2 저는 학교에서 다양한 활동을 하면서도 왜 사회는 인문학적, 사회학적으로만 접근하면서 공부해야 할까 과학은 왜 과학 분야만 연계해서 공부해야 할까 늘 궁금증이 많았습니다. 그리고 스스로 공부할 때나 친구들과 토론할 때 사회, 경제, 철학 분야를 과학과 수학의 관점에서 바라보고 과학적 주제를 인문적, 사회적 관점에서 바라볼 때 많은 것을 배울 수 있었습니다. 저는 결국 과학이라는 학문도 인간을 관찰하고 주변 환경을 관찰하는 것이라고 생각하고 이를 위해 그 속의 본질을 잘 알아야 한다고 생각합니다. 인간 속 본질, 현상의 본질은 인문학, 철학을 통해 더 깊이 알 수 있고 이러한 연계 자체가 융합이고 인문학적인 과학이라고 생각합니다.

Q3 여 면접관 : 보니까 모네 작품과 산업혁명 근대 자본주의, 스펙트럼 분광학에 대해 써놨는데 이게 무슨 뜻인가요?

A3 제가 초등학교 때 미술관에 갔었는데 모네 전시회였습니다. 그때 그림에서 따뜻함이 느껴지는 것에 놀라 반했고, 그 이후 모네 작품집을 찾아보기도 했습니다. 그러다 '생 라자르 역'이라는 작품을 접하게 되었는데 그림에는 기관차가 등장하고 그 위의 빛과 대기의 섞임과 떨림으로 굉장히 어지럽다는 느낌을 받았습니다. 전체적으로 빛과 수증기가 아른거리는 모네의 작품에서 19세기였던 그 당시의 산업혁명 이후의 혁명적 속도가 담겨있다는 것을 느꼈고, 이 그림 자체에서 기술 발전의 혼란스러움을 발견할 수 있었습니다. 그리고 이렇게 시각적으로 느끼게 된 이유가 뭘까 생각하고 고민해보다 점을 찍어 색을 표현하는 점묘기법 때문일 거라는 생각을 하게 되었고, 이때 인상주의 화가들의 기법들에 대해 찾아보게 되었습니다. 모네를 포함한

인상주의 화가들은 물체의 고유한 색을 부정하여 물체의 표면이 반사한 빛이 만드는 순간적인 시시각각의 인상을 표현하는데 직접 색을 섞어서 그리고 칠하는 것이 아니라 작은 점들을 찍어 멀리서 보면 한 색으로 보이게 되는 기법을 사용한 것이었습니다. 이에 대해 공부해보고 찾아보니 '분광법'이라고 부른다는 것을 알게 되었습니다. 저는 이 과정에서 예술을 경제적 사회적 상황 그리고 과학적 기법과 연관 지어 모네의 작품을 산업혁명 이후의 근대 자본주의 그리고 스펙트럼 분광학과 함께 바라볼 수 있었습니다. 음… 이런 것도 어떻게 보면 아까 말씀하셨던 '인문학적인 과학'이지 않을까 생각합니다.

Q4 여 면접관 : 장애인 봉사를 한 것 같은데 여기서 장애인을 통해 어떻게 인식의 변화가 일어났나요?

A4 같은 반에 늘 장애인 친구들이 있다 보니 더 깨닫게 된 게 있습니다. 주변에서는 늘 장애인들은 무조건 도와줘야 하고 장애인들도 도움을 받는 것만을 원한다고 착각하고 오해하는 경우가 많습니다. 하지만 장애인들도 자신들이 비정상적이라 여겨지고 생각되는 게 아니라, 정상적인 사람들과 함께 어울리고 활동하고 노는 것을 더 좋아합니다. 뭐든 장애인들끼리만 노는 게 아니라 정말 누구와도 같이 있고 싶어 하고 우리들처럼 자연스럽게 어울리는 것을 좋아합니다. 그들이 우리들과 어떤 일을 할 때 너무 즐거워한다는 것을 알게 되었고, 앞으로 그들만 남겨두기보다 항상 다른 일반적인 평범한 사람들과 똑같이 대해주는 것이 중요하다는 것을 깨닫게 되었습니다. 그들도 할 수 있다는 것을 알아야 한다고 생각했습니다.

Q5 남 면접관 : 아… 생기부에 나치전쟁이 있는데, 사회실재론의 다른 측면의 긍

정적인 부분에 대해서 말해줄래요?

A5 사회실재론이란 우선 개개인들의 총합만으로는 설명될 수 없는 나타낼 수 없는 전체가 있다고 생각하는데요. 전체, 그 사회라는 틀만의 정체성을 가지고 있어서 개인이 해낼 수 없는 일을 전체로서 할 수 있다고 생각합니다. 또, 사회실재론의 입장에서 보면 개개인의 단점들이 모여서 또 하나의 큰 단점이 되는 것이 아니라, 전체로서 보면 오히려 장점이 될 수 있는 부분도 존재하기 때문에 이러한 긍정적인 측면이 있다고 생각합니다. 저는 학교에서도 전체로서 더 큰 힘을 낼 수 있던 경험이 꽤 많아서 이렇게 생각했습니다(답변 중간에 끝을 알리는 소리 들림.)

Q6 면접관 : 더 물어보고 싶은 게 있는데 시간이 다됐네요.

A6 감사합니다. 안녕히 계세요~!

05 2017 수시전형 지원 대학 합불 결과

대학명	전형명	모집단위	수능최저학력기준	합불여부
서울대학교	지역균형선발전형	자유전공학부	○	합격
연세대학교	학교생활우수자전형	응용통계학과	○	합격
고려대학교	학교장추천전형	통계학과	○	합격
서울교육대학교	학교장추천전형		○	합격
성균관대학교	글로벌인재전형	글로벌경제학과	×	불합격
연세대학교	학생부교과전형	응용통계학과	○	불합격

06 최종합격 대학 전형 분석 (서울대 지역균형선발전형 2017 vs 2018)

① 서울대 2017학년도 수시모집요강(P.14~P.16/P.19~P.25)

전형명	모집단위	모집인원	전형방법 및 특징	수능최저학력기준	제출서류
지역균형선발전형	자유전공학부	33	서류평가+면접	국, 수, 영, 사탐 중 3개 2 ※과학탐구영역응시기준 · 과탐 2과목 응시형태 : 서로 다른 분야의 I+Ⅱ 및 Ⅱ+Ⅱ 두 조합 중 선택, 동일분야 I+Ⅱ 는 인정 안함	· 학교생활기록부 · 자기소개서 + 자기소개서증빙자료 · 학교장추천서 · 추천공문 · 학교소개자료
지원자격	소속 고등학교장의 추천을 받은 2017년 2월 국내 고등학교 졸업예정자 (조기졸업예정자 제외)(추천인원 2명)					

② 서울대 2018학년도 전형계획안(P.7~P.10)

전형명	모집단위	모집인원	전형방법 및 특징	수능최저학력기준	제출서류
지역균형선발전형	자유전공학부	33	서류평가+면접	국, 수, 영, 사탐 중 3개 2 ※ 과학탐구영역역응시기준 · 과탐 2과목 응시형태 : 서로 다른 분야의 I+Ⅱ 및 Ⅱ+Ⅱ 두 조합 중 선택, 동일분야 I +Ⅱ는 인정 안함	· 학교생활기록부 · 자기소개서 + 자기소개서증빙자료 · 학교장추천서 · 추천공문 · 학교소개자료
지원자격	소속 고등학교장의 추천을 받은 2018년 2월 국내 고등학교 졸업예정자 (조기졸업예정자 제외)(추천인원 2명)					

※ 2018학년도 최종 수시요강에서 변동사항 확인바람.

07 합격자 인터뷰

Q1 서울대학교 지역균형선발 전형을 선택하게 된 이유는 무엇이었나요?

A1 아무래도 일반고이다 보니 고등학교 1학년 때부터 지역균형선발 전형으로

목표를 세웠던 것 같아요. 내신을 잘 받을 수 있을 것 같기도 했고, 지역균형선발전형도 학생부종합 전형이다 보니 내신뿐 아니라 고등학교 생활 내내 열심히 활동하는 것도 중요하겠다는 생각도 많이 했어요. 결국 고등학교 3년간의 내신과 비교과 활동 그리고 수능성적이 이 전형을 도전할 수 있게 해주었습니다.

Q2 본인의 학교생활기록부 관리 비결이 있다면 후배들에게 소개 부탁합니다.

A2 정말 치열하게 독하게 살았어요. 그런데 지금 와서 생각해보니 그렇게 마음 먹었던 덕분에 교과 비교과 다 챙길 수 있었던 것 같아요. 너무나 당연해서 요령이라고 할 것까진 없지만, 우선 교과는 무조건 선생님이에요. 수업시간에 100% 집중한다면, 교과 걱정 할 일이 없어요. 물론 100% 중에 10%는 필기하는 데에도 집중해야 하겠지만, 최소 90%는 50분 내내 선생님 말씀에만 귀 기울여야 해요. 솔직히 밥 먹은 직후라든지 몸이 피곤하다 보면, 잠이 몰려올 때도 많지만 무조건 무조건 참고 집중 집중! 하세요. 수업시간에 내가 얼마나 집중했느냐가 내신시험 보기 전에 내가 얼마나 복습에 시간을 더 할애해야 하는지를 결정해요. 100% 집중했다면 다시 내가 혼자 공부해 볼 때 정말 쉬워진답니다. 이해가 쏙쏙 잘되니까 복습도 재미있게 자주 할 수 있게 돼요. 당연히 교과 공부는 수능 공부와도 직결되기 때문에 여러모로 수업시간 집중은 크게 도움이 되는 것이죠. 이 좋은 기회를 놓치면 안됩니다!

비교과는 나 스스로 적극적으로 주도적으로 뭐든지 모두 참여만 하면 돼요. 자신이 가고 싶은 학과를 미리 정한 친구들은 그 전공에 맞추어서 활동하는 경우도 많은데 저는 다양하게 활동하는 것을 강추해요! 한쪽에 치우쳐서 활동하는 것보다는 이것저것 모두 참여하고 이끌어가면서 시행착오를 겪으며 배우고 성장한 것들이 결국 진로 선택에 밑거름이 되는 것이죠. 교과 비교과를 모두 욕심내다 보니 몸이 힘들 때도 많았고 밤새야 할 때도 많았지만, 이 세상에 안 되는 것은 없었어요. 모두 다 할 수 있고 지나고 보면 '그 경험이 있었기 때문에 여기까지 성장할 수 있었구나' 느끼게 되어서 정말 뿌듯할 거예요! 아, 그리고 특히 저는 비교과 중에 봉사와 동아리 활동이 가장 중요하다고 생각하는데요. 무슨 봉사활동을 하든지 고1 때부터 고3 때까지 꾸준히 지속적으로 했으면 좋겠어요. 일시적으로 봉사시간을 채우려고 하는 것이 아니라, 의미를 두고 즐겁게 일관성 있는 봉사활동을 하세요. 동아리 활동 역시 정규 동아리든 자율 동아리든 내가 아이디어를 내고 적극적으로 활동하면서 동아리와 함께 성장해가는 자신을 발견했으면 좋겠어요. 또, 꼭 학술동아리만 하려고 하지 말고 저처럼 친구들, 후배들과 스포츠클럽(운동동아리)을 조직해서 자치적으로 운영하고 학업의 스트레스까지 날려버리는 예체능 동아리도 정말 추천합니다. 여러분이 학교에서 어떤 활동을 하든 여러분에게 의미가 있다면, 자신감을 가지고 끝까지 했으면 좋겠어요. 여러분은 뭐든 해낼 수 있으니까요. 겁내지 말고 끝!까!지! 열심히 하세요. 응원합니다!

Q3 본인에게 가장 영향을 준 책과 그 이유는 무엇이었나요?

A3

경제의 다른 세상을 볼 수 있을 거라는 경제 선생님의 추천으로 읽게 되었어요. 이 책은 자본주의와 인생철학을 엮어 '행복하고 좋은 삶을 사는 방법'을 가르쳐주었어요. 경제학이 돈을 목적으로 존재하는 학문이 아니라, 인생에서 유일한 가치가 돈이 아니라는 것을 이해하도록 이끄는 학문이라는 것은 정말 새로웠어요. 경제학이 돈보다는 개인행동들의 복잡한 상호관계를 잘 이해하는 것에 본질을 두고 있다는 것을 깨닫고, 저는 사람들을, 경제학을, 그리고 스스로를 바라보는 방식에 대해 돌이켜 봤습니다. 사실 행복을 얻기 위해 돈을 따르는 것이라고 생각했었지만 이러한 삶은 결국 덧없다는 것을 알게 되었고, 재산이나 명예로 관심을 추구하는 대신 지혜롭고 도덕적인 사람이 되어 타인과 조화를 이루기로 다짐했어요. 이제는 '경제학'이라고 하면 '돈'이 아니라 '소통과 교류'를 먼저 떠올립니다. 심리학과 철학 속에서 도덕과 인간의 심리적 본성을 다루는 이 책을 통해 새로운 경제를 발견할 수 있었어요.

Q4 **자유전공학부를 선택하는 데 가장 중요하게 여긴 점은 무엇이었나요?**

A4 자신의 인생관, 가치관인 것 같아요. '나'라는 사람이 가지고 있는 생각, 사고의 과정 및 목표와 가장 부합한 목표나 비전을 가지고 있는 학과를 선택하는 것이 가장 중요하다고 생각했어요. 고등학교 생활을 하면서 저도 모르게 통섭적인 학문과 융합을 추구하는 제 가치관대로 모든 걸 사고하려 노력하고 그런 결과물을 만들어내려고 노력하며 또 이러한 모든 과정을 즐기는 제 자신을 발견할 수 있었습니다. 결국 '나'라는 사람을 알게 되면, 혹은 깊게 알아보는 시간을 가져본다면 고등학교 생활 중에도 관련 활동들을 많이 하게 되고 '나'에 맞는 학과를 선택할 수 있을 거라 생각했어요. 약한 학과다, 센 학과다 생각하지 말고 정말 내 안에서 외치는 학과를 선택하세요.

Q5 **학생부종합전형을 준비하는 후배들에게 가장 하고 싶은 말은 무엇인가요?**

A5 일단은 무조건 좋은 성적을 받도록 노력하는 것이 1순위인 것 같아요. 혹시 1학년 때 성적이 낮았더라면 2, 3학년 때 쭉 성적을 올리도록, 1학년 때 잘 받았다가 2학년 때 성적이 떨어졌더라도 3학년 때 완벽한 성적을 받을 수

있도록 정말 최선을 다해 있는 힘껏 공부하는 것이 가장 중요합니다. 내신 공부를 절대로 게을리해선 안 됩니다. 저는 학생부종합전형의 기본은 내신이라 생각합니다. 그리고 여러분이 소위 말하는 생활기록부 스펙. 지금 돌이켜봐도, 아무리 생각해봐도 더 챙겨야 하는 스펙, 덜 챙겨야 하는 스펙은 없는 것 같아요. 활동 중에 내게 필요한 것, 필요 없는 것을 고르지 말고 3년간 할 수 있는 모든 활동을 다 해보세요. 막상 할 때는 필요 없고 쓸데없다고 생각했던 활동들이 결국 나를 도와주고 나를 성장시켜주는 좋은 밑거름이 될 때가 많습니다. 학업에서 확장하여 활동해보는 것도 좋고 다양한 예체능 활동도 너무 좋습니다. 단, 소극적으로 이름만 올리는 활동이 아니라 내가 직접 참여하는, 적극적으로 의견을 제시하고 리드하는 활동을 해야 한다는 것을 명심하세요. 일찍부터 자소서, 대학을 고민하고 걱정하며 활동을 하진 마세요. 그저 3년간 최선을 다해 즐겁게 생활하는 게 학생부종합전형을 준비하는 여러분의 기본자세이자 최고의 자세입니다.

08 전문가 의견

하혜정
S&E 수석컨설턴트
(주)런포코리아 교육실장

박소정 학생이 합격한 서울대학교 자유전공학부는 수시모집만으로 전체 정원을 선발하는 모집단위입니다. 2017학년의 변화는 일반전형으로만 선발했던 자유전공학부에서 지역균형선발전형으로 33명을 신설한 것입니다. 박소정 학생은 일반 고등학교에 입학하면서 지역균형선발전형을 생각하며 2년 반을 내신, 수능, 비교과 활동을 균형 있게 준비해온 학생입니다. 지적 호기심과 열정이 강하여 진로 결정에 있어서도 신중한 모습을 보이며 인문계와 자연계를 구분하지 않고 다양한 활동에 도전하는 모습이 학교생활기록부와 자기소개서에서 잘 표현되어 있습니다.

5학기 전 교과 1.07등급의 성과를 냈으며 창의적 체험활동 동아리 활동과 진로활동에서는 과학과 경제와의 상호 연관성을 주제로 연구문제를 도출, K-MOOC 이준구 교수님의 '경제학 들어가기'를 통해 경제학 접근, 더 나아가 경제학교수 면담을 통해 지속적으로 경제학 관련 책들을 읽는 모습과 첫 영어 논문집을 작성하면서 통계학적인 해석의 궁금증을 책을 통해 깊이 있는 학문의 세계를 경험하는 것이 보입니다.

인문계이지만 수학과 과학의 탐구심도 높아 자연계 학생들이 도전하는 토론대회에 참가하여 인문학적인 시각으로 주제를 탐색하고 분석하는 시도를 하였고 학문과 학문 간의 융합과 통섭이 또 다른 학문을 만들어낼 수 있음을 깨닫는 경험을 가졌습니다. 더불어 미술과 접목한 경제와 수학을 해석하는 방법이 표현되기도 합니다. 이러한 인문과 자연, 예술 분야를 아우르는 교과와 비교과 활동은 인문학과 과학을 넘나드는 폭넓은 기초교육, 창의와 자율을 바탕으로 한 자유전공 선택 및 학생설계전공을 통해 새로운 인재를 양성하고자 하는 서울대학교 자유전공학부의 필요한 인재상에 부합하다고 볼 수 있습니다.

3년간 지속적으로 살레시오 수녀회의 다문화가정 아이들과 지역아동센터 공부방에서 초등학생 대상으로 학습지도를 하는 모습은 서울대학교 인재상 중 사회적 약자에 대한 배려와 공동체 의식을 진정성 있게 보여주고 있습니다.

학문 간의 연계를 통해 새로운 학문을 만들어 공유하며 후학을 양성하고 싶다는 박소정 학생의 꿈이 서울대학교에서 이루어지기를 응원합니다.

한양대학교_학생부종합전형(일반)
투자컨설턴트 분야의 Pioneer를 꿈꾸며
자신의 길을 걷다

경제금융대학 경제금융학부 / 일반고 최형진 학생

학 생 합 격 인 터 뷰

"학생부종합전형의 합격 여부를 가르는 것은 '성실성'과 '꾸준함'이라고 생각됩니다. '비록 시작은 미약할지라도 끝은 창대하리라'는 말이 있듯이 저의 고등학교 생활은 학년이 올라갈수록 빛을 발했던 것 같습니다.

성적과 학교생활, 참여활동 등 해를 거듭할수록 더욱 발전하는 모습을 보여줄 수 있는 것이 중요한 것 같습니다. 소위 상승곡선이라고 일컫는 성장의 밑바탕에는 성실성이라는 요소가 자리 잡고 있습니다. 항상 꾸준히 자신의 발전을 위해 노력하는 것이 가장 중요합니다.

또한 무언가에 관심을 가지고 깊게 연구하고 탐구하는 자세를 가지는 것도 합격에 주요한 영향을 미쳤다고 생각합니다. 자신이 관심가지고 있는 것을 지속해서 탐구하는 자세는 대학이 요구하는 주요한 부분이기 때문입니다."

01 고교3년 열정 STORY

진로희망사항

구분	1학년	2학년	3학년 1학기
진로 희망	투자 컨설턴트	투자 컨설턴트	투자 컨설턴트(애널리스트)
희망사유	워런버핏과 쑹훙빙의 책을 읽고 경제의 중요성과 투자 컨설턴트가 되어 이익만 추구하는 글로벌 투자세력으로부터 우리나라 투자자들을 보호하고자 함.	사회문화시간에 흥미로웠던 도표 분석법과 투자컨설턴트에 요구되는 고도의 분석능력과 통찰력과의 관계를 통해 적성과 흥미를 갖게 됨.	워런버핏의 투자방법과 관련된 책을 읽고 올바른 투자는 경쟁력 있는 기업들을 키워내 사회와 국가경제에 긍정적 영향을 끼치고 싶어 함.

> 경제 분야에 대한 관심과 꿈을 독서를 통해 가지게 되었고 일관성 있는 진로희망을 보여주고 있음. 적성과 흥미를 기초로, 학년이 올라갈수록 해당 분야에 대한 구체적인 이유와 열정을 희망사유를 통해 잘 서술해주고 있음.

수상경력

구분		1학년	2학년	3학년 1학기
수상경력	학업역량	• 1학기 학업우수상(국어 I, 한국사, 과학) • 2학기 학업우수상(기술·가정)	• 1학기 학업우수상(미술문화, 사회·문화, 세계사) • 2학기 학업우수상(사회·문화)	• 학업우수상(독서와문법, 세계지리) • 학업우수상(수학연습 I, 지구과학 I)
	전공적합역량		• 2015 한국사 경시대회 표창장(제18회유평제동아리공로 부문) 장려상(3위) • 2015 수성 연구논문발표대회(공동수상, 3인) 은상(2위)	• 우수학습동아리선발대회(공동수상, 4인) 장려상(3위)
	경험다양	• 친구사랑 글짓기대회 장려상(3위) • 체험학습보고서쓰기대회 우수상(2위) • 2014 Dream Up 진로포트폴리오 경진대회 우수상(2위)	• 2015 우리땅 알기 대회 은상(3위) • 2015 교내융합과학대회 우수상(2위) • 효가족의 날 소감문쓰기대회 우수상(2위) • 수학여행콘테스트(문화해설사 부문) 은상(3위) • 수학여행콘테스트(사진 부문) 은상(3위)	• 우리땅 알기 대회 은상(3위) • 수성발명대회 장려상(3위) • 제1회 한시 창작 대회 우수상(2위)

구분		1학년	2학년	3학년 1학기
수상경력	경험다양		• 2015 학생인권글짓기대회 장려(3위) • 2015 동문과 함께 하는 수성 진로의 날 소감문 쓰기 대회 장려상(3위) • 2015 한글날 기념 백일장 장려(3위) • 2015 수성문학상 장려상(4위) • 2015 2학기 친구사랑 주간 교내 포스터 그리기 대회 우수상(2위)	
	인성역량	• 표창장(선행 부문) • 2014 글로벌 예절상	• 2015 글로벌 예절상 • 이달의참수성인상(성취 부문) • 표창장(봉사 부문)	• 모범학생 표창(봉사 부문) • 정조 주니어상(예의 부문)

전공 관련 과목에 대한 높은 학업 성취도는 아쉽지만 기본적인 학업역량을 갖추기 위한 노력과 다양한 교내 활동 및 대회에 참여함으로써 지적 호기심, 자기 주도성, 적극성, 열정을 엿볼 수 있음. 3년 동안의 예절 부문 수상은 인성 영역에 높은 점수를 줄 수 있음.

창의적 체험활동 상황

구분		1학년	2학년	3학년 1학기
창의적 체험활동상황	자율활동	• 매주 글로벌 에티켓자료를 통해 공공예절의 중요성 인식과 글로벌리더로 성장하기 위해 노력함(2014. 03. 03~11. 30) • 1년간 매달 초 보훈청이 정한 '이달의 독립운동가'에 대해 알아보고 애국심 고취 • 역사 분야 명사초청강연 • 국어 분야 명사초청강연 • 과학 분야 명사초청강연	• 수성융합과학대회 참가 • 수성TED대회 참가 • 영어말하기대회 참가 • 학생인권글짓기대회 참가 • 경제 분야 명사초청강연 • 주제별 체험학습 참여	• 학습부장 활동 • 학습 급식 당번으로서 의미 있는 활동 • 크레센도 프로그램의 법과 정치, 영어멘토로 활동 • 우리땅 알기대회 참가
	동아리활동	• 영어소설읽기반(34시간)	• 토론동아리 MSG(34시간) • 자율동아리(학습동아리) KEM	• 경제학습동아리 일상의 경계(24시간) • 자율동아리(경제학습동아리) E.B.S.

구분		1학년	2학년	3학년 1학기
창의적 체험활동상황	봉사활동	• 수원중앙자원봉사센터(113시간)-장애인 프로그램 운영 도우미, 간병 도우미, 지역아동을 위한 생활편의 프로그램 활동 • 환경정화활동(8시간)	• 수원중앙자원봉사센터(66시간)-장애인 프로그램 운영 도우미, 간병 도우미, 지역아동을 위한 생활편의 프로그램 활동 • 안전의식 함양 캠페인(2시간) • 환경정화활동(9시간) • 독거노인 돕기 연탄배달(1시간) • 헌혈(전혈)(4시간)	• 수원중앙자원봉사센터(21시간)-장애인 프로그램 운영 도우미, 간병 도우미, 지역아동을 위한 생활편의 프로그램 활동 • 환경정화활동(9시간)
	진로활동	• 자기소개서쓰기대회 • 수성진로의 날 '동문선배' '전문직업인과의 만남' • 한양대 학생들과 함께 한 대학 학과 전공 탐색 체험 시간 • 스터디플래너 작성, 활용 • 진로포트폴리오 자료 정리	• 수성진로의 날 동문선배 전문직업인과의 만남 • 대학학과 전공탐색 체험행사 • 진학전문강사 초청강연 • 스터디플래너 작성, 활용	• 수성발명대회 참석 • 롤모델발표하기 수업 • E.B.S. 경제학습동아리 조직 및 기장으로 활동

경제 관련 동아리 활동과 경제 분야의 명사초청 강연이나 동문선배와의 만남을 통해 전공 역량 개발을 위한 활동에 충실히 참여하였고, 경제과목이 없는 제한적인 교육환경을 극복하기 위해 경제학습 동아리 활동을 조직·운영하면서 전공 관련한 학습 경험을 주도적으로 이끌어 나감. 또한 약180시간에 달하는 봉사활동을 통해 나눔과 배려를 실천하면서 성실성 부분에 아주 좋은 면모를 보여줌.

독서활동 상황

구분	1학년	2학년	3학년 1학기
독서활동 상황	• 워런 버핏, 소년들에게 꿈을 말하다_윤태익 • 장하준의 경제학 강의_장하준 • 세상은 2대 8로 돌아가고 돈은 긴꼬리가 만든다_황샤오린, 황멍시 • 화폐전쟁1_쑹훙빙 • 경제기사 궁금증 300문 300답_안해선	• 자본론1_칼 마르크스 • 국부론_애덤 스미스 • 빅데이터를 지배하는 통계의 힘_니시우치 히로무 • 거짓을 간파하는 통계학_가미나가 마사히로 • 페르마의 마지막 정리_사이먼 싱 • 경제학, 인문의 경계를 넘나들다_오형규 • 지못미, 경제!_장기표	• 숫자의 법칙_노구치 데츠노리 • 국가는 왜 실패하는가_대런 애쓰모글루 외 • 워런 버핏 이야기_앤 재닛 존슨 • 워런 버핏 실전 투자_제임스 알투처 • 세계 경제를 바꾼 사건들 50_권혁철 외

구분	1학년	2학년	3학년 1학기
독서 활동 상황		• 경제학 콘서트_팀 하포트 • 개혁의 덫_장하준 • 나쁜 사마리아인들_장하준 • 넛지_리처드 탈러 외 • 경제학자의 생각법_하노 벡	• 르몽드 세계사 3 _르몽드 디플로마티크
	공통 8권 = 총 8권	국어 9권/수학 5권/영어 1권/사회 8권/과학 3권/미술 2권/한문 1권/공통 9권 = 총 38권	수학 1권/영어 4권/사회 2권/한문 1권/공통 4권 = 총 12권

전공과 관련된 독서 이외에도 다양한 분야의 독서를 통해 융합적 사고를 가지는 계기를 가졌음. 단순히 전공 관심도를 보여주기 위한 독서가 아니라 책을 읽다 보면, 생기는 궁금증을 해소하기 위해 또 다른 책을 읽는 방식으로 사고의 넓이와 깊이를 더해감.

참고 **활동증빙자료**

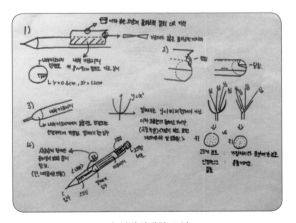

수성발명대회 도안

교외 표창장

경기도 2015 일반고 학생연구활동 수상 및 결과보고 모음집(책)

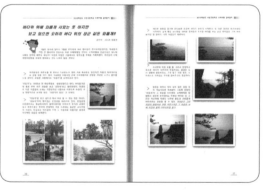

전국 지리올림피아드 수상(교외상)

수학여행지 소책자 제작
고2 수학여행 문화해설사 활동(교내상)

진로포트폴리오 커버, 소감문(교내상)

한양대 MOU연구논문 활동평가 및 수상(교외상)

고 수성문학상 수상작(한시)(교내 대유평 연간지 수록작)

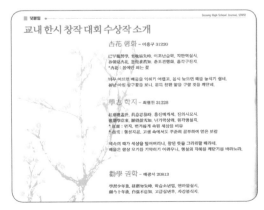

고3 한시 창작대회 수상작(교내 월간지 수록작)

02 나의 성적

교과	학년 전체
국어	2.31
수학	2.55
영어	2.60
사회	1.59
과학	1.91

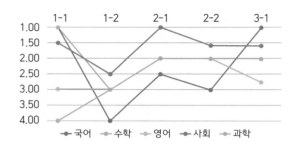

교과	학년 전체
전 교과	2.21
계열 교과	2.21

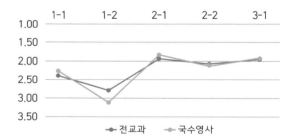

03 2017 수시전형 지원 대학 합불 결과

대학명	전형명	모집단위	수능최저학력기준	합불여부
한양대	학생부종합(일반)	경제금융학부	×	합격
고려대(안암)	일반전형	경제학과	○	불합격
서강대	논술전형	경제학부	○	불합격
서울시립대	논술전형	경제학부	×	불합격
성균관대	논술우수전형	사회과학계열	○	불합격
중앙대(서울)	논술전형	경제학부	○	불합격

04 최종합격 대학 전형 분석
(한양대 학생부종합전형 2017 vs 2018)

① 2017학년도 한양대 수시모집요강(P.31)

전형명	모집단위	모집인원	전형방법 및 특징	수능최저학력기준	제출서류
학생부 종합전형	경제금융 학부	47	학생부종합평가 100%	없음	학교생활기록부
지원 자격	• 2012년 2월 이후(2012년 2월 졸업자 포함) 국내 정규 고교 졸업(예정)자 • 검정고시 출신자, 국외고교졸업자 등 학교생활기록부가 없는 자는 지원할 수 없음				

② 2018학년도 한양대 입학전형안내(P.9)

전형명	모집단위	모집인원	전형방법 및 특징	수능최저학력기준	제출서류
학생부 종합전형	경제금융 학부	48	학생부종합평가 100%	없음	학교생활기록부
지원 자격	• 2016년 2월 이후(2016년 2월 졸업자 포함) 국내 정규고교 졸업(예정)자 • 검정고시 출신자, 국외고교졸업자 등 학교생활기록부가 없는 자는 지원할 수 없음				

※ 2018학년도 최종 수시요강에서 변동사항 확인바람.

05 합격자 인터뷰

Q1 한양대학교 학생부종합전형을 선택하게 된 이유는 무엇이었나요?

A1 한양대학교의 학생부종합전형을 선택하게 된 계기는 논술과 수능을 준비하면서 학생부종합전형을 준비할 때 자기소개서를 작성해야 한다는 부담 때문이었습니다. 또한 주변의 친구들이 자기소개서를 준비하며 고통을 겪는 것을 보며 상당히 비효율적인 작업이라는 생각을 했었고 학교 상담 때에도 선생님께서 종합전형으로 원하는 대학에 진학하기는 어려울 것 같다는 말씀을 하셨기 때문입니다. 그래도 고등학교 2년 반 동안 해온 것이 아쉬워 자기소개서 부담이 없는 한양대학교의 학생부종합전형을 선택했습니다.

Q2 본인의 학교생활기록부 관리 비결이 있다면 소개 부탁합니다.

A2 정말 다양한 활동을 성실하게 빠짐없이 참여하려고 노력했습니다. 학생회나 임원 활동이 적다는 콤플렉스를 해결하기 위해 스스로 동아리 기장이나 학습부장을 하는 노력을 하였고, 전공과목이 개설되지 않았다는 결점을 보완하기 위해서 경제 동아리를 만들기도 하였습니다. 또한 월간, 주간, 일간 플랜을 세워 주요 일정들을 기록하고 정리하며 학습 계획을 조정하였고 이를 통해 남의 도움을 받지 않고도 체계적인 학교생활기록부 관리가 가능하였습니다. 각 과목 선생님들, 담임선생님과 좋은 관계를 유지하여 많은 정보를 얻을 수 있었고 좋은 평가도 받을 수 있었습니다.

Q3 본인에게 가장 영향을 준 책과 그 이유는 무엇이었나요?

A3 장하준의 경제학 강의(장하준)라고 생각합니다. 이 책을 읽으며 경제학과로 진학해야겠다는 마음을 굳혔던 것 같습니다. 이과생으로 평생을 준비하던 학생이 문과로 전향하면서 학과에 대한 많은 고민 끝에 경제학을 선택하면서 이 책을 접했습니다. 경제학에 대해 아무것도 모르던 시절 이 책을 통해 많은 것을 배웠고 저의 앞으로의 미래를 결정하게 되었습니다.

Q4 경제금융학부를 선택하는 데 가장 중요하게 여긴 점은 무엇이었나요?

A4 자신의 적성과 흥미를 고려한 진로 선택의 과정을 거쳐 자신과 가장 적합한 학과를 선택하였습니다.

Q5 학생부종합전형을 준비하는 후배들을 위해 전하고 싶은 이야기가 있나요?

A5 사실 한양대학교를 종합전형으로 지원할 때 저는 제 소신껏 지원했지만, 학교에서는 반대했습니다. 그러나 저는 한양대학교에 합격했고 학교에서도

전례가 없던 일을 해냈습니다. 여러분도 자신감을 가졌으면 좋겠습니다. 여러분이 힘들게 걷고 있는 그 노력은 아무도 배신하지 않습니다. 입시 커뮤니티나 인터넷 강의 회사들, 입시 학원들이 여러분에게, 또 수험생이던 저에게 보여주었던 합격 수기에는 정말 따라 하기도 벅찰 정도로 대단한 선배들의 이야기가 담겨 있습니다. 저도 그런 것들을 보며 좌절할 때도 있었고 '난 왜 이렇게밖에 하지 못하는가'에 대해 제 자신이 한심할 때도 있었습니다. 하지만 그렇게 대단한 사람들을 보며 부러워하기보다는 나는 나의 길을 가겠다는 마음으로 꾸준히 나아갔으면 좋겠습니다. 저는 지극히 평범한 학생들 중 하나였으며, 평범한 일반계 고등학교의 평범한 수험생이었습니다. 어찌 보면 지금의 여러분보다도 못한 학생이었을지도 모릅니다. 그런 저도 여기까지 왔습니다. 여러분도 충분히 할 수 있습니다. 자기 자신을 믿어주세요.

06 전문가 의견

문창배
S&E 컨설턴트
(주)이룸교육 대입컨설턴트

최형진 학생이 합격한 한양대학교 학생부종합(일반)전형은 학교생활기록부만으로 학생부종합평가 100%라는 일괄합산 방식으로 학생들을 선발하고 있습니다. 학교생활기록부 내의 4. 수상경력, 7. 창의적 체험활동상황, 8-2. 세부능력 및 특기사항, 10. 행동특성 및 종합의견 부분을 주요평가영역으로 지정하고 있으며 내신등급은 평가하지 않고 학교생활기록부에 대한 입체적 평가를 통해 학업역량을 측정합니다. 1단계 : 적성역량 평가(2인) → 2단계 : 인성 및 잠재역량 평가(2인) → 3단계 : 종합 검토(2인)라는 다단계방식을 통해 학생들을 평가합니다.

최형진 학생은 본인 스스로의 노력을 통해 1학년에서 3학년으로 갈수록 향상되는 면을 보여주고 있습니다. 본인의 진로가 확고해진 2학년 때부터는 다양한 교내 활동과 대회 참여를 통해 전공 역량 개발을 위한 노력도 엿볼 수 있습니다. 최형진 학생의 활동들을 보면 인문·자연의 다양한 분야에 걸친 활동들로 넓게 펼쳐져 있으면서도, 그 속에서 자신의 진로에 대한 깊은 탐색과 고민의 과정이 있다는 사실도 볼 수 있습니다. 여러 가지 경제동아리, 글쓰기대회, 다양한 진로활동 등을 통해서 자신의 진로와 관련된 활동들도 빠짐없이 경험하기 위해 노력했습니다. 학생들 중에는 어떤 것이 나에게 어울릴까를 자신이 앉아있는 책상 앞에서 고민을 하는 경우가 대다수입니다. 하지만 절대로 어떤 것도 경험해보지 않고 얻을 수 있는 것은 없다는 사실을 기억해야 합니다.

최형진 학생은 지식과 정보가 부족한 상황에 있다는 것은 다른 학생들과 다를 바가 없었지만, 끊임없이 자신이 경험해보고 활동해볼 수 있는 영역을 찾고 그곳에 자신을 밀어 넣음으로써 때로는 자신의 꿈과 진로와 관련 없더라도, 때로는 있더라도 더욱 자신의 진로를 확신하면서 그 꿈을 확고히 해나갈 수 있었습니다. 최근에 대부분의 학교와 사회에서는 리더십이 있는 인재를 원하고 있습니다. 시대마다 요구하는 리더십의 형태는 다양하지만, 결국 본인의 자발적인 참여를 통해 노력하고 타인으로부터 지지를 얻어냄으로써 형성된다는 점에서는 크게 다르지 않습니다. 스스로 더 많이 생각하고 앞서 행동해야지, 저절로 만들어지는 리더십은 분명히 없습니다. 최형진 학생은 학교 교육과정에 없는 경제 분야에 대한 공부와 토론을 위해 동아리를 만들고, 항상 리더의 위치에서 주도적이며 적극적인 활동들을 하였으며, 그 결과로 교내연구논문대회에 참여하여 좋은 성적을 얻게 되었습니다.

이러한 과정들 속에서 서로 다른 의견을 조율하는 방법들, 어떤 행사나 연구활동을 기획하고 실행하는 방법들 등에 대해서 또래에 비해 더 많은 경험을 얻을 수 있었습니다. 어떠한 활동에서든지 리더십을 경험해본 사람은 그 활동의 다른 어떤 역할을 한 사람들보다 100% 이상의 경험을 했다고 볼 수 있을 것입니다. 이런 점이 리더십 활동 경험을 중요시 생각하는 이유인 것 같습니다. 자기주도적 학습능력 배양과 단 한 번의 자발적인 참여를 통한 주도적 역할 이해는 여러분이 얻을 수 있는 경험과 지식의 수준을 한 단계 올려줄 수 있을 것이라 생각됩니다.

여러분이 학생부종합전형을 준비하는 활동들과 마음가짐도 단순히 스펙 쌓기 식의 활동으로 생각을 하지는 않았으면 합니다. 최형진 학생처럼 모든 활동과 과정 속에서 의미를 찾아내기 위한 적극성과 노력이 있다면 겉보기에 도움이 되지 않는 것 같은 활동들을 하게 될 때에 조차도 여러분에게 중요한 통찰의 계기와 깨달음을 줄 것이라 확신합니다.

고려대학교_학교장추천전형

지구인 모두가 행복한 국제사회의
국제공무원을 바라다

문과대학 사회학과 / 일반고 신민정 학생

학생합격인터뷰

"학교장 추천전형으로 지원한 학생들의 내신이나 학교생활기록부는 거의 차이가 없을 테니, 면접과 수능 최저 충족 여부가 합격의 당락을 가를 것이라고 생각했습니다. 직접 치러 보니 확실히 면접과 최저 충족 여부가 합격을 좌우했던 것 같습니다. 면접장에서 정리했던 것들을 막힘없이 잘 말하고 나니 '면접을 무사히 잘 치렀구나'라는 생각이 들었습니다.

그 후, 수능 최저와 정시를 위한 막바지 담금질을 하기 위해 긍정적으로 생각하며, 수능 날까지 나태해 지지 않고 끝까지 저의 페이스를 놓지 않고자 노력했습니다. 이것이 수능 최저 충족으로 이어졌고 목표대학으로 고려대학교 사회학과의 합격증을 받을 수 있었습니다."

01 고교3년 열정 STORY

진로희망사항

구분	1학년	2학년	3학년 1학기
진로 희망	국제공무원	국제공무원	국제공무원
희망사유	"반기문에 대해 알고 싶어요"라는 책을 읽고 국제기구에 관심을 가짐. 넓은 세상에 나가 여러 나라 사람들과 만나며 자신을 발전시키고 싶은 마음에 국제공무원이라는 꿈을 키우게 됨.	개발도상국의 개발을 돕는 국제기구에서 어려운 나라의 지원을 위해 힘쓰며, 세계빈곤감소를 위해 노력할 수 있는 일에 매력을 느껴 국제공무원이 되기를 희망함.	다양한 매체를 통해 여러 개발도상국의 어려움을 알게 되어 기본적인 인권을 지켜주고 싶다는 생각을 갖게 되고, 개발도상국을 위해서 전문적으로 일을 하는 국제공무원을 희망함.

1학년 때부터 국제공무원을 희망하며 개발도상국의 문제점과 해결해야 할 난제들에 관심을 갖고 사회학이라는 학문을 통해 접근하고자 다양한 교내 활동을 경험하며 전공 탐색을 함.

수상경력

구분		1학년	2학년	3학년 1학기
수상 경력	학업 역량	• 교과목우수상(국어1, 생명과학1, 영어회화, 한국사) • 교과목우수상(국어2, 수학2, 실용영어2) • 영어경시대회(장려상)	• 교과우수상(개인및대인운동, 경제, 과학, 문학, 미적분1, 영어1, 중국어1) • 영어 어휘경시대회(우수상) • 교과우수상(고전, 영어2, 개인및대인운동, 미적분1, 경제, 과학)	• 교과목우수상(화법과 작문, 확률과통계, 사회문화, 윤리와 사상, 미술문화, 한문1, 경영일반)
	전공 적합 역량	• 진로포트폴리오경진대회(장려상)	• 신문사설세상읽기(장려상)	
	경험 다양	• 토론대회(공동수상3인)(우수상) • 제2회 교내 논술능력평가(우수상) • 제 10회 상록토론대회(공동수상3인)(대상) • 독서상	• 문학비평문쓰기대회(최우수상) • 학생토론대회(공동수상 3인)(최우수상) • 인성운동동영상감상문쓰기(장려상) • 지속가능 발전교육 프로젝트 발표대회(공동수상 5인)(우수상)	• 문학비평문쓰기(우수상)

구분		1학년	2학년	3학년 1학기
	인성 역량	• 모범상 • 봉사상 • 1년 개근상	• 선행상 • 1년 개근상	• 효행상

고교추천전형의 특징인 교과성적에 바탕을 둔 학업역량과 교내의 다양한 토론대회를 통하여 지적 호기심과 자기 주도성, 참여도, 공동프로젝트를 하며 공동체 의식을 보여주고 있으며, 인성역량도 수상을 근거로 보여줌.

창의적 체험활동 상황

구분		1학년	2학년	3학년 1학기
창의적 체험활동 상황	자율활동	• 다문화 사회 영상 시청, • 학급 부반장(1년)	• 다양한 감화이야기를 통한 동영상 인성교육 • 신문사설 읽기 • 교내 통일 골든벨 참여 • 주제별 체험학습(대학 탐방) • 교내 상록토론 행사	• 학교 폭력 예방 도우미 활동 • 3학년 1일 체험활동
	동아리활동	• 그린스카우트(지역사회 봉사활동부)	• 그린스카우트(지역사회 봉사활동부) • 건강은 하니(체육)(자율) • Economicus(경제)(자율)	• 그린스카우트(지역사회 봉사활동부) • 시사영어토론동아리(자율) • Economicus(경제)(자율)
	봉사활동	• 둘다섯 해누리(42시간), • 교내 봉사(20시간) • 감골도서관(3)	• 둘다섯 해누리(42시간), • 교내 봉사(20시간) • 감골도서관(3)	• 둘다섯 해누리(11시간), • 교내봉사(4시간)
	진로활동	• 상록토론대회 • 대학 탐방 • 2번의 특강 진로상담 • 교내 진로포트폴리오 대회 참여 • 선배 멘토링 참여	• 토요 프로젝트 활동 • "UN국제기구진출의 길" 특강 • 입학사정관 특강 • 대학 탐방 • 기숙사 문화 체험학습 참여	• 내가 꿈꾸는 나의 인생 발표하기 • 나의 희망직업탐색하기 • 나를 나타내는 개인적 요인인 흥미 가치관은 무엇인지 살펴보기

창의적 체험활동은 학교의 교육적 환경과 학교의 교육 가치를 바탕으로 지원자 개인의 특성을 보여줄 수 있는 항목으로 동아리 활동과 봉사활동을 통한 사회에 대한 관심도를 알 수 있고, 기여도를 볼 수 있으며, 진로 활동에서 다양한 경험을 통해 끊임없는 전공에 대한 적극적 관심을 보여줌.

독서활동 상황

구분	1학년	2학년	3학년 1학기

독서
활동
상황
	• 민주주의란 무엇인가
	  _제임스렉스
	• 반기문과의 대화_톰플레이트
	• 1만 시간의 법칙_이상훈
		• 길 위에서 하버드까지
		  _리즈머리
		• 국제기구 멘토링_정홍상
		• 청춘 국제기구에 거침없이
		  도전하라_김효은
		• 체르노빌 후쿠시마_강은주
		• 한국, 김치도 꽁치도 아닌
		  정치_임정은
			• 행복의 사회학_정태석
			• 들리지 않는 진실_아이린 칸

	공통 5권/물리 1권 = 총 9권	국어 4권/수학 2권/과학 1권 = 총 12권	공통 3권

1학년 때부터 진로 관련 독서를 하며 관심분야에 대한 탐색을 함.

02 나의 성적

교과	학년 전체
국어	1.00
수학	1.47
영어	1.22
사회	1.10
과학	1.31

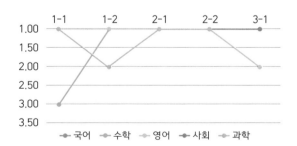

교과	학년 전체
전 교과	1.20
계열 교과	1.17

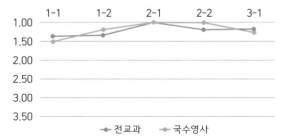

03 자기소개서 분석

1단계 자기소개서 작성을 위한 소재 찾기

	학업역량	전공적합성	발전가능성	인성
4. 수상 경력	• 교과목우수상(27개) • 영어경시대회(장려상) • 영어어휘경시대회(우수상) • 지속가능발전교육 프로젝트 발표대회(공동수상5인 우수상)	• 진로포트폴리오경진대회 • 지속가능발전교육 프로젝트 발표대회(공동수상5인 우수상)	• 논술능력평가(우수상) • 문학비평문쓰기(우수상, 최우수상) • 상록토론대회(공동수상 3인 대상) • 지속가능발전교육 프로젝트 발표대회(공동수상5인 우수상)	• 모범상, 봉사상, 선행상, 효행상 • 인성운동동영상 감상문쓰기(장려상) • 지속가능발전교육 프로젝트 발표대회(공동수상5인 우수상)
6. 진로	• 진로포트폴리오경진대회(장려상) • 신문사설읽기(장려상)	• 토요프로젝트활동	• UN국제기구의 진출의길특강 • 대학탐방 • 선배멘토링 참여	• 안산고 기숙사문화체험(백제문화권 문하 역사 생태체험)
7. 창의적 체험 활동 (자동 봉진)	• 봉사상 • 인성운동동영상 감상문쓰기(장려상)	• 토요프로젝트활동 • Economicus(경제)(자율)	• 안산국제거리극축제 행사보조 • 한국환경교육협회봉	• 그린스카우트지역사회봉사활동 • 둘다섯 해누리 봉사
8. 교과 세부 능력 특기 상황	• 영어회화. 실용영어Ⅱ • 미적분Ⅰ. 영어Ⅰ. 영어Ⅱ. 경제. • 토요프로젝트	• 토요프로젝트	• 교내인문논술특강. • 교내수학경시대회 • 교내수리논술특강 • 수학독서대회 한문교실한자.	• 미국교환학생으로 온 학생 한국 생활적응돕기
9. 독서	• 독서상	• (1. 2. 3) 전공 관련 독서	• 교과목독서	• 공통독서

2단계 자기소개서 개요정리

STAR 방식 분석		학생부 연계 활용분석	지원대학 평가요소 분석
구분	**내용**		
Situation (상황, 배경)	학교의 변화를 이끌어낼 수 있는 프로젝트를 하고자 함.	수상내역 + 창의적 체험활동 +	학업역량 + 경험의다양성 +
Task (목표, 역할)	학교 내 종이컵 사용량 조사 및 절약 운동을 통한 자원 재사용의 경제적 효과 측정' 주제 선정		

STAR 방식 분석		학생부 연계 활용분석	지원대학 평가요소 분석
구분	내용		
Action (구체적인 행동)	1) 종이컵 수거 후, 비용 연구자료로 활용 2) 종이컵 크기가 달라 비용이 다름, 제조사 　 및 편의점 문의를 통한 해결점 찾음. 3) 주 사용자 선생님을 대상으로 절약 운동 　 실시	교과목세부능력 특기사항 + 행동특성 및 종합 의견	자기 주도성 + 발전가능성 + 리더십
Result (결과)	• 종이컵 수거 후 절약 결과 확인 • 통계와 작은 관심의 중요성 깨달음.		

3단계 자기소개서 완성

1. **고등학교 재학기간 중 학업에 기울인 노력과 학습 경험에 대해, 배우고 느낀 점을 중심으로 기술해주시기 바랍니다(1,000자 이내).**

Situation ESD 토요 프로젝트 활동을 통해 정확한 통계의 중요성과 사회 변화가 작은 노력에서부터 시작된다는 것을 알게 되었습니다. 학교의 변화를 이끌어낼 수 있는 프로젝트 주제를 찾던 중, 교내에서 종이컵이 많이 사용되는 것을 보고 **Task** '학교 내 종이컵 사용량 조사 및 절약 운동을 통한 자원 재사용의 경제적 효과 측정'이라는 주제를 선정했습니다.

Action 1 1차로 1,567개의 종이컵을 수거 후, 이 개수를 종이컵 구매비용, 종이컵 제작 과정에서의 탄소발자국, 종이컵제조에 필요한 나무의 양과 펄프 비용 등으로 환산하여 연구 자료로 사용했습니다. 하지만 종이컵이 크기마다 가격이 다르고, 묶음에 따라 가격이 달라 종이컵 1개의 정확한 가격을 아는 데 문제가 있어, **Action 2** 종이컵 제조회사에 문의하였지만 영업상의 문제로 알 수 없었습니다. 차선책으로 자주 이용하는 **Action 3** 학교 앞 편의점을 찾아가 여쭈어, 대략의 가격을 알아내어 이를 기준으로 삼았습니다. 연구를 마친 후, 종이컵을 주로 사용하는 대상이 **Action 4** 선생님임을 알고 결과를 알리고 선생님을 대상으로 종이컵 절약 운동을 하였습니다.

Result 그 후 1차 때와 같은 방법으로 종이컵을 수거한 후, 종이컵의 개수를 확인했더니 632개로 줄었습니다. 그리고 이 절약 운동은 종이컵 홀더가 각 교무실마다 설치되는 결과로 이어졌습니다. 더운 여름에 종이컵 수거를 위해 쓰레기통을 뒤지며 노력한 결과를 얻어 보람을 느낄 수 있었습니다.

이 프로젝트 활동을 통해 잘못된 사회현상을 변화시키기 위해서는 정확한 데이터가 필요하다는 것을 알게 되었고, 사람들의 인식을 바꾸기 위해서는 문제의 원인 분석이 중요하고 정확한 통계자료가 인식 개선에 큰 도움이 된다는 것을 깨달았습니다. 논문을 작성하며 논문이 만들어지는 과정을 경험할 수 있었고, 정확한 통계를 기본으로 한 논문이 사회 변화를 이끌어내는 데 설득력이 있음을 알게 되었습니다. 그리고 학생들의 활동 결과가 학교의 변화를 만들어낸 것을 보며, 사회의 변화가 사람들의 작은 관심, 노력과 실천에서부터 이루어진다는 사실을 깨닫게 되었습니다.

참고 **활동증빙자료**

사례 조사 및 아이디어 회의 진행 모습

1차 때 수거된 종이컵으로 쌓은 피라미드

교사용 안내문   1차 종이컵 수거량

04 면접 후기

면접형식	면접시간	입실 시간 : 오후 1시 45분까지 – 실제 면접 시간: 오후 3시 35분쯤
	면접위원 수	2명
	면접절차	분위기는 굉장히 좋았고 면접실 밖 복도 책상에서 제시문 읽고 답변 준비 – 들어가서 문제 순서대로 답변
	면접장 분위기	계속 고개 끄덕여주시고 눈 마주쳐 주셔서 좀 더 편한 마음으로 면접
	유의사항	핸드폰, 시계 모든 전자기기 제출. 스탑워치도 제출해야 함.

(가)는 한류에 대한 지문이었는데 한류란 한국의 고유 정서와 외국의 랩 같은 요소가 더해진 새로운 유형의 문화이기에, 해외 한류 팬들도 이해하기가 쉽다는 이런 내용임.

(나)는 김치는 우리나라 사람들 대부분이 우리 고유의 것이라고 생각하지만, 김치를 이루는 요소인 고추는 일본을 통해, 배추는 중국을 통해 들어온 것으로 우리 고유의 발효기술과 외래 요소들이 결합되어진 것이라는 내용임.

(다)는 한국이 초강대국이 된 상황에서 한국인이 A국에 갔을 때 한국과 너무 똑같아서 깜짝 놀랐고, 택시기사가 자신이 한국말을 잘 하지 못하는 것에 대해 미안해서 A국에 간 한국인이 이를 이상하게 여김.

Q1 가, 나, 다 제시문의 내용이 어떤 문화 상황인지 설명해보라.

A1 (가)는 문화 융합-한국의 고유 정서와 외국의 요소가 모여 새로운 장르의 문화를 만들었고(나)도 문화 융합-우리나라 고유의 발효기술과 우리가 몰랐던 외래 요소들이 더해져서 만들어졌습니다. 제가 이 제시문 둘 다 문화 융합이라고 말씀드렸지만 이 제시문 두 개에는 차이가 있습니다. 이 차이란 융합된 문화를 받아들이는 사람들이 문화 융합에 대해 인지하는 정도의 차이입니다(가)는 한류 문화를 즐기는 사람들이 이 한류가 한국과 외국의 요소가 더해져서 만들어진 것으로 융합된 문화라는 것을 잘 알고 있지만,(나)는 대부분의 한국인들이 김치가 융합된 문화라는 것을 잘 알지 못합니다.

Q2 제시문 다의 상황이 발생하는데 제시문(가),(나)와 무슨 연관이 있는 것인가 생각을 말해보라.

A2 한국이 강대국이 되어 A국뿐만 아니라 세계에 미치는 영향이 커진 것도 하나의 이유겠지만, A국 사람들의 점점 심화된 문화 상대주의 태도가 가장

큰 영향을 미쳤다고 생각합니다. 아마 처음에는 (가), (나)처럼 문화 융합의 상태였겠지만 한국이라는 나라가 점점 영향력이 커지고 한국의 문화가 점점 더 많이 유입되자, 강대국의 문화라는 이유로 막연한 동경심과 무분별한 수용으로 A국의 문화가 (다)의 상황처럼 거의 완전히 한국화가 된 것이 아닐까 생각합니다.

Q3 한국인이 자신의 문화요소만을 강조하는 것에 대해 어떻게 생각하는가?

A3 물론 한국인의 입장에서 한국의 문화 요소를 강조하는 것은 중요하지만 저는 다문화 가정을 예를 들어 제 생각을 말해보고 싶습니다. 현대 한국사회에는 다문화 가정이 굉장히 많습니다.

그런데 이 다문화 가정이 대부분 한국인 아버지와 외국인 어머니로 이루어져 있다는 통계가 있습니다. 제가 사는 지역인 안산에도 다문화 가정이 굉장히 많은데 제가 본 결과 다문화 가정의 아이들에게 아버지의 나라인 한국의 문화를 받아들이기만을 너무 강조하는 현 상황을 볼 수 있었습니다. 아버지 나라 한국과 어머니 나라 두 가지 모두의 정체성을 가지고 있는 아이에게 한국만의 문화를 강조하는 것은 바람직하지 않습니다.

현 세계가 글로벌, 세계화 시대인 만큼 한국의 문화만을 강요하지 않고 어머니 나라의 문화와 언어를 가르치는 제도가 많이 확립되어야 한다고 생각합니다. 뿐만 아니라 우리도 (그 어머니의 나라) 외국에 대한 문화를 접하며 배우려고 노력해야 한다고 생각합니다.

Q4 자신의 전공 분야와 관련해서 문화 융합(사실 다른 더 고급스러운 단어였는데 정확히 기억이 안나요ㅠㅠ)을 사례를 들어 말해보라.

A4 찌아찌아족은 우리의 언어를 받아들였지만 삶의 방식이 완전히 한국화된

것이 아니라 자신들의 삶의 방식을 유지하며 우리의 언어를 받아들여 자신들의 방법으로 사용하고 있습니다. 그리고 코리아에이드는 박근혜 정부 때 시행한 것으로 개발도상국에 한국의 새마을 운동 때의 발전 기술, K팝, 비빔밥 등 한국의 개발 기술과 문화를 전수해서 그들의 보다 나은 문화를 만들기 위해 노력했습니다.

(마지막에 찌아찌아족 말한 것에 대해 베트남에도 그런 사례가 있다고 말씀해주시고 그리고 언어 자체를 받아들인 것이 아니고 우리 문자를 받아들인 것이라고 말해주셔서 제가 죄송하다고 하니까 웃으셨습니다.)

꼬리질문

Q4-1 마지막 예시가 좀 사회학과 관련이 덜한 것이 아닐까?

A4-1 아닙니다. 사회학은 사회 전반에 대해 연구하는 학문이기에 사회에서 발생하는 일들은 사회학과 연관이 된다고 생각합니다.

(그랬더니 한 번 더 웃으시고 끝났어요. 마지막에 한 마디만 더 해도 되냐고 조심스럽게 여쭤봤는데, 미안하다고 그건 어려울 것 같다고 하셔서 아니라고 감사하다고 인사 3번하고 나왔습니다.)

05 2017 수시전형 지원 대학 합불 결과

대학명	전형명	모집단위	수능최저학력기준	합불여부
고려대학교	학교장추천전형	사회학과	○	합격
중앙대학교	학생부교과전형	사회학과	○	합격
경희대학교	학교생활충실자전형	정치외교학과	×	합격
서강대학교	자기주도전형	사회학과	×	불합격
서강대학교	일반전형	사회과학부	○	불합격
이화여대	고교추천전형	사회학과	×	불합격

06 최종합격 대학 전형 분석 (고려대 학교장추천전형 2017 vs 2018)

① 고려대 2017학년도 수시모집요강(안암캠퍼스)(P.16~P.19)

전형명	모집단위	모집인원	전형방법 및 특징	수능최저학력기준	제출서류
학교장 추천 전형	사회학과	13	1) 서류100(3배수 내외) 2) 1단계70+면접 30	국, 수(가/나), 영, 사/과탐 중 2개 합 4, 한국사 3	• 학교생활기록부 • 자기소개서 • 추천대상자명단공문 • 학교특성소개서 • 추천서
지원 자격	• 국내 고등학교 2017년 2월 졸업예정자 중 교과 성적이 5학기 이상 기재되어 있는 자로서 소속 고등학교장의 추천을 받은 자 • 고등학교별 추천 인원은 인문계 모집단위 2명, 자연계 모집단위 2명임(계열은 본 대학교 모집단위 기준임) • "학교장추천전형"과 "융합형인재전형" 간에는 복수지원 할 수 없음				

② 2018학년도 고려대학교 입학전형안내(P.10~P.12)

전형명	모집단위	모집인원	전형방법 및 특징	수능최저학력기준	제출서류
고교 추천I	사회학과	8	1) 학생부(교과)100 (3배수 내외) 2) 면접100	국, 수(가/나), 영, 사/과탐 중 3개 합 6, 한국사 3	• 학교생활기록부 • 추천서
지원 자격	• 국내 정규 고등학교 2018년 졸업예정자 중 학교생활기록부에 5학기 교과 성적이 기재되어 있는 자로 소속 고등학교의 추천을 받은 자 • 고교별 최대 추천인원 　가) 2017년 4월 3일을 기준으로 3학년 재적 학생수의 4%까지 추천할 수 있음 　나) 고교별 추천인원은 고교추천I과 고교추천II를 합산하여 계산함 　다) 전형별, 계열별로 지원인원을 제한하지 않음(예; 고교추천I의 인문계열에 추천인원 전체 지원가능) 　라) 고교추천I, 고교추천II, 일반전형 간에는 복수지원 할 수 없음				
고교 추천II	사회학과	22	1) 서류100(3배수 내외) 2) 1단계50+면접50	• 국, 수(가/나), 영, 사/과탐 중 3개 합 5, 한국사 3	• 학교생활기록부 • 자기소개서 • 추천서 등
지원 자격	• 국내 정규 고등학교 2018년 졸업예정자 중 학교생활기록부에 5학기 교과 성적이 기재되어 있는 자로 소속 고등학교의 추천을 받은 자 • 고교별 최대 추천인원 　가) 2017년 4월 3일을 기준으로 3학년 재적 학생수의 4%까지 추천할 수 있음 　나) 고교별 추천인원은 고교추천I과 고교추천II를 합산하여 계산함				

다) 전형별, 계열별로 지원인원을 제한하지 않음(예; 고교추천Ⅰ의 인문계열에 추천인원 전체 지원가능)

라) 고교추천Ⅰ, 고교추천Ⅱ, 일반전형 간에는 복수지원 할 수 없음

※ 2018학년도 최종 수시요강에서 변동사항 확인바람.

07 합격자 인터뷰

Q1 고려대학교 학교장 추천전형을 선택하게 된 이유는 무엇이었나요?

A1 학교에서 추천을 받기도 했고, 고려대 전형 중 일반고에게 가장 유리한 전형 이라는 생각에 선택하게 되었습니다.

Q2 본인의 학교생활기록부 관리 비결이 있다면 소개 부탁합니다.

A2 내신 관리 요령이라고 거창하게 말할 특별한 건 없는 것 같습니다. 과목들 을 공부하면서 여러 시행착오를 겪은 끝에, 그 과목에 맞는 내 방법을 찾아 공부한 것이 가장 큰 비법이었습니다. 아무리 수능 만점자의 공부 방법이라 도 나에게 맞지 않으면 결코 효율적인 공부 방법이 될 수 없다고 생각합니 다. 그렇기에 후배들에게 공부할 때 많이 도전해보라고 말해주고 싶습니다. 시행착오를 많이 겪은 다음, 본인에게 가장 맞는 공부 방법을 찾아서 하는 것이 자신에게는 수능 만점자의 공부 방법보다 훨씬 효율적이라는 것을 알 았으면 합니다.

비교과를 위해서 학교 행사는 모두 참여했습니다. 대회를 많이 참여해서 상 도 꽤 많이 받을 수 있었고, 대회 준비를 위한 활동을 많이 하다 보니 자기 소개서에 쓸 수 있는 내용이 많았던 것 같습니다. 그리고 학교에서 진행했 던 프로젝트 활동, 자율동아리 활동도 큰 도움이 되었습니다. 학교생활을 바쁘게 했었다고 자신 있게 말할 수 있을 정도로 3년을 알차게 보냈습니다.

외부 활동도 스스로가 성장하는 데 큰 도움이 되었지만, 비교과 관리는 학교에서 하는 활동에 열심히 참여하는 것만큼 좋은 방법이 없다는 생각이 듭니다.

Q3 본인에게 가장 영향을 준 책과 그 이유는 무엇이었나요?

A3  『행복의 사회학』은 사회학과 학생이라면 알아야 하는 전반적인 사회문제의 원인과 결과를 꼼꼼하게 설명해주는 책입니다. 사회과학계열을 희망하는 학생들이 읽으면 큰 도움이 될 것이라 생각합니다. 우리 세대가 미래 한국 사회의 행복을 위해 해야 할 일이 많다는 것을 알게 되었습니다. 국가의 사회 제도 개선과 더불어 젊은 세대들이 사회적인 문제에 꾸준하게 관심을 가지며, 사회 내부의 불합리한 점들을 개선하기 위해 노력해야 한다는 생각을 하게 되었습니다.

우리나라는 현재 매우 발전한 대한민국이 되었지만, 국민들이 더 행복한 국가로 나아가기 위해선 우리가 해야 할 일이 너무나 많고 아직 갖춰지지 않은 것들이 너무 많습니다. 그렇기에 저는 사람들의 삶의 질 개선을 위해 국제 공무원이 되어 세상을 위한 일을 해야겠다고 또 다시 다짐하게 되었습니다.

Q4 학과를 선택하는 데 가장 중요하게 여긴 점은 무엇이었나요?

A4 흥미를 가지고 공부할 수 있을까에 초점을 맞추었습니다. 원서를 넣을 때 주변에서 제 성적 안에서 안전하게 갈 수 있는 학과를 선택하라는 말을 많이 했습니다. 두려운 마음도 있었지만 전 제가 하고 싶은 걸 선택했습니다. 아마 후배들도 저와 같은 말을 많이 들을 것이라 생각합니다. 자신의 선택이 잘못된 것이 아닐까 걱정스러울 수도 있겠지만 먼 미래를 내다봐야 합니

다. 저는 대학 입학도 중요하지만, 성적에만 맞춰 들어간 학과에서 흥미를 느끼지 못한다면 재밌게 공부할 수 없을 거라는 생각에 흥미와 적성을 가장 중요하게 여겼습니다.

Q5 학생부종합전형을 준비하는 후배들에게 가장 하고 싶은 말을 전해주세요.

A5 가장 말하고 싶은 것은 하지 않아도 될 활동은 없다는 것입니다. 특히 일반고라면 더더욱 그렇습니다. 학교에서 하는 활동들은 할 수 있다면 모두 참여하는 것이 좋습니다. 그러면 생활기록부도 보다 풍성해지고, 성실하게 학교생활을 했다는 것을 보여줄 수 있습니다.

생활기록부에는 들어가지 않더라도 방학 때 잠깐 잠깐 외부활동을 하는 것도 좋습니다. 학교에서보다 더 전문적인 활동을 할 수 있고, 진로탐색의 좋은 기획과 관련된 외부 활동을 하면 희망하는 직업에 대해 더 자세히 알 수 있습니다. 뿐만 아니라 타 학교 아이들을 만나면서 내가 무엇을 얼마나 더 준비해야 할지 생각해보는 시간이 될 수 있습니다.

마지막으로 수능을 포기하지 말라고 말해주고 싶습니다. 교과가 아닌 학생부종합은 최저가 없는 경우도 많습니다. 하지만 그 전형을 다 떨어질 수 있다는 것을 명심해야 합니다. 6개 다 최저가 없더라도 혹시 모를 상황을 위해 수능을 놓지 말아야 합니다.

08 전문가 의견

김현정
S&E 컨설턴트 / 안산일성
TMS학원 입시연구소장

신민정 학생이 합격한 고려대학교 학교장 추천전형은 각 학교별 인문계열 2명 자연계열 2명씩 학교장의 추천을 받아 접수하는 전형으로 학생부 교과전형에 속하는 전형입니다. 학교장 추천전형은 올해 마지막으로 적용되는 전형으로 내년에는 고교추천전형Ⅰ, 고교추천전형Ⅱ으로 변경되는 전형입니다

지원자격은 2017학년도 졸업예정자로서 학교장의 추천을 받아야 하며 고교 3년 기간 동안 학교내신이 탁월하고 적극적이고 성실하게 학교 활동에 참여한 학업역량이 우수하며, 1단계통과 후 진행되는 면접역량도 겸비한 학생이 지원 가능한 전형입니다.

신민정 학생은 고교기간 중 국제공무원이라는 꿈을 위해 학교내신과 교내 활동에 적극적으로 활동하였으며 교과와 비교과 간의 균형 잡힌 활동이 합격에 한 발짝 다가서는 계기가 되었습니다.

교과 성적 1점대 초반으로 학교장 추천전형이 요구하는 교과성적을 바탕으로 수상내역과 교과목 세부능력특기사항의 기록을 보면 학생의 수업에 임하는 태도가 성실하고 적극적이며 학업에 대한 열의를 갖고 있는 학생임을 알 수 있습니다.

자율활동에서 학교의 주어진 프로그램을 통해 전공에 대한 탐색을 충분히 활용하는 기회로 삼아 진로와 전공에 대한 일관성과 깊이 있는 탐색의 경험을 보여주고 있습니다.

일반고 임에도 기숙사 생활을 하는 특수한 환경을 잘 활용하여 자칫 헛되이 보낼 수 있는 토요일을 '토요 프로젝트' 프로그램에 적극 참여하여 탐구능력을 향상시키고 설문지 작성, 보고서 작성 등 직접 몸으로 부딪치고 경험하며 거둔 여러 결과물을 통해 교내 교사들의 종이컵 사용을 줄이는 변화를 이끌어내는 열정과 의지와 도전 정신을 보여주었습니다.

동아리 활동도 봉사동아리이며 3년간 지속적으로 활동하는 모습을 통해 봉사에 대한 진정한 의미를 알아가는 모습을 보였고, 동아리 활동과 봉사활동의 경험은 지역사회와 우리나라의 사회적 문제점에 대한 관심을 넘어, 지구사회에 대한 관심으로도 이어져 미래의 국제공무원으로서 어떤 분야에서 어떤 역할을 해야 하는지에 대한 소명의식도 갖게 되는 경험의 결과를 보여주고 있습니다.

기숙사생활을 하면서 자기관리 능력과 자기주도적 학습을 실천하였고, 행동특성 및 종합의견을 통해 공동체 의식, 대학생활, 사회인으로서의 반듯한 인성도 보여주고 있습니다. 이러한 성실성과 진로에 대한 끊임없는 고민으로 고려대학교 문과대학 사회학과를 통해 꿈에 한 발짝 다가가는 합격이라는 쾌거를 이루어냈습니다.

경인교육대학교_교직적성잠재능력우수자전형
3년의 다양한 활동은 어릴 적 꿈
초등선생님이 되기 위한 즐거운 여정이 되다

초등교육학과 / 일반고 조세현 학생

"최종 합불을 결정짓는 것은 면접이라고 생각합니다. 저는 면접에서 저만의 경험으로 차별화된 답변을 하려고 노력했습니다. ○○ 활동은 어떤 활동이었고 무엇을 배우고 느꼈는지를 언급을 했을 때 면접관의 표정이 밝아졌음을 느낄 수 있었습니다.

그 외 교직을 수행함에 있어서 도움이 되는 장점이 무엇이냐는 질문에는, 초등교사로서의 자질에 적합한 '연예인'이라는 별명답게 저의 다양한 재능이 강점이라고 말씀드렸습니다. 이러한 답변들을 실제 경험을 바탕으로 말했던 것이 합격의 문에 한 발짝 다가갈 수 있도록 했습니다."

01 고교3년 열정 STORY

진로희망사항

구분	1학년	2학년	3학년 1학기
진로 희망	초등교사	초등교사	초등교사
희망사유	아이들을 좋아하고 눈높이에 맞게 가르치는 것을 즐거워하며, 학창시절 많은 선생님의 열정에 도움을 받은 경험으로 교사를 희망함.	가르치는 경험에서 얻은 즐거움을 너머 학생들에게 꿈과 희망을 주고, 선생님들로부터 받았던 많은 사랑과 배려를 교사가 되어 다시 되돌려 주고자 함.	꾸준한 교육봉사경험을 통해 적성에 맞음을 확신하고 교육을 통해 긍정적으로 변화되고 성장하는 아이들을 보며 교사에 대한 자긍심을 갖게 되었고 교사로서의 자질과 역량을 위해 꾸준히 노력함.

> 어릴 적 경험을 바탕으로 교사에 대한 긍정적인 생각이 3년 내내 지속적으로 일관성을 보여주고 있고, 그에 따른 학업과 교내 활동이 다양한 경험으로 이어지는 진로탐색의 좋은 표본임.

수상경력

구분		1학년	2학년	3학년 1학기
수상경력	학업역량	• 교과우수상(영어회화) • 교과우수상(기술가정, 단체운동, 실용영어, 음악과생활, 한국사) • 2014영어경시대회(장려상) • 과학경시대회(생명과학)(장려상) • 독서왕 • 영어경시대회(장려상)	• 교과우수상(개인 및 운동, 과학, 문학, 영어1) • 영어어휘경시대회(우수상) • 교과우수상(고전, 미적분1, 경제, 한국지리, 과학, 중국어2)	• 교과우수상(화법과작문, 확률과 통계, 사회문화, 윤리와 사상, 한문1, 경영일반)
	전공적합역량	• 진로포트폴리오경진대회(대상)		• 자기소개서 경진대회(우수상)
	경험다양	• 토론대회(공동수상3인), • 문학비평쓰기(장려상) • 제2회논술능력평가(대상)	• 문학비평문 쓰기대회 • 학생토론대회(공동수상 3인)(최우수상) • 상록동아리발표대회(공동수상4인)(최우수상)	

구분		1학년	2학년	3학년 1학기
수상경력	경험다양	• 제10회 상록토론대회(공동 수상3인)(대상)	• 독도사랑 영어 말하기 대회 (장려상) • 지속가능발전교육프로젝트 발표대회(공동수상8인)(우수상)	
	인성역량	• 모범상, 봉사상, 선행상 • 1년 개근상	• 효행상 • 1년 개근상	예절상

수상내역은 다다익선임. 교과목을 통해 교사의 기초지식 학업역량을 보여주고, 교내 다양한 활동의 결과물이 학교생활에 적극적이고 성실한 학생임을 보여줌. 다양한 인성 관련 수상도 교사의 자질 중 하나인 인성을 보여주고 있음.

창의적 체험활동 상황

구분		1학년	2학년	3학년 1학기
창의적 체험활동상황	자율활동	• 학급반장 • 다문화 사회 주제 영화 감상 • 리더십 트레이닝 • 아침방송 인성교육	• 주제별 체험학습(대학탐방) • 감화이야기를 통한 동영상 인성교육 • 신문 사설 읽기 • 나침반 5분 안전교육	• 1학기 국어, 한국지리 멘토 활동
	동아리활동	• 유스호스텔	• 유스호스텔 • 건강은 하니(체육 자율동아리) • 톡톡(교직관련 논점 토의 자율동아리)	• 유스호스텔 • 건강은 하니(체육 자율동아리)
	봉사활동	• 교내봉사(18시간) • 중증자폐성 장애우 생활시설 • 정기봉사(49시간) • 꽃동네 봉사(21시간) • 지역아동센터교육봉사(30시간)	• 교내봉사(18시간) • 지체장애인요양시설봉사(70시간) • 지역아동센터교육봉사(46시간) • 교내봉사대회 참가	• 교내봉사(2시간) • 지체장애인 요양시설(21시간) • 지역아동센터(6시간)
	진로활동	• 학교 중심의 나의 강점 분야 활용 전략 특강 • 진학희망대학 탐방 프로그램	• 자기주도적 학습습관 형성 관련 진로특강 • 전공탐색검사 • 진로 계획 발표	• 자기주도적인 진로설계 • 교육대학교 자료수집 • 진로탐색 포트폴리오 구성 • 미래 유망직업 발표

구분	1학년	2학년	3학년 1학기
	• '원하는 것을 얻어내는 사람들의 비밀' 특강 • 전문 직업인과 함께하는 직업 멘토링 • 교내 진로포트폴리오 대회 참가	• 'UN국제기구 진출의 길' 특강 • 5.18 민주화 운동 관련 인문교양교육 학생 캠프	• 학생부 종합 자기소개서 쓰기 활동 참여 • 자기주도학습 시간 활용

수업 이외에 진행되는 학교활동에도 적극적이고 열의를 갖고 참여한 모습을 보이며, 멘토활동을 통해 교사의 즐거움도 경험함. 특히 봉사활동을 통해 교사로서의 공감능력과 사회에 대한 관심을 충분히 보여줌.

독서활동 상황

구분	1학년	2학년	3학년 1학기
독서 활동 상황	• 청소년을 위한 정의론 _강영계 • 괜찮아 10대 행복하면 되잖아_최영철 • 최고의 교사 _EBS 최고의 교사 제작팀 • 행복한 작은 학교_이길로 • 깡마른 마야_코슈카	• 내 인생의 스승_김학주 • 천국에서 한 걸음_안나 • 변화하는 사람의 미래는 아름답다_김세우 • 나는 왜 교사인가_윤지영 • 싱커_배미주 • 17세_이근미 • 그래도 학교_고든 코먼 • 아름다운 나눔수업_전성실	• 가르침 그 용기 있는 선택 _펄 락 케인 • 10살의 심리학 _와타나베 야요이 • 나는 선생님이 좋아요 _하이타 니겐지로 • 선생님은 해결사 학부모편 _김숙희, 장희화, 박성희 공저 • 교사와 학생 사이 _하임 G. 기너트
	국어 7권/수학 8권/사회 1권/과학 1권/공통 4권 = 총 26권	국어 6권/수학 4권/사회(1권)/공통 2권 = 총 21권	국어 2권/사회 4권/공통 1권 = 총 12권

1학년 때부터 일관성 있는 진로 결정은 독서활동으로 이어져 1학년 때부터 진로 관련 독서가 잘 이루어짐.

02 나의 성적

교과	학년 전체
국어	1.90
수학	1.88
영어	1.43
사회	1.44
과학	1.77

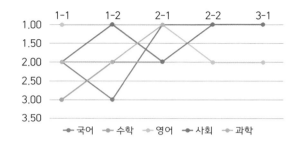

교과	학년 전체
전 교과	1.72
계열 교과	1.76

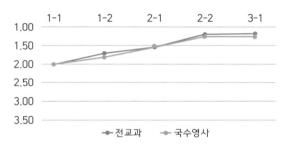

03 자기소개서 분석

1단계 자기소개서 작성을 위한 소재 찾기

	학업역량	전공적합성	발전가능성	인성
수상 경력	• 과학경시대회(생명 과학)(장려상) • 교과우수상(한국 지리, 과학, 윤리와 사상)	• 진로포트폴리오경진 대회(대상) • 자기소개서 경진대회 (우수상)	• 제10회 상록토론대 회(공동수상 3인) (대상) • 상록동아리발표대 회(공동수상 4인) (최우수상)	• 1년 개근상 • 모범상 • 봉사상 • 효행상 • 예절상
창의적 체험 활동 (자동 봉진)	• 자기주도학습 시간 활용	• 1학기 국어, 한국지 리 멘토 활동 • 지역아동센터교육봉 사(46시간)	• 신문 사설 읽기 • 나침반 5분 안전교 육	• 감화이야기를 통 한 동영상 인성교 육 • 아침방송 인성교육

	학업역량	전공적합성	발전가능성	인성
세부 능력 및 특기 사항	• 각 과목마다 교사들로부터 학업에 열의를 보이는 학생이고 교사와의 소통 능력도 긍정적인 평가를 받고 있음.			
독서활동 상황		• 행복한 작은 학교 _이길로 • 나는 왜 교사인가 _윤지영 • 선생님은 해결사 학부모편 _김숙희장희와 박성희		

2단계 자기소개서 개요정리

STAR 방식 분석		학생부 연계 활용분석	지원대학 평가요소 분석
구분	내용		
Situation (상황, 배경)	교육대학에 가려는 목표	수상내역 + 교과학습발달상황 + 세부능력 및 특기사항 + 독서활동상황 + 행동특성 및 종합의견	학교생활 기록부 교직기초학업역량 + 책임감 및 성실성 + 자기관리능력 + 나눔과 배려 + 협동심 + 소명감, + 교직적성
Task (목표, 역할)	'색깔 펜 학습법' '토론식 학습법'		
Action (구체적인 행동)	1) 다른 사람에게 설명하듯이 2) 쉬는 시간, 보행 중, 급식 기다리는 중, 버스 등에서 이 색깔 메모지를 들고 다니며 계속 공부 3) 친구와 서로 설명 4) 토론하며 자료를 찾고 선생님께 질문하면서 의문이 해소될 때까지 노력		
Result (결과)	시간을 효율적으로 활용, 반복 학습이 기억을 더욱 선명하게 해주어 효과적 학습법, 학습뿐만 아니라 생각을 키우는 것에도 중요하다는 것을 깨달았음. 경청의 태도를, 설명하는 입장에서 가르치는 즐거움, 지식을 공유하는 방법도 효과적이었음.		

3단계 자기소개서 완성

1. 고등학교 재학기간 중 학업에 기울인 노력과 학습 경험에 대해, 배우고 느낀 점

을 중심으로 기술해 주시기 바랍니다(1,000자 이내).

Situation 저는 상위권의 성적을 유지하여 교육대학에 가려는 목표를 세웠습니다. 그래서 효과적인 저만의 학습법을 찾았고, **Task** 그 중 '색깔 펜 학습법'과 '토론식 학습법'으로 꾸준하게 공부했습니다. 색깔 펜 학습법은 색깔 있는 필기구를 활용하여 학습 내용의 중요성의 차이를 색깔로 인식하게 하는 방법입니다. **Action 1** 생명과학이나 한국지리, 윤리와 사상 등을 공부할 때 다른 사람에게 설명하듯이 흰 종이를 펴두고 기억나는 부분을 다 적었습니다. 이 종이에 형광펜으로는 중요한 부분을, 빨간 펜으로는 기억하지 못한 부분을, 파란 펜으로는 의문이 드는 부분을 표시해 들고 다니며 틈틈이 복습할 때 빨간색을 중점적으로 학습했습니다. 휴대가 간편하니 반복하여 학습할 수 있었으며 학습시간을 충분하게 확보할 수 있었고, 나머지 시간을 수행평가에 할애했습니다. 쉬는 시간, 보행 중, 급식 기다리는 중, 버스 등에서 이 색깔 메모지를 들고 다니며 계속 공부하다 보니 색깔 차이로 중요성을 인식하게 되어 내용정리가 저절로 되었습니다. **Result 1** 이를 통해 적은 시간이라도 헛되이 보내지 않고 효율적으로 활용하다 보면 그것이 쌓여서 좋은 결과가 온다는 것을 알았고 또한 반복 학습이 기억을 더욱 선명하게 해주어 효과적 학습법이 된다는 것을 알았습니다. 토론식 학습법은 가르치고 배우며 서로 성장할 수 있는 '하브루타'라는 학습법입니다. **Action 2** 친구와 이 방법으로 어려운 부분을 서로 설명했습니다. 그 과정에서 잘못 이해한 부분이 있다면, 바로 고쳐줌으로써 틀린 부분을 바로 잡을 수 있었습니다. 모르는 부분은 친구와 함께 계속 토론하며 자료를 찾고 선생님께 질문하면서 의문이 해소될 때까지 노력했습니다. **Result 2** 스스로 탐구하고 이를 바탕으로 친구 그리고 후배와 교학상장(教學相長) 하는 것이 학습뿐만 아니라, 생각을 키우는 것에도 중요하다는 것을 깨달았습니다. 또 설명을 듣게 되는 입장에서 경청의 태도를, 설명하는 입장에서 가르치는 즐거움을 얻을 수 있었습니다. 혼자 공부하는 것에 더불어 친구와 함께 지식을 공유하는 방법도 효과적이라는 것을 느꼈습니다.

참고 **활동증빙자료**

둘다섯 해누리 봉사

꽃동네봉사

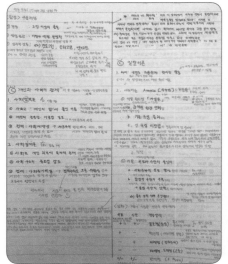 

노트정리

04 면접 후기

	면접시간	3차면접
	면접위원 수	개별면접 : 교수 2명, 집단면접 교수 2명 서로 다른 분임
	면접절차	면접실 앞 인원확인 → 수험번호순으로 개별면접 입장 → 개별면접 후 대기실대기 → 집단대기실입장 → 인원확인 후 집단면접 앞 대기 → 집단면접시험 → 면접종료
면접형식	면접장 분위기	• 기계적으로 진행이 된다는 느낌이 강함. 대기시간에는 지원자들끼리 말을 못하게 합니다. 두 분 다 컴퓨터 앞에서 컴퓨터로 채점을 하시는 듯했고, 저는 여섯 개가 연결되어 있는 책상에 앉아서 앉아 있는 태도나 자세까지는 신경 쓰지 않고 개별면접에 임함. • 개별면접 : 한 분은 부드럽게 질문하고 한 분은 꼬리질문만 함. • 고등학교활동보다 대학에서 할 것을 많이 물어봄. • 집단면접 : 즉석에서 토의를 통해 정하는데 조원을 누구를 만나느냐가 중요하기 때문에 다양한 형태로 면접을 준비하는 것이 좋음.
	유의사항	스톱워치도 걸어가기 때문에 손목 아날로그 시계를 준비해야 함. 전자기기도 모두 수거함.

면접질문

개별면접질문

Q1 가장 인상 깊은 책은 무엇인가요?

A1 『선생님은 해결사』라는 책이 가장 인상 깊었습니다. 이전에 저는 교사와 학생 간의 바람직한 관계에 대해서만 생각을 했었습니다. 그러나 이 책을 읽고 교사는 학생, 학부모 더 나아가 학교의 관계자들과 동료 교사와도 바람직한 관계를 형성해야 한다는 것을 알게 되었습니다.

꼬리질문

Q1-1 왜 바람직한 관계가 중요하죠?

A1-1 교사와 학생, 학부모는 학생을 올바른 인격체로 함양하려는 공동의 교육 목표가 있다고 생각합니다. 그리고 이 목표를 효과적으로 달성하기 위해서는 학교에서의 노력뿐만 아니라 가정에서의 노력이 동시에 이루어져

야만 합니다. 그 밑바탕에는 세 주체가 서로를 신뢰하고 배려하는 관계가 있어야 하기에 바람직한 관계가 중요하다고 생각합니다.

Q2 어느 과를 가고 싶은가요?

A2 저는 많은 과들 중에서 실과교육과에 진학하고 싶습니다. 실과는 삶과 관련된 기능교과로서 다른 어떤 과목보다도 일상생활과 실제 삶과 많은 연관성을 지니고 있습니다. 그리고 실과 교육과에서는 실과교육과정과 가정학, 기술학, 농업 생명 과학 등 교과 교육 배경 학문에 대한 이론과 방법을 배우는 것으로 알고 있습니다. 실과에 대한 내용을 보다 깊고 폭넓게 배워 초등학생으로 하여금 현재와 미래생활 변화에 대처할 수 있는 생활 소양을 기를 수 있도록 하고 싶습니다.

저는 기술가정 과목에 관심이 있었습니다. 다른 친구들은 기술가정 과목이 주요 과목도 아니고 수능이나 대학입시에 도움이 되는 과목이 아니라서 소홀히 했지만 저는 그 모습이 안타까웠습니다. 기술가정은 과목의 특성상 생활과 밀접한 관련이 있고 이론에서 멈추는 것이 아니라 실제 도면을 그리는 등 재미있게 배울 수 있습니다. 저는 이 점에 흥미를 느꼈고 향후 실과를 배워서 학생들에게 실과의 매력에 대해서 알려주고 싶습니다.

요즘은 창의, 융합 교육을 강조하는 시대입니다. 지식을 지식의 형태로만 가지고 있는 것이 아니라 실제 실생활과 어떤 연관이 있는지 생각해보고, 오감을 자극할 수 있는 실과는 창의 융합 교육에도 적합한 과목이 될 것이라 생각합니다. 특히 실과의 한 분야인 텃밭 가꾸기, 식물 기르기 활동을 통해서 자연을 쉽게 접하기 어려운 아이들에게 자연과 함께하는 즐거움과 정서를 순화시키는 효과를 가져올 수 있습니다. 또 함께 음식 만들기 수업 시간을 통해 자연스럽게 학생은 친구 그리고 교사와도 친밀해지는 교과 외 교육

효과를 누릴 수 있습니다. 그래서 저는 다른 과목들도 중요하지만 실과교육과에 진학하고 싶습니다.

Q3 대학에 와서 가장 하고 싶은 일은 무엇인가요?

A3 동아리 활동입니다. 다른 대학생들과도 연계하여 고등학생 때에는 경험해보지 못한 다양한 활동을 두루두루 하고 싶습니다.

꼬리질문

Q3-1 자유롭게 학교생활을 하겠다는 건가요?

A3-1 아닙니다. 보다 다양한 경험을 하고 글로는 배울 수 없는 점들을 배워보고 싶습니다.

Q3-2 어떤 동아리가 있는지 알고 있나요?

A3-2 봉사, 기독교, 테니스, 여학생들만을 위한 축구동아리가 있는 것으로 알고 있습니다(사실 축구동아리는 광주교육대학교에 있는 동아리인데 헷갈려서 잘못 말했지만 면접관이 알아채지는 못했습니다.)

Q3-3 그건 다른 학교에도 다 있는 동아리인데?

A3-3 그러나 경인교육대학교 기독교 동아리는 재학생뿐만 아니라 현재 교단에 서있는 졸업생까지도 함께하며 여러 가지 정보를 공유하는 특징을 가지고 있는 것으로 알고 있습니다. 이런 점으로 보았을 때 다른 동아리도 차별화되는 특징을 가지고 있을 것 같습니다.

Q4 기숙사 생활의 장단점이라면?

A4 장점은 시간 관리가 효율적이라는 것입니다. 저희 학교의 경우에는 다소 외진 지역에 위치하고 있어 통학하는 시간이 오래 걸리는 편입니다. 그래서 기숙사 생활을 하면서 그 시간을 다른 활동을 하는 시간으로 활용할 수 있었

습니다. 또한 정해진 시간에 학습이 가능하여 학습 패턴이 형성되는 장점이 있습니다. 단점은 가끔씩 힘이 드는 시기에 부모님의 품이 그리울 때도 있으나 혼자 이겨내야 하는 것입니다.

꼬리질문

Q4-1 부모님을 만나는 것이 질보다는 양이라는 건가요?

A4-1 감정이라는 것이 순간적인데 주말에만 부모님을 만날 수 있어 시간적 제약이 있다는 점을 말씀드리고 싶었습니다.

Q4-2 기숙사에서 친구들과 무엇을 하며 시간을 보냈나요?

A4-2 학업에 열중하기도 했지만 자율동아리 '운동은 하니'를 만들어 기숙사에 있기에 할 수 있는 활동을 하면서 시간을 보냈습니다. 이 동아리에서는 달리기, 배드민턴, 줄넘기 등 다양한 운동을 하되, 가위바위보를 달리기에 접목하는 등의 활동을 통하여 즐기면서 운동을 하고 있습니다. 운동을 하면서 건전하게 스트레스를 풀 수 있었고 숙면이 가능했기 때문에 학업에 더 열중할 수 있었습니다.

Q5 교사가 되어서 이것만은 꼭 지키고 싶다는 신념이 있다면?

A5 아이들에게 평등한 사랑을 주는 것입니다. 자라나는 시기에 있는 아이들에게 누군가에게는 더 큰 관심을 주고 누군가에게는 관심을 주지 않는다면, 자칫 아이의 자존감을 낮출 수 있는 요인이 될 수 있다고 생각합니다. 그래서 교사가 된다면 아이들에게 평등한 관심과 사랑을 주고 싶습니다.

꼬리질문

Q5-1 본인의 경험인가요?

A5-1 네, 그렇습니다. 사실 저는 관심을 받지 못하는 편보다는 관심을 받는 편이었습니다. 한쪽으로만 편향된 교사의 관심과 사랑은 양쪽 모두가 힘들

어질 수 있다는 것을 고등학교 생활을 하면서 느꼈습니다.

Q6 마지막으로 자소서에 학업역량을 개발하고 싶다고 되어 있는데 무엇을 배우고 싶은가요?

A6 실과교육과에 지망하고 싶은 학생인 만큼 기술 분야를 배워보고 싶습니다. 저는 문과 학생이다 보니 2학년 때까지만 과학을 배우고 3학년 때에는 이과 과목을 접해보지 못했습니다. 실과에서는 이론적인 것보다 실제적인 것 위주로 배우므로 고등학교 때 배울 수 없었던 것들을 대학에서 배워 저의 부족한 학업 역량을 채워보고 싶습니다.

집단면접

이번에는 면접관이 달라졌는데 두 분 모두 남자분이셨습니다. 인원은 5명이 토의를 하는데 토의 시간 안에 제시문을 숙지하고 의견 내용 합의하고 발표 준비까지 해야 합니다. 토의가 진행되는 과정에서 면접관이 가만히 앉아서 채점하실 줄 알았는데 한 분은 일어서서 옆쪽으로 와 토의 과정을 지켜보셨습니다. 여기서 발언이 많다고 좋은 것도 아니니 양보하는 모습을 보여주어야만 합니다. 저는 발언 기회가 적은 친구에게 예를 들어 2번 학생이 발언 기회가 부족했던 것 같으니 "2번 학생과 다른 분들이 동의만 한다면 해결방안을 맡아서 발표를 하는 것도 좋을 것 같습니다. 다른 좋은 의견 있으십니까?"
라고 이야기하거나 서기 친구와 문제점 3개를 나누어서 발표를 할 때에는 "서기가 내용을 정리하느라 발언기회가 적었는데 문제점 2개를 말해주는 것도 좋을 것 같습니다. 어떻게 생각하십니까?"라고 말하면서 양보하는 모습도 보여주어야 합니다. 모든 발표자가 말하면 제 의견을 말하기 이전에 "이러이러한 의견 잘 들었습니다."라고 말하면서 겸손한 태도를 보여야 합니다.

면접문제

Q 질문은 예방접종을 시장에 맡겨야 하는가? 정부에 맡겨야 하는가? 각각의 주장 뒷받침하는 근거를 각각 3가지씩 말하고 해결방안을 제시하시오.

면접총평

다른 교대에 비해서 꼬리 질문이 많았고 마치 일부러 당황하라는 듯한 어조의 질문들이 많았습니다. 또 대개 과거에 내가 했던 일들보다는 미래에 어떻게 학교생활을 하고 뭘 배우고 싶은지를 물어보셨습니다.

05 2017 수시전형 지원 대학 합불 결과

대학명	전형명	모집단위	수능최저학력기준	합불여부
경인교육대학교	교직적성잠재능력우수자	초등교육학과	×	합격
진주교육대학교	21세기형교직적성자	초등교육학과	×	합격
광주교육대학교	교직적성우수자	초등교육학과	×	합격
대구교육대학교	참스승전형	초등교육학과	×	불합격
부산교육대학교	초등교직적성자(여)	초등교육학과	×	불합격
춘천교육대학교	석우인재	초등교육학과	×	불합격

06 최종합격 대학 전형 분석 (경인교대 교직적성잠재우수자전형 2017 vs 2018)

① 경인교대 2017학년도 수시모집 신입생 모집요강(P.4~P.5)

전형명	모집단위	모집인원	전형방법 및 특징	수능최저학력기준	제출서류
교직적성잠재능력 우수자전형	초등교육과	340	1) 서류평가100(2배수) 2) 1단계70+심층면접30	없음	• 학교생활기록부 사본 1 • 자기소개서 1 • 학교장추천공문 1

	다음 조건에 모두 해당하는 자(고교 조기졸업자, 고졸 학력 검정고시 합격자 불가)
지원 자격	1) 2015년 2월~2017년 2월 고교졸업(예정)자 2) 교직 잠재능력과 인성 및 적성이 우수하다고 인정되어 출신 고등학교장의 추천을 받은 자 　※ 학교당 추천인원 제한 없음 3) 2017학년도 대학수학능력시험에서 한국사 영역을 응시한 자

② 경인교대 2018학년도 대학입학전형 시행계획(P.7~P.8)

전형명	모집단위	모집인원	전형방법 및 특징	수능최저학력기준	제출서류
교직적성잠재능력 우수자전형	초등교육과	400	1) 서류평가100(2 　배수) 2) 1단계70+심층 　면접30	없음	• 학교생활기록부 • 자기소개서

	다음 조건에 모두 해당하는 자(고교 조기졸업자, 고졸 학력 검정고시 합격자 불가)
지원 자격	1) 2016년 2월~2018년 2월 고등학교 졸업(예정)자 2) 교직 잠재능력과 인성 및 적성이 우수하다고 인정되어 출신 고등학교장의 추천을 받은 자 　※ 학교당 추천인원 제한 없음

※ 2018학년도 최종 수시요강에서 변동사항 확인바람.

07 합격자 인터뷰

Q1 경인교육대학교 교직적성잠재우수자 전형을 선택하게 된 이유는 무엇이었나요?

A1 가장 큰 이유는 수능 최저학력기준이 없었기 때문입니다. 그러면서도 면접도 중요합니다. 개별면접과 집단면접 두 가지를 준비해야 하는 경우도 생깁니다. 저의 모의고사 성적은 평균적으로 최저를 맞출 수 있는 가능성이 있었지만, 면접을 준비하고 자기소개서를 쓰는 기간에 수능 과목을 모두 공부하는 것은 위험 요소가 크다고 판단했습니다. 그리고 수능보다는 면접에 더 자신이 있어 최저학력기준이 없는 학생부종합전형을 선택하게 되었습니다.

Q2 본인의 학교생활기록부 관리 비결이 있다면 소개 부탁합니다.

A2 교과는 학원에 다니지 않더라도 교과서만 충실히 하고 선생님의 수업만 꼼꼼하게 듣는다면, 학교 공부만으로도 내신공부는 할 수 있다고 생각합니다. 복습을 열심히 했습니다. 수업을 들을 때에는 공식 도출 과정이나 예시, 설명을 다 받아 적고, 수업이 끝나면 교과서에 그 내용을 깔끔하게 정리하면서 옮겼습니다. 옮겨 적을 때는 누군가에게 설명을 해주듯이 중얼거립니다. 그리고 그 날에 해당 교과서를 다시 보고 문제집을 풀도록 합니다. 문제집에는 몰랐던 문제, 틀렸던 문제, 애매한 문제를 표시해 두고 절대 그 위에는 문제를 풀지 않았습니다. 제 공부 방식은 지극히 평범하지만 도움이 될 수 있을 것입니다.

선생님이 반복한 부분은 중요한 내용일 가능성이 크므로 그 점을 중점으로 공부하면, 보다 효과적으로 공부할 수 있습니다. 스치듯이 지나간 사소한 설명이라서 혼자서만 적어두고 기억했는데 그게 시험문제로 나온다면 이 공부법의 진가가 발휘됩니다. 공부법은 사람마다 다르므로 무조건 추천해줄 수 없지만, 저는 이런 방법으로 내신을 준비했습니다.

비교과는 사실 요령이 없다고 생각합니다. 노력에 비례하여 증거가 남기 때문입니다. 그래서 저는 학교에서 할 수 있는 대회나 진로특강을 최대한 많이 참가하려고 노력했습니다. 3학년 때에는 갑자기 공부하는 친구들이 생기기 때문에 위기의식이 생기게 마련입니다. 그래서 교과에 더 많은 시간을 투자하게 되고 반면 비교과를 준비할 수 있는 시간은 부족하게 됩니다. 그리고 3학년을 위한 대회가 줄어들어서 상을 탈 수 있는 기회조차 사라집니다. 수능공부를 병행하는 경우에는 동아리 활동 또는 봉사활동 참여가 어려우므로 3학년 때에는 실질적으로 세부능력 및 특기사항과 독서로 비교과를 채우게 됩니다. 그러니 1, 2학년 때 최대한 많이 해두는 것이 좋을 것 같습니다.

Q3 본인에게 가장 영향을 준 책과 그 이유는 무엇이었나요?

A3  이 책은 어쩌면 글보다 그림이 더 많은 비중을 차지하고 있을지도 모릅니다. 그렇지만 경인교대 면접의 첫 번째 질문이었던 '가장 인상 깊게 읽었던 책이 무엇인가'의 답변이 되어주기도 했던 책입니다. 이 책을 읽기 이전에 저는 교사와 학생 간의 바람직한 관계에 대해서만 생각을 했습니다. 하지만 교사는 학생뿐만 아니라 학부모님 더 나아가 주변 동료와 갈등이 발생할 수 있고 이들과 원만한 관계를 유지하는 능력도 요구됨을 인지하게 되었습니다. 또 각각의 문제 상황에 대해서 어떻게 대처하는 것이 좋은지 현실적인 조언을 얻을 수 있었습니다.

Q4 학과를 선택하는 데 가장 중요하게 여긴 점은 무엇이었나요?

A4 초등교사가 되고자 하는 저의 꿈을 가장 중요시하게 여겼습니다. 그래서 수시 지원 6번을 모두 초등교육과로 지원하고자 했습니다. 이 결정은 위험부담이 컸고 주변 사람들도 제 선택을 만류하여 초등교육과와 성격이 비슷한 사범대 혹은 일반대학 교육과 지원을 고려해본 적도 있었습니다. 그러나 초등교육을 제외한 다른 과를 생각해본 적이 없었고, 제가 진정으로 원하는 쪽을 선택하고 싶어 저의 희망 진로에 따라 초등교육과를 선택했습니다.

Q5 학생부종합전형을 준비하는 후배들에게 가장 하고 싶은 말을 전해주세요.

A5 입시전략을 세우는 것이 중요하다고 생각합니다. 학생부종합전형에서도 서류 비중이 높은 것, 최저학력기준이 있는 것과 없는 것, 면접 비중이 높은 것, 면접 중에서도 집단면접이 있는 것, 제시문 면접 형식인 것 등 생각보다 다양한 종류가 존재합니다. 그중에서 본인에게 가장 적합한 유형을 찾고 미

리 그 전형의 성격에 맞게 준비하는 것이 좋습니다.

특히 교육대학교 학생부종합전형이라면 더욱 학교생활을 충실하게 해야 합니다. 전 과목을 가르치는 초등교사를 육성하는 대학인만큼 모든 과목, 다양한 활동과 재능을 중시합니다. 학교생활을 충실하게 하는 것만으로도 자연스럽게 학생부종합을 준비하는 것이 됩니다. 학교 공부를 열심히 하다 보면 성적이 나오고 세부능력 및 특기사항이 채워집니다. 선생님께 본인의 진로를 얘기하면 그것에 맞게 써주기도 합니다. 물론 여러 가지 활동에 참여하는 것은 시간 낭비라고 생각할 수 있지만, 면접에서 저의 경험을 녹인 답변을 할 수 있었습니다.

교육계열 학생부종합전형을 준비하는 학생들에게 독서 관련으로 해주고 싶은 말이 있습니다. 교육계열학과을 지망하는 학생이라면, 당연히 교직과 관련된 책을 읽어야 합니다. 인터넷에 교대 추천 책을 검색해서 읽어도 좋고 그냥 도서관에 가서 교육 분야 쪽에 있는 책을 골라 읽어도 좋습니다. 독서 기록을 통해서 교직에 대한 관심의 척도를 나타내고, 책을 통해 무엇을 배웠고 어떤 생각의 변화가 있었는지가 무슨 책을 읽었느냐보다 더 중요하다고 생각합니다. 또 교대는 [문과/이과]라고 해서 [이과/문과] 관련 독서가 하나도 없으면 위험할 수 있습니다. 실제로 면접 후기 중에서 문과인데 과학 분야 책을 단 한 권도 읽지 않았다가 면접관이 언급한 사례도 있는 만큼 편식 없는 독서를 하는 것이 필요할 것 같습니다.

08 전문가 의견

김현정
S&E 컨설턴트 / 안산일성
TMS학원 입시연구소장

조세현 학생이 합격한 경인교육대학교 교직적성잠재능력우수자 전형은 교직잠재능력과 인성, 적성을 인정받아 학교장이 추천하는 전형으로 추천인원에 제한은 없습니다. 모집인원이 304명 → 340인원이 증가하고 수능최저학력 기준을 적용하지 않는 학생부종합전형으로 수능응시는 필수이며 한국사도 필수응시영역입니다.

1단계 통과 후 치르는 2단계 면접평가에서 교직적성잠재능력을 가진 학생을 다단계, 다면적으로 평가하는 인성평가가 강화되었습니다. 지원자격은 2015년 2월 이후 고등학교 졸업자는 지원가능합니다.

조세현 학생은 수시 6회 지원 모두 교육대학을 지원할 정도로 초등교사에 대한 진로가 명확한 학생입니다 본인 스스로 자신의 강점과 약점을 잘 파악하는 자기이해능력이 탁월한 학생으로 내신의 강점을 살리기 위해 교내 모든 활동에 적극적으로 참여하고 성실하게 교실수업에 참여하였습니다. 교과목 수상내역과 교과목 세부능력특기사항의 기록을 통해 학생의 교직 기초 학업역량을 보여주고 있으며, 기숙사생활을 하면서 자기주도학습을 수행해냄으로써 학업과 일반 생활면에서 자기관리 능력이 있음을 보여주었습니다.

고등학교 입학과 동시에 진로가 명확한 학생으로 교사라는 꿈을 향해 주어진 학교환경과 지역환경을 활용하여 비교과 활동을 통해 경험을 실천하였고, 특히 봉사활동 경험은 교사가 지녀야 할 뛰어난 공감능력을 십분 발휘하는 밑거름이 되었습니다.

본인의 명확한 진로를 교과목 교사들에게 어필함으로 학교 생활기록부 전반에 걸쳐 교사의 자질이자 경인교대의 교직적성잠재능력우수자전형의 평가요소인 교직기초지식 역량과 교직인적성역량을 잘 보여주었으며 자기소개서를 통해 종합적으로 평가받았습니다. 이러한 3년간의 노력과 경험이 경인교육대학교의 꼬리질문에서도 자신의 경험을 살려 순발력 있게 적재적소에 맞는 답변을 함으로써 강화된 면접의 벽을 넘어 최초합격이라는 결과로 이어지게 되었습니다.

한국외국어대학교_학생부종합전형
고교 3년 방송반 경험 속에 울림을 주는 휴먼 다큐멘터리 작가를 꿈꾸다

사회과학대학 미디어커뮤니케이션학부 / 일반고 장희영 학생

학 생 합 격 인 터 뷰

"독하게 마음먹고 좀 과하다 싶을 정도로 공부계획을 세웠습니다. 그 날 세운 계획을 모두 소화해내야만 마음이 편했고, 덕분에 자다가도 벌떡 일어나서 공부하곤 했습니다. 그 결과 성적이 꾸준히 오르고, 교과와 비교과를 골고루 챙겼는데 그 점이 높게 평가되었다고 생각합니다.
고1 때부터 PD라는 꿈을 가지고 교내 방송부활동 외에도 연합고교방송동아리와 외부 영상동아리 활동을 열심히 했습니다. 결과가 좋든 안 좋든 최대한 많은 경험을 했고, 그 과정에서 저의 가치관과 꿈에 대한 생각들을 더욱 넓힐 수 있었습니다. 꿈에 대한 열정과 그 열정에 대한 흔적들이 저의 합격비결인 것 같습니다."

01 고교3년 열정 STORY

구분	1학년	2학년	3학년 1학기
진로 희망	프로듀서	PD	방송제작자
희망사유	영상물제작의 기획, 홍보 등 일련의 과정에 관심과 흥미를 가지다.	올바른 가치관과 사회의 모습을 보여주며 다양한 사회구성원들의 모습을 그리고 싶어 PD를 희망하다.	방송국에서 일하는 분을 만나 좀 더 구체적인 이야기를 들을 수 있었고, 매체를 통해 언어, 음악, 미술 등 다양한 분야를 통합하여 표현할 수 있는 방송제작에 더 큰 관심을 가지다.

> 3년 동안 일관된 진로희망을 바탕으로 교내 관련활동을 꾸준히 경험함.

수상경력

구분		1학년	2학년	3학년 1학기
수상경력	학업역량	• 교과우수상(국어Ⅱ, 수학Ⅱ)	• 교과우수상(미적분Ⅰ, 생활과윤리, 영어Ⅰ, 독서와문법, 영어회화, 한국지리, 한문Ⅰ, 확률과통계) • 영어단어왕선발대회	• 교과우수상(화법과 작문, 수학연습Ⅰ, 영어Ⅱ, 동아시아사, 한국사)
	전공적합역량	–	• 창의학술동아리논문발표대회	–
	경험다양	–	• 학교도서관문화제(독서골든벨 부문)	• 3학년 국어과행사(감사엽서쓰기 부문, 독서논술 부문)
	인성역량	–	–	• 청소년의 달 모범학생표창

> 꾸준한 성적 향상을 보여줌으로써 학업역량과 성실성을 보여줌.

창의적 체험활동 상황

구분		1학년	2학년	3학년 1학기
창의적 체험활동 상황	자율 활동	• 학급회조직 • 수능 격려식	• 학급의 정보도우미 • 진로관련 독서활동 • 팝송 경연대회 • 축제 • 수능 격려 활동	• 학급부실장(1년) • 학급별 특색활동 • 체육대회 • 스승의 날 기념행사
	동아리 활동	• ABS방송부(2학기 부장)	• ABS방송부(부장)	• ABS방송부 • (자율) ATBC 토론동아리 결성(부장)
	봉사 활동	• 길거리 사랑촌(24시간) • 푸른솔지역아동센터(5시간) • 방송부활동 및 교내봉사(57시간)	• 두레학습멘토링제(10시간) • 사랑뜰(16시간) • 마가렛사회복지회(12시간) • 방송부활동 및 교내봉사(71시간)	• 마가렛사회복지회(13시간) • 교내봉사(11시간)
		봉사시간 총 86시간	봉사시간 총 109시간	봉사시간 총 24시간
	진로 활동	• 표준심리검사(종합진로검사) • 종합검사결과자료이해 및 꿈채우기(활동지)작성 • 대입진학정보설명회 • 전문직업인초청특강 • 교내 우수동아리 활동 • 역사문화탐방	• 진로활동(1학기/주당1시간) • 표준심리검사 • 대입진학박람회참가 • 대입지원관 초청 특강	

교내 방송부활동은 본인의 진로에 대한 깊이 있는 탐색의 계기가 되었고, 봉사활동은 방송제작자로서 다양한 사회계층의 대한 이해와 탐색의 시간이 됨.

독서활동 상황

구분	1학년	2학년	3학년 1학기
독서 활동 상황	• 우아한 거짓말_김려령	• 10대와 통하는 미디어_손석춘 • PD가 말하는 PD_김민식 외 • 기자가 말하는 기자_박대호 외 • 방송기획제작의 기초_설진아	• 기호학의 입문_손홀
	공통 4권 = 총 4권	국어 10권/공통 13권 = 총 23권	동아시아사 1권, 공통 4권 = 총 5권 사회 1권/공통 4권 = 총 5권

진로 관련 독서활동을 통해 진로탐색의 시간을 갖게 됨.

02 나의 성적

교과	학년 전체
국어	1.54
수학	1.38
영어	1.17
사회	1.74
과학	3.00

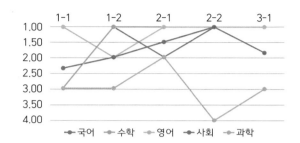

교과	학년 전체
전 교과	1.79
계열 교과	1.48

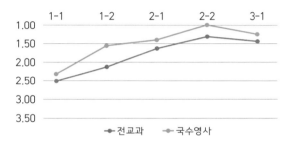

03 자기소개서 분석

1단계 자기소개서 작성을 위한 소재 찾기

	학업역량	전공적합성	발전가능성	인성
4. 수상 경력	• 1학년 교과우수상 (국어Ⅱ, 수학Ⅱ) • 2학년 교과우수상 (미적분Ⅰ, 생활과윤 리, 영어Ⅰ, 독서와문 법, 영어회화, 한국 지리, 한문Ⅰ, 확률 과통계)	• 1학년 창의학술동아 리논문발표대회	• 학교도서관문화제 (독서골든벨 부문) • 3학년국어과행사(감 사엽서쓰기부문, 독 서논술 부문)	• 청소년의 달 모범학 생표창장
6. 진로	–	• 1, 2, 3학년 방송제작자(프로듀서)		–

		학업역량	전공적합성	발전가능성	인성
7. 창의적 체험 활동 (자동 봉진)		–	• 동아리 방송부활동(방송부장으로서 방송부의 원활한 운영을 주도적으로 이끌고 소통과 배려의 리더십을 보임, 원주시 연합동아리 너나들이 결성하여 인터넷방송 실시) • 전문직업인 초청특강 • 교내 우수동아리 활동		• 길거리 사랑촌 • 방송부활동 • 두레학습멘토링제 • 사랑뜰 • 마가렛사회복지회
8. 세부 능력 특기 상황		• 2학년 생활과 윤리(개인 윤리적 관점과 사회 윤리적 관점의 차이점을 이해하고 개인의 자아실현과 공동선의 조화를 추구하는 태도를 지님.)			–
9. 독서		–	2학년 • 10대와 통하는 미디어(손석춘) • PD가 말하는 PD(김민식 외) • 기자가 말하는 기자(박대호 외) • 방송기획제작의 기초(설진아) 3학년 • 기호학의 입문(손홀)		–

2단계 자기소개서 개요정리

STAR 방식 분석		학생부 연계 활용분석	지원대학 평가요소 분석
구분	**내용**		
Situation (상황, 배경)	현재 각광받고 있는 방송 형태에 대한 연구	동아리 활동 (방송부) + 봉사활동 (방송부 교내봉사) + 수상경력 (창의학술동아리 논문발표대회)	전공적합성 + 인성
Task (목표, 역할)	창의학술논문대회 참가		
Action (구체적인 행동)	세대별 설문조사 및 심층인터뷰		
Result (결과)	방송기획에서 시청자를 고려한 알맞은 언어사용과 내용으로 방송을 구성해야 한다는 것과 소속감을 느낄 수 있는 언어 사용이 중요하다는 것을 깨달음.		

자기소개서 완성

2. 고등학교 재학기간 중 본인이 의미를 두고 노력했던 교내 활동을 배우고 느낀 점을 중심으로 3개 이내로 기술해 주시기 바랍니다. 단, 교외 활동 중 학교장의 허락을 받고 참여한 활동은 포함됩니다(1,500자 이내).

Situation 1학년 때 창의학술논문대회에 '현재 각광받고 있는 방송 형태에 대한 연구'라는 주제로 참여했습니다. **Task** 어떤 방송이 인기 있는지 10대부터 50대를 표본 집단으로 설정해 설문조사하고, 각 세대간 2명씩 심층 인터뷰를 실시했습니다. 그 결과 육아방송과 인터넷 방송 형태가 인기 있다는 결론을 도출했습니다.

Action 이러한 과정을 통해 육아방송은 가족 구성원 간의 연대의식이 약해지는 현대사회에서 가족의 따뜻함을 전달할 수 있다는 점을 파악할 수 있었고, 사회적 문제점을 보완해주는 방송형태가 사람들에게 정서적으로 안정감을 준다는 것을 알게 되었습니다. 또한 인터넷 방송은 채팅창으로 방송 참여가 가능하며, 주 시청자인 10대, 20대 연령층이 주로 사용하는 인터넷용어나 은어를 지상파방송보다 자유롭게 구사할 수 있다는 점을 정리할 수 있었습니다.

Result 이를 통해 방송을 기획할 때 주 시청자를 고려해 알맞은 언어와 내용으로 방송을 구성해야 한다는 것을 깨닫고, 소속감을 느낄 수 있는 언어 사용이 중요하다는 것을 느꼈습니다.

2단계 **자기소개서 개요정리**

STAR 방식 분석		학생부 연계 활용분석	지원대학 평가요소 분석
구분	내용		
Situation (상황, 배경)	2학년 때 점심방송 DJ 활동을 하며 청취자와 소통하는 방송을 만들고 싶어짐.		

STAR 방식 분석		학생부 연계 활용분석	지원대학 평가요소 분석
구분	**내용**		
Task (목표, 역할)	창의학술논문대회를 준비하면서 알게 된 인터넷 방송의 장점을 살려 원주시내 고교 연합 방송동아리를 조직하겠다는 목표	동아리 활동 (연합방송동아리 너나들이) + 봉사활동 (방송부 교내봉사) + 수상경력	전공적합성 + 인성
Action (구체적인 행동)	1. 타 학교 학생들과 채팅창을 통해 고민도 함께 나누고, 전근가신 선생님들께 안부도 전하며 공감하는 실시간 방송 2. 시사토론동아리 'ATBC' 창설		
Result (결과)	비판적이고 논리적인 관점과 가치관확립의 중요성을 깨닫게 됨.		

3단계 자기소개서 완성

2. 고등학교 재학기간 중 본인이 의미를 두고 노력했던 교내 활동을 배우고 느낀 점을 중심으로 3개 이내로 기술해 주시기 바랍니다. 단, 교외 활동 중 학교장의 허락을 받고 참여한 활동은 포함됩니다(1,500자 이내).

Situation 2학년에 올라와서 점심방송 DJ로 활동하며 평소의 방송 형식인 일방향적인 방송보다는 청취자와 소통하는 방송을 만들어보고 싶다는 생각이 들었습니다. **Task** 그래서 창의학술논문대회에 참여했을 때 도출한 인터넷 방송의 장점을 생각하며 원주 시내 고교 연합 방송동아리 '너나들이'를 조직하였습니다. **Action 1** 타 학교 학생들과 채팅창을 통해 고민도 함께 나누고, 전근가신 선생님들께 안부도 전하며 공감하는 실시간 방송은 생동감과 긴장감을 함께 경험할 수 있었습니다. 또한 사연에 관련된 사진을 화면에 띄워 시청자와 함께 보거나 즉석에서 노래를 틀어 들어보며 다양한 콘텐츠의 활용이 가능하다는 것을 알고, 이를 토대로 공감대를 형성하며 소통할 수 있었습니다. 시청자들의 다양한 생각이나 의견을 반영하는 개방적인 방송을 통해 사람들과 소통을 하면서 듣는 이가 공감할 수 있는 수용자 중심의 방송이 중요하다는 것을 알게 되었습니다. **Action 2** 방송부활동을 하면서 영상 제작에 대한 전반적인 지식은 쌓을 수 있었지만, 다양한 사회문제를 바라보는 시각을 확립할 기회는 적었습니다. 그래서 이를 보충하고자 'ATBC'라는 시사토론 동아리를 만들어 활동했습니다. 필리버스터와 사드배치 등 사회적으로 논란이 된 사건을 다루어 경제, 정치 등 다양한 측면에서 바라보고 의견을 공유하며 사건에 대한 시각을 넓힐 수 있었습니다. 특히 북한의 핵실험에 대해 자료를 수집하기 위해 기사를 찾아보던 중 핵실험과 정부의 대응에 대한 문제 접근의 시각차를 보이는 여러 개의 신문기사를 볼 수 있었습니다. 서로 다른 관점에서 쓴 신문기사를 보며 **Result** 시각의 다양성을 느낄 수 있었고, 시사문제를 다룰 때 여러 신문사의 기사를 읽어보고 비판적이고 논리적으로 자신만의 관점과 가치관을 확립해 나가는 것의 중요성을 깨닫게 되는 계기가 되었습니다.

참고 **활동증빙자료**

로비음악회

팝송합창대회

04 면접 후기

면접형식	면접시간	10분
	면접위원 수	3명
	면접절차	입실시간(9시) → 대기실에서 대기 → 면접실 앞에서 대기 → 자기소개, 지원동기 → 공통질문 → 질문 → 마지막으로 할 말
	면접장 분위기	훈훈한 분위기인데 못 하면 차가워집니다.
	유의사항	대기실에서도 핸드폰을 사용하지 못하니, 대기하면서 볼 문서들을 미리 프린터로 뽑아가는 것이 좋습니다.

Q1 자기소개와 지원동기를 말해주세요.

A1 안녕하십니까. 희망을 전하는 휴먼 다큐멘터리 PD가 되고 싶은 장희영입니다. 고등학교 3년 동안 방송부로 활동하면서 다양하고 깊이 있는 영상을 제작하기 위해 언론이나 방송에 대한 전반적인 요소를 배우고 싶어 미디어커뮤니케이션학부에 들어가 더 체계적으로 공부해야겠다는 생각이 들었습니다. 많은 대학 중 한국외국어대학교에 지원한 이유는 타 대학에 비해 여러 나라에 관한 것들을 배울 기회가 많다는 생각이 들었기 때문입니다. 평소에 인터넷을 자주 하다 보니 난민에 관한 기사나 테러 사건, 내전에 관한 기사를 많이 접할 수 있었습니다. 그런 기사들을 보면서 우리나라와 다른 환경에서 힘들게 살아가는 사람들의 모습도 카메라에 담고 싶다는 사명감이 생겼습니다.

그래서 한국외대만의 이중 전공 제도를 통해 다른 나라의 언어도 배우고 한 학기는 외국에서 학교생활을 할 수 있는 유학제도인 7+1 제도를 통해 다른 나라 문화를 직접 경험해보고 싶어 지원하게 되었습니다. 이를 통해 다른 나라의 문화나 관습을 포용할 줄 아는 능력을 키우고 싶습니다.

Q2 개인의 도덕성은 높지만, 집단 도덕성이 낮은 이유는 무엇인지 설명하시오.

A2 개개인의 도덕성이 높더라도 집단은 이익을 추구하는 경향을 가지고 있기 때문에 집단의 도덕성이 낮다고 생각합니다. 예를 들어 체육경기를 할 때 '페어플레이를 하자'고 마음을 먹었어도 경기를 하다보면 이기고 싶은 생각에 분쟁이 생기곤 합니다. 또한 개인으로 평가될 때는 자신이 그 평가에 대한 모든 걸 받아야하지만, 집단으로 평가될 때는 무의식적으로 그 평가에 대한 회피를 생각할 수도 있기 때문이라고 생각합니다.

꼬리질문

Q2-1 사회현상에서 그런 예시는 없나요?

A2-1 너무 긴장해서 잘 기억나질 않습니다. 하지만 질문과 비슷한 개념을 생활과 윤리라는 과목에서 배웠는데 그에 대해 설명해 드려도 되겠습니까?

　　－ 예

　　－ 긴장이 되어서 갑자기 개념 이름이 생각나지 않습니다. 죄송합니다.

　　(이때 너무 긴장해서 무슨 대답을 해야 할지 고민하다 머릿속에 생활과 윤리 과목에서의 개념이 떠올라 당차게 설명해 드린다고 했는데 생각이 나지 않는 바람에 답변을 못해서 부끄럽고 제 자신이 초라해졌지만 이왕 이렇게 된 거 후회 없이 면접을 보자는 생각으로 열심히 임했습니다. 이럴 때는 솔직하게 긴장이 되어서 생각이 나지 않는다고 솔직하게 말하는 것이 좋을 것 같습니다.)

Q3 봉사활동 시간이 왜 적은지?

A3 학교 방송부활동 등 여러 활동을 하느라 시간이 좀 부족했습니다. 하지만 시간이 날 때는 틈틈이 봉사활동을 하려고 노력했습니다. 대학에 가서 시간 여유가 생기면 다양한 봉사활동을 많이 하고 싶습니다(제 나름대로 봉사

활동을 많이 했다고 생각하고 있었기 때문에 순간 당황했습니다.)

Q4 성적이 꾸준히 올랐는데 공부 비법은?

A4 1학년 2학기 때 사회탐구영역이 약하다는 것을 알게 되어 저만의 공부법을 찾아보려고 노력했습니다. 개념을 이해하고 암기한 후에는 빈 종이를 꺼내어 내용을 써보고, 다른 사람에게 설명하듯이 중얼거리면서 다시 한 번 아는 것과 모르는 것을 구분해보았고, 안 되는 부분은 다시 채워나갔습니다. 그렇게 하다 보니 처음엔 시간이 오래 걸려서 시간낭비라는 생각도 들었지만 꾸준히 하다 보니 시험 볼 때도 많은 도움이 되었습니다. 또한 다른 과목에도 적용해 보면서 전체적으로 저만의 공부 방법을 터득할 수 있었습니다.

Q5 내게 추천해주고 싶은 책은?

A5 저는 『왜 세상의 절반은 굶주리는가』라는 장 지글러의 책을 추천해 드리고 싶습니다. 이 책을 읽으면서 사회적 약자의 어려움을 절실하게 느낄 수 있었고, '어떻게 하면 힘들게 사는 분들의 마음을 헤아리고 나눌 수 있는 더불어 사는 세상을 만들 수 있을까' 고민하게 되었습니다. 제가 할 수 있는 일이 있을까 생각하던 중 휴먼 다큐멘터리 PD가 되어 이런 분들의 이야기를 영상에 담아 많은 사람에게 전한다면 큰 도움이 될 것 같았습니다. 교수님께서도 이 책을 통해 더불어 사는 세상에 대해 생각해볼 수 있는 기회를 가져보셨으면 좋겠습니다.

(이때 말을 한 10번은 넘게 더듬은 것 같다. 가장 인상 깊은 책 질문이 나올까 봐 그 질문에 맞는 대답을 준비하고 있었는데, 교수님께 추천해주고 싶은 책이 무엇이냐는 질문에 많이 당황했다. 그래서 추천에 합당한 이유를 답변하지 못했다. 면접을 준비할 때 한 가지 질문에 대한 답변을 여러 방향에서 생각하면 좋을 것 같다).

Q6 마지막으로 할 말은?

A6 다큐멘터리 PD는 세상을 꿈꾸는 사람들이라고 합니다. 세상과 사람에 대한 애정 어린 시선으로 우리나라뿐만이 아니라, 전 세계 사람들의 이야기를 다룹니다. 시청자의 입장에서 따뜻함과 공감 불러일으킬 수 있는 영상을 제작하는, 더 밝은 미래를 꿈꾸며 몸과 마음을 아끼지 않는 휴먼다큐멘터리 PD가 되고 싶습니다. 진리, 평화, 창조의 정신으로 한국외대의 인재상인 자주적 탐구인, 국제적 한국인, 독창적 전문인이 되겠습니다. 한국외국어대학교가 제 꿈의 발판이 되었으면 좋겠습니다. 감사합니다.

05 2017 수시전형 지원 대학 합불 결과

대학명	전형명	모집단위	수능최저학력기준	합불여부
한국외국어대학교	학생부종합전형	미디어커뮤니케이션학부	×	합격
세종대학교	학생부우수자전형	국제학부	×	합격
고려대학교	학교장추천전형	언어학과	○	불합격
이화여자대학교	고교추천전형	융합콘텐츠학과	○	불합격
건국대학교	KU학교추천전형	미디어커뮤니케이션학과	×	불합격
동국대학교	학교생활우수인재전형	사회언론정보학부-미디어커뮤니케이션학	×	불합격

06 최종합격 대학 전형분석 (서울대 지역균형선발전형 2017 vs 2018)

① 한국외대 2017학년도 수시 모집요강(P.10~P.13)

전형명	모집단위	모집인원	전형방법 및 특징	수능최저학력기준	제출서류
학생부종합전형(일반)	미디어커뮤니케이션학부	15	1) 서류100(3배수) 2) 서류70+면접30	없음	• 학교생활기록부 • 자기소개서

지원 자격	1. 일반 • 국내 고등학교 2015년 2월 이후(2015년 2월 포함) 졸업(예정)자(단, 아래의 학교생활기록부 요건에 벗어나는 경우 지원 불가) 2. 학교생활기록부 요건 • 인문계는 국어, 수학, 영어, 사회 교과에서, 자연계는 국어, 수학, 영어, 과학 교과에서 각 교과별로 한 과목 이상의 성적이 있어야 함 • 3개 학기 이상의 학교생활기록부 성적이 있어야 함 • 해당 학기 모두 과목별 '단위수, 원점수, 석차등급'이 기재되어 있어야 함

② 한국외대 2018학년도 전형계획안(P.6)

전형명	모집단위	모집인원	전형방법 및 특징	수능최저학력기준	제출서류
학생부종합 전형(일반)	미디어커뮤니 케이션학부	15	1) 서류100(3배수) 2) 서류70+면접30	없음	• 학교생활기록부 • 자기소개서
지원 자격	국내 정규 고등학교 졸업(예정)자(고교 졸업학력 인정 학교에 한함) ※ 학생부종합전형 지원 불가 대상 ① 고등학교 졸업학력 검정고시 출신자 ② 국외고교 졸업(예정)자(단, 교육부 인가 재외 한국학교는 지원 가능) ③ 학교생활기록부 없는 자				

※ 2018학년도 최종 수시요강에서 변동사항 확인바람.

07 합격자 인터뷰

Q1 한국외국어대학교 학생부종합전형을 선택하게 된 이유는?

A1 중학교 때 방송PD라는 꿈을 갖게 되었고 고등학교 입학 후 방송부에 가입하여 다양한 영상제작과 행사를 진행해보면서 제 꿈을 더욱 확신하게 되었습니다. 그리고 3년 동안 방송관련 활동을 활발하게 해왔습니다. 그런 점에서 학생부종합전형이 학생부 교과전형이나 정시보다는 서류평가와 면접을 통해 제가 노력한 부분을 더 효과적으로 보여줄 수 있을 것이라는 생각했습니다. 특히 외국어에 특화되어 있는 한국외국어대학교에서 보다 다양한 문화경험과 언어를 습득할 수 있다는 점에서 지원하게 되었습니다.

Q2 나만의 학교생활기록부 관리요령이 있다면 소개해주세요.

A2 최대한 일관성을 유지하기 위해 노력했습니다. 책도 영상 관련 도서를 중심으로 읽고 동아리 활동도 방송부활동을 선택했습니다. 학급에서 영상을 만들 때도 적극적으로 참여하고, 교내 UCC대회도 참가했습니다. 교내 대회는 최대한 모두 다 참가하려 노력했습니다. 수상을 많이 한 건 아니지만 준비하는 과정에서 많은 것을 배웠습니다. 특히 1학년 때 참가한 창의학술동아리논문대회를 준비할 때 인기 있는 방송의 유형을 알아보면서 방송의 흐름을 읽고, 제가 꿈꾸는 방송 형태에 대해 생각해볼 수 있는 계기가 되었습니다. 1학년 때의 이런 다채로운 경험이 이후 방송부활동으로 축제나 수능격려식 등을 기획할 때 더욱 돋보이게 연출할 수 있는 밑바탕이 되었습니다.

교과관리에서 가장 중요하게 생각했던 부분은 복습이었습니다. 수업시간에는 선생님이 강조하시는 부분을 빠짐없이 표시하고, 중요하다고 생각되는 부분을 간략하게 저의 말로 요약하면서 수업을 들었습니다. 그리고 그것을 토대로 복습을 해나갔습니다. 교과서는 이야기책이라고 생각하며 최소한 5번은 반복해서 읽었고, 그러다 보니 자연스럽게 외울 수 있었습니다. 시험 3~4주 전부터는 시험로드맵을 만들어 한 것과 못한 것을 체크해가며 시험 준비를 했습니다. 해야 할 양을 다 못한 날에는 자다가도 일어나서 다 하곤 했습니다. 이렇게 공부하면서 저의 한계도 느낄 수 있었고, 그 한계를 깨보면서 도전하고 실패하다 보면 배우는 것이 더 많다는 말에도 공감할 수 있었습니다.

Q3 본인에게 가장 큰 영향을 준 책과 그 이유는 무엇인가요?

A3 『PD가 말하는 PD』이 책은 현실적인 PD의 모습을 간접적이나마 체험해보기 위해 읽었는데 생각 이상이었습니다. 이 책을 읽으면서 PD가 생각보다

더 전문적인 직업이라는 것을 알게 되었습니다. 다양한 분야에서의 지식이 필요하다는 것을 느끼고, 학문에 차별 없이 임하며 많은 책을 읽어 지식을 함양해 나가야겠다는 생각이 들었습니다. 며칠 밤을 새우며 영상을 찍고, 편집하고, 많은 사람을 이끌어야 하는 PD의 자질엔 어떤 것이 있을지 더 생각해볼 수 있었습니다. 또한 밤샘 등의 불규칙적인 생활로 건강 상태 등 많은 현실적인 문제점을 감수해야 한다는 것을 알고 PD라는 직업에 대해 다시 고민해보기도 했습니다.

하지만 현직에 종사하시는 분들의 생생한 글을 읽으면서 저의 부족한 부분을 채우기 위해 더욱 노력해서 의미 있는 방송을 꼭 만들겠다는 생각을 더욱 확고히 하게 되었습니다.

Q4 학과를 선택하는 데 가장 중요하게 여긴 점은 무엇인가?

A4 평소에 관심이 많고, 꿈꾸는 일과 관련된 학과를 선택했습니다. 한번은 온라인 입시 관련 카페에 방송을 제작하는 일을 하고 싶은데 대학에 진학해야 할지 아니면 바로 현장에 나가서 기술을 배워야 할지 고민이 된다는 글을 올렸습니다. 어떤 분께서 창작을 하고 싶다면 대학에 가서 배우고, 기술을 배우고 싶다면 현장으로 나가라고 조언을 해주셨습니다. 저는 그 이후 학교와 학과에 대한 탐색을 해보면서 대학에 가서 더 전문적으로 배워야겠다고 생각했고, 미디어커뮤니케이션학부에서 방송, 영상뿐만이 아니라, 언론, 광고홍보, 뉴미디어 등 미디어에 대해 종합적으로 배울 수 있다는 것을 알게 되어 선택하게 되었습니다.

Q5 학생부종합전형을 준비하는 후배들에게 가장 하고 싶은 말은?

A5 대학 입시에 너무 겁먹지 않았으면 좋겠어요. 당당하고 자신감 있게 고등학교 3년을 자신의 이야기로 잘 채우면 좋을 것 같아요. 특히 학생부종합전형을 준비한다면, 교과는 꾸준히 공부하는 게 좋을 것 같아요. 시험기간에도 비교과활동을 해야 하는 경우가 생기기 때문에 미리미리 공부해두면 나중에 편할 거예요. 비교과도 중요하지만 기둥은 내신 성적이니까 절대 소홀히 하지 마세요. 또 비교과 준비할 때 경시대회나 영어말하기 대회 같이 남들 앞에 나서야 하는 대회가 많이 있잖아요. 용기를 가지고 모든 대회에 참가해봤으면 좋겠어요. 준비하는 과정에서도 많은 것을 배울 수 있다고 생각합니다.

마지막으로 모든 활동을 할 때 자기 스스로 느끼고 얻는 깨달음이 있었으면 해요. 그 과정에서 자신에 대한 생각도 깊이 있게 해보고, 자신의 미래를 꿈꾸며 하루하루 열심히 노력하다 보면, 원하는 대학, 꿈에 가까워져 있을 거예요. 긍정적인 생각, 긍정적인 마음가짐으로 알차고 후회 없는 고등학교 생활을 하기 바랍니다. 파이팅!

08 전문가 의견

이미향
S&E 컨설턴트
유쾌한 입시전략연구 소장

한국외대 미디어커뮤니케이션학부는 언론·정보전공, 광고·PR·브랜딩 전공, 방송·영상·뉴미디어 전공 3개의 세부전공으로 이루어져 있으며, 입학정원 60명 중 15명을 학생부종합전형에서 선발하는 모집단위입니다. 1단계 서류평가로 학생부와 자기소개서를 바탕으로 학업역량, 전공적합성, 인성, 발전가능성을 정성적, 종합적으로 평가하여 모집인원의 3배수를 선발하고, 2단계는 서류70%와 인·적성면접 30%로 전공적합성, 논리적 사고력, 인성을 종합적으로 평가하여 최종합격자를 선발합니다.

학습플래너를 이용하여 계획적으로 학업에 집중하는 자기주도력을 보이며 1학년 때부터 한 과목에 치우치지 않고 꾸준히 학업성적이 향상되었습니다. 또한 외국어대학교라는 특성상 영어 및 제2외국어 성적 및 수상실적이 중요한 평가요소라는 점에서 영어평균성적 1.17, 다수의 교과우수상 수상이 좋은 평가를 받았습니다.

중학교 때 다큐멘터리PD로 활동하는 분을 만나 경험담을 듣고 영상제작에 대해 관심을 갖게 되어 목표의식을 가지고 다양한 경험을 쌓았습니다. 중증장애인을 돌보는 봉사활동과 소녀가장의 이야기를 단편영화로 만드는 활동을 통해 사람과 세상에 대한 자신만의 생각이 만들어졌습니다. 방송부장으로서 학교의 다양한 행사를 주관하는 경험을 통해 책임을 갖춘 언론인으로서의 자질을 키웠습니다.

교내 방송부활동에 그치지 않고 원주시연합 인터넷방송동아리를 결성하여 지역학생들에게도 큰 위로가 되었다는 것으로 보아 리더십과 인성을 갖춘 인재로 성장할 가능성을 보여주었습니다.

따뜻한 사람 냄새나는 방송을 만들고 싶다고 신나게 이야기하던, 사회적 약자와 만나 인터뷰하고 단편영화 등을 만들면서 있었던 이야기를 하다가 눈물을 보이던 장희영 학생의 힘차고 아름다운 미래를 응원합니다.

고려대학교_학교장추천전형
학생자치활동과 아동인권신장을 경험한
차세대 교육서비스 사회적 기업가!

철학과 / 일반고 조흥진 학생

학 생 합 격 인 터 뷰

"'끝까지 포기하지 않는 자세'가 합격에 결정적인 역할을 했다고 생각합니다. 내신시험을 망쳤을 때 좌절하기보다는 다음 시험을 어떻게 준비할지 고민했고, 지금까지의 성적에 얽매여 있기보다는 앞으로 어떻게 성적을 올릴지 궁리했습니다. 그 결과 3년간 성적이 눈에 띄게 올라 고려대학교에 지원할 수 있었습니다. 동시에, 비교과 활동도 꾸준히 해왔고, 부족한 점이 있다면 이를 개선하기 위해 다방면으로 노력했습니다. 면접에서도 난해한 추가 질문에 끝까지 답변해 보이겠다는 적극적인 모습을 보여 긍정적인 인상을 남겼습니다. 이러한 태도 덕분에 저는 합격의 문턱에 더욱 가까워질 수 있었다고 생각합니다."

01 고교3년 열정 STORY

진로희망사항

구분	1학년	2학년	3학년 1학기
진로 희망	사회적 기업의 CEO	사회적 기업의 CEO	교육서비스 관련 사회적 기업가
희망사유	초등학교 시절부터의 아동 권리 옹호 활동에 관심을 계기로 사회문제 해결에 대한 진로 탐색	초등학교 시절 이후의 교내외 아동권리 활동의 경험사례를 통해서 사회적 약자가 자립할 수 있는 기업운영을 계획	학생(아동)들의 권리를 보장하기 위한 사회적 제도의 변화와 교육을 통한 인식변화 및 권리의식 함양 중요성의 경험을 통해서 교육서비스 관련 사회적 기업가를 꿈꾸게 됨.

초등학교 시절부터 적극적으로 참여한 아동권리 및 인권 관련 교내외 폭넓은 활동경험이 고교3년 동안 사회적 약자들의 권리 보호 및 주도적인 시민의식 함양을 위한 다양한 관련주제 토론 및 발표 그리고 임원활동을 통한 교육서비스 사회적 기업가의 진로 구체화를 설계하게 됨.

수상경력

구분		1학년	2학년	3학년 1학기
수상경력	학업역량	• 1학기 교과우수상(국어I) • 1학기 방과후학교 우수상(수능국어 시작편) • 1학기 방과후학교 우수상(영어 수능어법 기초다지기) • 단어왕 선발대회(우수상) • 수학경시대회(장려상) • 2학기 교과우수상(사회, 기가) • 2학기 방과후학교 참여 우수상(최우수상)	• 1학기 교과우수상(윤리와 사상, 법과 정치, 지구과학I, 미술문화, 한문I) • 1학기 방과후학교 우수상(심화자주성 부문) • 2학기 방과후학교 우수상(심화자주성 부문) • 2학기 방과후학교 참여우수상 • 수학과 독서프레젠테이션대회(장려상) • 2학기 교과우수상(독서와 문법, 영어II, 윤리와 사상, 법과 정치) • 영어 말하기대회(장려상) • English Essay Contest(우수상)	• 교과우수상(확률과 통계) • 방과후학교 우수상(심화 자주성 부문) • 방과후학교 활동 우수상(국어) • 수학과 주제탐구대회(장려상) • 수학도서 프레젠테이션 대회(우수상)

구분		1학년	2학년	3학년 1학기
수상경력	전공적합역량	• 교내토론대회(공동수상,2인)(장려상) • 진로의 날 소감문 쓰기 대회(최우수상) • 창의인성축제(논문발표 부문, 공동수상 3인)(최우수상) • 창의인성축제(논문발표 부문, 공동수상 3인)(장려상)	• 진로의 날 소감문 쓰기 대회(최우수상) • 창의인성축제(프레젠테이션 부문, 공동수상 3인)(우수상) • 백향디베이트대회(공동수상 2인)(장려상) • 포트폴리오작성 대회(우수상) • 독서프레젠테이션 대회(최우수상)	• 학생토론대회(공동수상 2인)(최우수상) • 인문사회과학사진콘테스트(우수상)
	경험다양	• 야영현장체험학습보고서 쓰기 대회(최우수상) • 학교특색교육상(최우수상) • 창의적 체험활동우수활동상(최우수상) • 대학탐방활동보고서 쓰기대회(최우수상) • 흡연예방글짓기대회(최우수상) • 창의인성축제(UCC 부문, 공동수상 3인)(장려상)	• 창의인성축제(동아리 UCC 부문, 공동수상 3인)(장려상) • 창의인성축제(따뜻한 29영화제 부문, 공동수상 4인)(최우수상) • 창의적 체험활동 우수활동상(최우수상)	• 논술경시대회(장려상)
	인성역량	• 표창장(모범 부문) • 멘토링프로그램 활동우수상(선,후배멘토링우수멘티)	• 표창장(모범 부문) • 멘토링프로그램활동 우수상(선, 후배멘토링 우수멘토) • 멘토링프로그램활동 우수상(또래 멘토링 우수멘토)	

주요교과 외에도 전 과목에 있어서 학업의 충실성을 3년 동안 탁월하게 유지하며 교내외 사회현상 이슈 특히, 학생권리 및 인원에 대한 평소의 관심도를 연속 3년 동안 교내토론대회와 창의인성축제를 통해서 구체적인 대안을 제시하고 멘토링을 통해 몸소 실천한 행동하는 지식인의 모습을 보여줌.

구분		1학년	2학년	3학년 1학기
창의적 체험활동 상황	자율 활동	• 휴넷 멘토링 • 기숙사 초록학사 사생자치회 임원(사생자치조정위원회) • 토론 방과후학교	• 학년장 • 학생회장 • 학생회 부서개편 • 건의 벽보 설치 • 학생회 페이스북 활성화 • 체육반별 리그전 기획 • 급식 대토론회 • 급식 선호도 조사 • 월드 카페와 디베이트 • 동해시 독서토론대회 • 강원 토론학교	• 학생회장 • 학생회 활동양식 제작 • 외부학교에 학생회 컨설팅 실시 • 공약 및 학교행사를 주제로 대의원회 및 전체 학급회의 주최 • 학생주도 체육대회 기획 • 영어 듣기자습실 운영 • 선후배 멘토링 프로그램 기획
	동아리 활동	• LIBINS(미디어 콘텐츠 제작 동아리) • 가이아(유네스코학교) • VANK(반크) • Talkers(영어회화동아리) • 축구 숫돌이	• LIBINS(미디어 콘텐츠 제작 동아리) • VERITAS(교내정책연구 동아리) • VANK(반크)	• LIBINS(미디어 콘텐츠 제작 동아리) • VERITAS(교내정책연구 동아리)
	봉사 활동	• 특별학급학생 도우미 • 아침 청소활동 • 아동권리위원회 활동 • 아동권리 옹호 활동(아동 총회)	• 생활지도 도우미 활동 • 도서관(대출,서가정리)활동 • 1학기 기숙사 도우미 활동 • 학교 주변 환경청소정리활동 • 아동권리위원회 활동 • 아동권리 옹호 활동(아동 총회)	• 아동권리위원회활동 • 아동권리 옹호 활동(아동 총회)
		총 126시간	총 130시간	총 48시간
	진로 활동	• 교내 진로의 날 특강 • 자기주도학습 캠프	• 휴넷멘토링 • 문·이과 융합특강 • 직업인 특강(사회적 기업)	• 한국사회적기업진흥원 홈페이지 방문 • 사회적 기업가 전화인터뷰 • 선후배 멘토링 참여 • 신문기사 기고문 작성

기숙사 자치 회장, 학년장, 학생회장 등의 3년 연속 임원활동을 통해서 구성원들의 학교생활 적응에 필요한 모든 정책제안 및 아이디어를 교내정책연구 자율동아리 창설을 통해서 구체화인 정책을 제안함. 그리고 3년 동안 300시간의 아동권리 옹호 활동을 통한 봉사활동은 진로성숙 과정에서의 활동범위와 고민의 폭에 있어 자기 주도성과 전공적합활동이 매우 높게 평가됨.

독서활동 상황

구분	1학년	2학년	3학년 1학기
독서 활동 상황	• 교육을 잡는 자가 대권을 잡는다_이기정 • 새로운 모색, 사회적 기업_최태원 • 리더의 조건_SBS스페셜 제작팀	• 왜 교육정책은 역사를 불행하게 하는가_전성은 • 헌법의 풍경_김두식 • 헌법의 발견_박홍순 • 재미있다 영화 속 법 이야기_남장현, 박주현, 전혜지	• 피에르 부르디외와 한국사회_홍성민 • 교육은 사회를 바꿀 수 있는가_마이클 애플 • 정의란 무엇인가?_마이클 샌델 • 정치와 도덕을 말하다_마이클 샌델 • 다수를 위한 소수의 희생은 정당한가?_표창원 외 4인 • 사회적 기업가를 위한 디자인접근법_박재환, 전혜진 • 비즈니스모델로 본 영국 사회적 기업_장종익 외 4인 • 기획의 정석_박신영
	공통 3권	국어 1권/수학 2권/법과정치 5권/미술문화 3권/공통 10권 = 총 21권	수학 2권/사회문화 2권/생활과윤리 2권/공통 4권 = 총 11권

리더십 관련 도서들은 다양한 임원활동에 버팀목이 되었으며 법, 교육, 인권 관련 사회과학계열 독서활동은 사회현상에 대한 냉철하면서도 유연한 태도를 가지게 해주었으며 끝으로 사회적 기업 관련 주제의 도서들은 학업으로 분주한 3학년 시기에도 본인 진로의 성숙화에 결정적 도움을 줌.

02 나의 성적

교과	학년 전체
국어	1.17
수학	2.10
영어	1.19
사회	1.51
과학	1.38

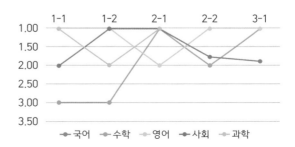

교과	학년 전체
전 교과	1.51
계열 교과	1.47

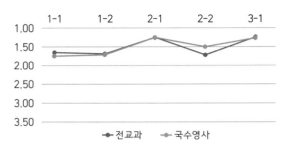

03 자기소개서 분석

1단계 자기소개서 작성을 위한 소재 찾기

	학업역량	전공적합성	발전가능성	인성
4. 수상 경력	• 2학년 1학기 교과우수상(윤리와 사상, 법과 정치) • 2학년 2학기 교과우수상(윤리와 사상, 법과 정치)	• 창의인성축제(프레젠테이션 부문) • 백향디베이트대회 • 인문사회과학사진콘테스트	–	• 멘토링프로그램우수상(또래멘토링 우수 멘토)
6. 진로	–	• 2학년 사회적 기업의 CEO • 3학년 교육서비스 관련 사회적 기업가		–
7. 창의적 체험 활동 (자동 봉진)	–	• 2년 연속 VERITAS(교내정책연구 동아리창설) • 한국사회적기업진흥원 홈페이지 방문 • 사회적기업가 전화 인터뷰	• 2학년 학생회장(학생회 부서개편/건의 벽보 설치/학생회 페이스북 활성화) • 3학년 1학기 학생회장(학생회 활동양식 제작/학생주도 체육대회 기획)	• 2학년 아동권리 옹호 활동(아동 총회/130시간) • 3학년 아동권리 옹호 활동(아동 총회/48시간)
8. 교과 세부 능력 특기 상황	• 2학년 법과정치(국민의 기본권 보장의 필요성 및 의의 고찰) • 3학년 사회문화(연구조사방법론을 학생회활동에 적용해서 논문탐구역량 보임)		–	–
9. 독서	–	2학년 • 미국, 프랑스, 영국의 교육제도_정일용 • 왜 교육정책은 역사를 불행하게 하는가_전성은		–

	학업역량	전공적합성	발전가능성	인성
9. 독서	–	3학년 • 교육은 사회를 바꿀 수 있는가_마이클 애플 • 사회적 기업가를 위한 디자인 접근법 　_박재환, 전혜진 • 비즈니스모델로 본 영국 사회적 기업 　_장종익 외 4인		–

2단계 자기소개서 개요정리

STAR 방식 분석		학생부 연계 활용분석	지원대학 평가요소 분석
구분	내용		
Situation (상황, 배경)	• 아동권리 옹호 활동의 경험을 살려 고교 입학 후 학생권리보장을 위해 고민	수상경력 + 진로희망 + 동아리 활동 + 교과세특 + 독서활동	전공적합 + 발전가능성 + 인성
Task (목표, 역할)	• 학생회 활동을 통한 건의벽보설치 및 가로등, 점등 건의 & 교내정책제안 동아리 창설		
Action (구체적인 행동)	1) 학급자치활동에 대한 개선방안 마련 2) 사회 교과 심화 학습을 바탕으로 설문조사, 인터뷰, 통계 결과 분석 등의 심층적인 연구조사방법 습득 3) 전문적인 질문지 작성 및 인터뷰를 통한 연구의 질 향상을 경험		
Result (결과)	'교육계열 사회적 기업가' 진로설정의 계기		

3단계 자기소개서 완성

1. 고등학교 재학기간 중 학업에 기울인 노력과 학습 경험에 대해, 배우고 느낀 점을 중심으로 기술해 주시기 바랍니다(1,000자 이내).

Situation '앵무새는 사회를 바꿀 수 있을까?' 학교폭력 문제에 지속적인 관심을 가졌던 고교입학 당시, 그때 읽었던 『왕따 리포트』가 남긴 이 질문은 초등학생 때부터 해오던 아동권리 옹호 활동을 단순한 관심사에서 인생의 목표로 만들어주었습니다. 1999년에 출판된 이 책은 현재와 똑같은 사례들과 원인분석, 해결방안 등을 다루고 있었고, 지난 10여 년간 아무것도 바뀌지 않은 이유는 그 누구도 행동으로 옮기지 않았기 때문이라고 생각했습니다. 앵무새처럼 같은 주장을 반복하는 것만으로는 아무것도 바꿀 수 없다는 사실을 깨닫고, 그때부터 어떻게 하면 학교를 변화시켜 학생들의 권리를 보장해 줄 수 있을지 고민하기 시작했습니다.

Task 이러한 생각은 학생회를 통해 소수의 의견을 존중하기 위한 건의 벽보 설치와 안전한 밤길 귀가를 위한 가로등 점등 건의로, 그리고 교내정책제안 동아리인 '베리타스(VERITAS)'의 창설로 이어졌습니다.

Action 1 연구 활동을 통해 '보충수업'의 문제점을 지적하여 학생들의 학습권을 보장하고자 하였고, 참여권 보장의 활로를 마련하고자 '학급자치활동'에 대한 개선방안을 마련하였습니다. **Action 2** 그리고 이 과정에서 깊이 있는 연구를 진행하고자 사회문화 교과의 심화학습을 실시하여, 설문조사와 인터뷰 방법을 체계적으로 익혔습니다. 사회과 선생님들과 통계학과 선배에게 조언을 구했고, 연구방법에 대한 학술자료를 찾아보았습니다. 또한, 블로그를 참고해 엑셀프로그램 사용법까지 익혀 통계 결과를 다방면에서 분석하고자 하였습니다. **Action 3** 이러한 노력을 통해, 설문조사에서는 목적에 맞춰 체계적으로 질문지를 작성하는 동시에, 항목 간의 배타성과 가치중립성을 유지할 수 있었고, 또한 인터뷰에서는 5why기법을 활용하거나, 질문에 구체적인 기준을 설정하여 답변자의 심리를 이전보다 정확히 파악할 수 있었습니다.

Result 학생 권익 신장에 대한 관심은 학생들 스스로 권리보장에 앞장서는 사회를 만들기 위한 '교육계열 사회적 기업가'라는 꿈으로 확대되었고, 대학 진학 후에도 이를 실현할 다양한 방법들을 모색하겠다는 각오를 다졌습니다.

활동증빙자료

교내정책제안 동아리 베리타스 활동사진

설문조사 및 통계자료 사진

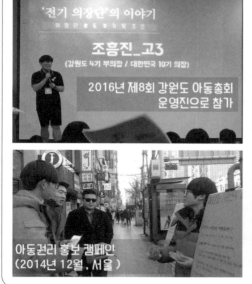

아동권리 옹호 활동사진

04 면접 후기

면접형식	면접시간	6분(답변준비 12분)
	면접위원 수	2명
	면접절차	면접실 앞 책상에서 답변준비 후 입실
	면접장 분위기	면접 직전까지 한마디도 못 할 정도로 매우 엄숙한 분위기
	유의사항	면접 대기 중 준비해온 자료를 읽을 수는 있지만, 주변 응시자와의 대화는 금지됨.

면접질문

> **제시문(가)** : K-POP은 한국과 타 국가의 문화요소들이 결합하여 지금의 인기를 얻음.
> **제시문(나)** : 김치는 한국만의 것이 아닌, 다른 나라의 문화요소가 결합한 것임.
> **제시문(다)** : 한국이 초일류국가가 되었고, 한 국가(A국)가 한국의 방식만을 따르며 자국의 문화를 잃었다는 내용임.

Q1 제시문(가),(나),(다)에 나타난 사례를 문화혼종의 관점에서 설명하시오.

A1 '(가)와 (나)는 각국의 고유한 문화가 결합하여 새로운 제3의 문화를 만들었지만, (다)의 경우에는 한국의 문화를 수용하는 과정에서 자국의 문화 정체성을 잃어버리게 되었다'를 큰 줄기로 대답했던 것 같습니다. 제시문의 내용을 추가로 언급하며 근거로 제시했습니다. 개인적으로 '문화융합'이나 '문화동화' 같은 개념어를 사용하고 싶었지만, 긴장한 상태에서 개념이 정확하게 기억나지 않아 그냥 넘어갔습니다.

Q2 제시문(가), (나)를 바탕으로 제시문(다)와 같은 문제가 발생한 원인을 설명하시오.

A2 '(가)와 (나)의 경우에는 문화혼종의 과정에서 각 문화의 고유성이 유지된 상태로 결합되었지만, (다)의 경우에는 자국 문화의 고유성을 지키지 못해 한

국의 문화만이 남게 되었다. 고유성을 지키지 못한 원인으로는 '문화사대주의'가 예상되며, 한국이 초일류국가였음을 고려했을 때, A국이 개발도상국이었고 급속한 국가성장을 위해 무비판적으로 한국문화를 수용한 것일 수 있다.'

제시문에 A국에 대한 정확한 정보가 없어서 'A국이 개발도상국이었다면~'이라고 가정해서 답변했던 것 같습니다.

Q3 **제시문을 바탕으로 다른 나라에 '한국의 것'을 강조하는 태도에 대한 지원자의 생각을 말하시오.**

A3 **찬성** : 서로 다른 문화와 만나 새로운 가치를 창출할 수 있다.

반대 : 지나치게 한국의 문화만을 강요할 경우, 문화의 다양성이 훼손될 수 있다.

두 입장에서 모두 공통적으로 '문화의 다양성'의 필요성과 의의를 강조하며 발표했습니다.

Q4 **지원자의 전공 분야와 관련된 문화혼종의 사례를 설명하시오.**

A4 불교와 관련된 이야기를 꺼냈는데, 교수님들께서 다들 고개를 끄덕이면서 듣고 계시다가 갑자기 놀라시는 모습을 보이셔서 당황했습니다. 그래서 목소리가 조금 위축됐지만 편안하게 답변하고자 노력했습니다.

꼬리 질문

Q4-1 **지원자가 생각하는 '고유문화'에 대해서 말해보세요.**

A4-1 이 질문 전에 '보충하고 싶은 내용 있으면 추가로 답변하라'고 하셨는데 곧바로 대답이 안 나오자, 위와 같은 추가 질문이 나왔습니다. 답변할 때 고유문화라는 표현을 몇 번 언급해서 이런 질문이 나왔던 것 같습니다.

당황해서 기억은 정확히 안 나지만 처음에 '역사성'과 '주체성'이라는 두 가지 키워드를 제시하며 설명을 이어 나갔던 것 같습니다.

05 2017 수시전형 지원 대학 합불 결과

대학명	전형명	모집단위	수능최저학력기준	합불여부
고려대학교	학교장추천전형	철학과	○	합격
성균관대학교	글로벌인재전형	사회학과	×	합격
고려대학교	논술전형	사회학과	○	불합격
서강대학교	자기주도전형	사회학과	×	불합격
서울대학교	지역균형선발전형	인류학과	○	불합격
한양대학교	학생부종합전형	정책학과	×	불합격

06 최종합격 대학 전형 분석
(고려대 학교장추천전형 2017 vs 2018)

① 2017학년도 고려대학교 수시모집요강(안암캠퍼스)(P.16~P.19)

전형명	모집단위	모집인원	전형방법 및 특징	수능최저학력기준	제출서류
학교장 추천 전형	철학과	7	1) 서류100(3배수 내외) 2) 1단계70+면접 30	국, 수(가/나), 영, 사/과탐 중 2개 합 4, 한국사 3	• 학교생활기록부 • 자기소개서 • 추천대상자명단공문 • 학교특성소개서 • 추천서
지원 자격	국내 고등학교 2017년 2월 졸업예정자 중 교과 성적이 5학기 이상 기재되어 있는 자로서 소속 고등학교장의 추천을 받은 자(추천인원 인문2명, 자연2명)				

② 2018학년도 고려대학교 입학전형안내(P.10~P.12)

전형명	모집단위	모집인원	전형방법 및 특징	수능최저학력기준	제출서류
고교 추천I	철학과	4	1) 학생부(교과) 100 (3배수 내외) 2) 면접 100	국, 수(가/나), 영, 사/과탐 중 3개 합 6, 한국사 3	• 학교생활기록부 • 추천서

지원 자격	• 국내 정규 고등학교 2018년 졸업예정자 중 학교생활기록부에 5학기 교과 성적이 기재되어 있는 자로 소속 고등학교의 추천을 받은 자 • 고교별 최대 추천 인원 가) 2017년 4월 3일을 기준으로 3학년 재적 학생 수의 4%까지 추천할 수 있음 나) 고교별 추천 인원은 고교추천Ⅰ과 고교추천Ⅱ를 합산하여 계산함 다) 전형별, 계열별로 지원 인원을 제한하지 않음(예; 고교추천Ⅰ의 인문계열에 추천 인 원 전체 지원가능)				
고교 추천Ⅱ	철학과	12	1) 서류100(3배수 내외) 2) 1단계50+면접50	국, 수(가/나), 영, 사/과탐 중 3개 합 5, 한국사 3	• 학교생활기록부 • 자기소개서 • 추천서 등
지원 자격	고교추천Ⅰ 전형과 동일				

※ 2018학년도 최종 수시요강에서 변동사항 확인바람.

07 합격자 인터뷰

Q1 고려대학교 학교장 추천전형을 선택하게 된 이유는 무엇이었나요?

A1 고려대학교의 경우에는 '학교장추천전형'이 다른 전형들에 비해 가장 가능
성이 높았기도 했고, 문과 1등으로 추천대상 1순위였기에 해당 전형에 대해
자세히 알아보았습니다. 비록 학교장추천전형이 '학생부교과전형'에 더 가깝
더라도, 비교과 활동도 평가되고 면접 비중도 높아서 내신만으로 당락이 결
정되는 것은 아니었습니다. 합격사례들을 참고했을 때, 학생부 비교과 및
면접을 통해 불리한 내신을 뒤집을 수 있다고 생각하여 지원을 결정하게 되
었습니다.

성균관대학교의 경우에는 '학생부종합전형' 중에서도 모집단위가 '계열 모
집(성균인재전형)'과 '학과 모집(글로벌인재전형)'으로 나뉘었기에 선택하는 데
많은 어려움이 있었습니다. 특히, 두 전형 간의 유불리에 큰 차이가 없어서
더 어려웠던 것 같습니다. 결과적으로는 제가 원하는 학과에 확실하게 진학
하고 싶었고 또 제 학생부가 사회학과에 집중되어 있다고 여겨 학과 모집인

115

'글로벌인재전형'에 지원하게 되었습니다.

Q2 본인의 학교생활기록부 관리 비결이 있다면 후배들에게 소개 부탁합니다.

A2 제가 학생부를 관리하면서 가장 도움이 됐던 것은 '다이어리' 작성이었습니다. 매 활동마다 일정표에 기록해두는 것은 물론, 느낀 점이나 배운 점, 추가로 하고 싶은 활동 등을 메모해두면서 효과적으로 학생부를 준비할 수 있었습니다. 이렇게 작성한 내용들을 바탕으로 학기 말에는 학생부 활동자료들을 작성하여 제출하였고, 누락되는 내용이 없도록 꼼꼼히 검토할 수 있었습니다. 또한, 메모해둔 내용 중 학기 중에 하기 힘든 사항들은 '기말고사 이후 방학 직전'이라는 애매한 기간을 이용하여 활동을 전개해나갔습니다.

학생부를 준비하면서 신경 써야 했던 점은 '진정성'이었습니다. 스펙만을 위해 형식적으로 활동에 임하는 것이 아닌, 자신만의 목표와 이유, 특별한 의미 등을 찾으며 능동적으로 활동을 이끌었습니다. 이러한 인식은 제 자신을 더욱 적극적으로 만들었고, 지속적인 자기성찰의 계기가 되었습니다. 게다가, 하나의 활동이 다른 활동으로 연계·확대되며 자연스레 그 깊이가 점점 깊어져갔고, 나만의 '스토리'가 만들어져 자기소개서 구상도 다른 친구들보다 쉬웠습니다. 인성면접에서도 활동량은 많았지만 거짓됨이 없었기에 들여야 할 노력이 상대적으로 적었던 것 같습니다.

Q3 본인에게 가장 큰 영향을 준 책과 그 이유는 무엇이었나요?

A3 고등학교 생활을 하면서 가장 영향을 받았던 책은 『리더의 조건』이었습니다. 고1 사회수업시간에 관련 다큐멘터리를 접하고 흥미가 생겨 읽어보았고, 리더로서 자신이 어떤 모습과 자질을 갖춰야 하는지 되돌아보는 좋은 계기가 되었던 것 같습니다. 제니퍼 소프트를 비롯한 다양

한 리더십 사례들을 접하며, 기존의 카리스마 리더십을 탈피해야 할 필요성을 느끼기도 했지만, 한편으로는 이러한 사례들이 교내 활동에 있어 무조건 수용될 수 있을지 의문이 들었습니다.

책 속의 사례에서는 업무를 직원들의 자율에 맡기고 CEO는 직원복지를 위해 동분서주하였지만, 이는 선별된 사람들로 이뤄진 집단이었기에 가능한 경우라고 생각했습니다. 그렇기에 자신이 본받아야 할 점은 운영방침 자체가 아닌, 그들의 '역지사지'의 자세임을 깨달았습니다. 이를 계기로 자신만의 리더십을 확립할 수 있었고, 학생회장 및 동아리 부장을 역임하며 친구들의 지지를 받는 데 큰 도움을 받았습니다. 실제로 교내에서 맡은 직책이 있다면, 꼭 읽어보는 것을 추천합니다.

Q4 교육 관련 사회적 기업가의 진로를 희망하면서 철학과에 지원하게 된 특별한 이유가 있었나요 ?

A4 학생권리 보장을 위해 사회에서 어떤 역할을 해야 하는지 탐구하고자 '철학과'를 희망하게 되었습니다. 첫 계기는 '윤리와 사상' 과목에 대한 관심에서부터 비롯되었습니다. 다양한 사상가들을 배우고 제 생각과 비교해보는 것에 흥미를 느껴 철학에 대한 관심이 생겼습니다. 그러다 3학년 때 생긴 '학생회 임원과 학급 실장 간의 중임 문제'에서 반대 입장에 대한 근거로 윤리와 사상 시간에 배웠던 내용들을 활용하며 이러한 흥미는 더욱 커졌습니다. 그리고 제게 이러한 문제들을 해결할 능력과 지식이 있는지, 또 권리와 관련하여 앞으로 마주칠 다양한 갈등상황에 대한 '해답'을 찾아갈 수 있을지, 저를 되돌아보게 되었습니다. 그리고 이러한 의구심은 철학의 필요성을 일깨워주었고, 사회적 기업가로서 자신만의 철학을 만들고자 '철학과'에 지원하게 되었습니다.

Q5 학생부종합전형을 준비하면서 가장 어려웠던 점은 무엇이며 어떻게 극복하였나요?

A5 선생님들과 '좋은 관계'를 유지하는 데 가장 많은 신경을 썼던 것 같습니다. 흔히 좋은 관계라고 하면 단순히 '사이가 좋은 관계'라고 이해하기 쉬운데, 입시를 준비하는 입장에서는 '선생님이 자신을 얼마나 잘 이해하고 있는가?' 입니다. 결국, 학생부를 작성하는 것은 교사의 역할이고, 수업이나 개인 제출 자료만으로는 한계가 있었기에 이를 극복하고자 여러 노력을 기울였습니다. 그중에서도 특히 선생님들과 많은 대화를 나누고, 어려운 부분들에 대해 자주 의견을 구했던 것이 중요했던 것 같습니다. 물론 남에게만 의존해서는 안 되겠지만, 선생님께서 비교과 및 학업 과정에 일정 부분 동참하시게 되면서 그만큼 저를 더 깊게 이해하고 평가해주실 수 있었습니다.

학기 초에는 담임선생님과 상담을 할 때 2~3시간이 걸릴 정도로 저의 성장 과정이나 장래희망, 학업계획 등을 상세히 말씀드렸고, 종종 학교생활에 대한 피드백을 받았습니다. 교과 선생님들께도 수업내용에 대해 궁금한 점들을 자주 질문 드리며, 학습에 대한 조언을 얻거나 관련 도서를 추천받기도 했습니다. 그리고 그럴 때마다 해당 교과목에 대한 제 생각과 인식, 학업과정 등에 대해 많은 이야기를 나누고자 노력하였습니다.

이후 학기 말에는 이러한 과정들과 활동내용들을 구체적으로 정리하여 제출함으로써, 학생부가 '나만의 기록'이 될 수 있게끔 최대한 많은 시간을 할애했습니다. 추가로 활동과정에 있어서 선생님들의 조언을 구하는 것도 좋았지만, 자소서 사례집을 참고하는 것도 상당히 도움이 됐던 것 같습니다. 제한된 환경에서 벗어나 다양한 사례들을 접하면서 여러 아이디어와 조언을 얻을 수 있었고, 그동안의 활동에 대해 스스로 평가내릴 수 있는 하나의 지표가 되기도 하였습니다.

08 전문가 의견

전용준
S&E 수석컨설턴트
강남메가스터디
입시전략연구 소장

조흥진 학생이 지원한 고려대학교 학교장 추천전형은 기존에 재수생까지 지원자격이 가능했지만, 2017학년도 수시전형부터는 졸업예정자인 고등학교 3학년만 지원 가능해졌습니다. 그리고 1단계 학생부교과 반영을 기존 80%에서 90%로 교과성적을 10% 증가한 점이 전형상의 주요 변경사항이라고 할 수 있습니다. 한편, 교과성적이 더욱 강화되어 학생부교과 중심의 종합전형으로 평가받고는 있지만, 지원자들의 교과성적 범위가 비슷하다 보니 실제 1단계 비교과 10% 역시 전국에서 학교장 추천을 받은 학생들 간의 경쟁으로 비교과 준비에 소홀히 할 수 없는 전형이라고 할 수 있습니다. 또한 2단계 개별심층면접과 최종적인 2개영역 합4 및 한국사3등급의 수능최저 통과를 해야 최종적인 합격을 할 수 있는 전형입니다.

조흥진 학생은 3학년 1학기까지 학년별 성적 추이가 상승곡선을 그리면서 올해 교과반영이 높아진 수시변경사항에 유리함과 동시에 경쟁률이 높은 사회과학계열보다 본인의 진로설정을 철학과 입학 이후 학업 설계를 충분히 자기소개서에서 소명한 점이 서류심사에서 크게 어필했다고 볼 수 있습니다.

조흥진 학생의 교내 활동은 기존 대부분 학생들의 단순 참여 나열 및 교과지식의 이해 수준을 보여주는 활동이 아니라 실질적인 현장체험을 바탕으로 한, 학생들의 참여를 확대하는 다양한 제안과 고민의 흔적들이 학생부 교과 및 비교과 항목에 빠짐없이 기록되어 있습니다. 아동권리 옹호 활동 관련 교내외 및 지역사회홍보활동, 교내 정책제안 동아리 베리타스 창설, 학습권 보장을 위한 학급자치활동 개선방안 제안, 3년간의 교내외 토론대회 참여를 통한 토론교육 확대제안, 3년간 학생회 활동을 통한 학생자치 문화형성을 위한 부서별 운영시스템 마련 등은 고려대학교의 모집단위에 대한 잠재력과 창의적인 문제해결능력을 갖춘 인재상에 부합하여 최종적인 합격을 하였다고 볼 수 있습니다.

중앙대학교_학생부종합전형(다빈치형인재)

3년의 멈추지 않은 진로탐색과 도전이
진로를 구체화시키다

인문대학 유럽문화학부 / 일반고 이승연 학생

학 생 합 격 인 터 뷰

"저만의 합격비결은 다방면의 비교과활동 속에서 제 흥미와 강점을 잘 찾아냈다는 데 있다고 생각
합니다. 진로에 대한 끊임없는 탐색과정이 생활기록부에 잘 드러나 있고 평소의 신념이나 생활태도,
관심사와 활동 범주가 자기소개서에 고스란히 드러나 있었던 것 같습니다. 다양한 분야에 관심이 많
아서 진로선택에 고민이 많았지만 다양한 활동을 통해 점차 관심 분야를 좁혀나갔고, 여러 분야의 지
적 호기심을 연구동아리 등의 활동을 통해 채워나갔던 부분이 좋게 평가되었던 것 같습니다."

진로희망사항

구분	1학년	2학년	3학년 1학기
진로 희망	교사	교육행정가	연구직
희망사유	사회문화 수업과 개인적 탐구를 통하여 사회문제의 근본적 해결책이 교육에 있음을 배우며 지식의 축적과 더불어 청소년기 가치관 형성과 인성 함양에 기여하는 교사가 되기를 희망하다.	교육봉사활동을 통해 교육의 목적과 과정, 한계에 대해 고민하고, 진로탐색과정 중 교육활동을 계획, 결정, 조정하는 교육행정가라는 직업을 알게 되고 흥미를 느껴 희망하다.	문화현상의 종합성과 총체성을 이해간 학문적 연구에 매력을 느껴 사회과학 연구원을 희망하다.

시사 및 사회, 인문 분야의 독서를 하는 것을 즐기며, 다양한 분야에 관심을 가지고 교내 여러 탐구대회에 참여하여 진로를 탐색하고 구체화시킴.

수상경력

구분		1학년	2학년	3학년 1학기
수상경력	학업역량	• 교과우수상(국어Ⅰ, 실용영어Ⅰ) • 영어원서 퀴즈대회(소설 부문) 장려상	• 교과우수상(영어Ⅰ, 독서와 문법, 미적분Ⅰ, 생활과 윤리, 생명과학Ⅰ, 한문Ⅰ, 정보) • 표창장(학업 부문)	• 교과우수상(심화영어독해Ⅰ, 세계사, 한문Ⅱ) • 수리논리력 탐구대회(인문 부문)
	전공적합역량	–	• 프랑스문화경시대회 최우수상 • 창의탐구프로젝트대회 장려상	–
	경험다양	• 함현최강소크라테스선발대회 장려상 • 사회만들기창의성대회 우수상 • 우리고전읽기백일장대회 장려상 • 스포츠클럽대회(피구 부문) 준우승	• 지구촌 사랑편지쓰기대회 우수상 • 독후감대회 우수상 • 리더십도서탐구대회 장려상 • 역사에세이대회 우수상 • 우리고전읽기대회 장려상 • 여우골백일장(수필) 장려상 • IT포트폴리오경진대회(스케치업) 장려상	• 정치도서탐구대회 장려상 • 1학기 독서감상문대회 장려상

구분		1학년	2학년	3학년 1학기
인성역량		• 성실상 • 1년 개근상	• 청소년 문학독후감대회 최우수상 • 1년 개근상	• 모범학생상(선행 부문)

> 다양한 분야에 관심이 많고 독서를 통해 다져진 탐구능력과 작문실력으로 글쓰기를 바탕으로 한 대회 수상과 탐구대회에서의 수상이 눈에 띔.

창의적 체험활동 상황

구분		1학년	2학년	3학년 1학기
창의적 체험활동 상황	자율활동	• 자기 계발노트 작성 • 월드비전 세계시민교육	• 리더십 특강 • 학교특색 리더십 계발 프로그램 • 리더십 영상특강 등	
	동아리활동	• SCH(Science Club of Hamhyun) • 시사경제토론반 • (스포츠클럽) 피구스타k	• 영어원서읽기반(TenTen) • (자율) 글로벌문화교류반 • (자율) 인문사회과학교류 연구회 • (스포츠클럽) 라스트 스파트	• 고전예술연구반 • (자율) 인간행동과학연구반 • (스포츠클럽) 피구말리온
	봉사활동	• 시흥시 환경보전센터 하천환경 정화활동(15시간) • 교내봉사(27시간)	• 선후배멘토링활동(18시간) • 지역사회 아동 영어활동 교육봉사(10시간) • 광교 홍제도서관(6시간) • 무봉 종합사회복지관(3시간) • 교내봉사(37시간)	• 교내봉사(8시간)
		봉사시간 총 42시간	봉사시간 총 64시간	봉사시간 총 8시간
	진로활동	• 전문직업인들과 대화의 시간 • '꿈을 찾아 떠나는 여행' 학습증진 프로그램	• 직업가치관 검사 • 직업인과의 만남 • 대학생과의 만남	• 진로의사결정활동

> 인문, 사회, 과학 등 다양한 분야에 대한 지적 호기심을 동아리를 만들어 같은 관심을 가지고 있는 친구들과 연구하고 토론하는 활동 등을 통해 채울 수 있었고, 자신의 진로를 탐색하는 데에도 도움이 되었음.

독서활동 상황

구분	1학년	2학년	3학년 1학기
독서 활동 상황	• 달과 6 펜스 _섬머셋 모음 • 돈 키호테_세르반테스 • 좁은 문_앙드레 지드 • 반 고흐 영혼의 편지 _빈센트 반 고흐	• 방드르디, 야생의 삶 _미셸 투르니에 • 사물들_조르주 페렉 • 바둑두는 여자_샨샤 • 빼째르부르크이야기, 광인일 기, 코, 외투_고골	• 촘스키, 누가 무엇으로 세상 을 지배하는가_노엄 촘스키 • 이용자를 왕으로 모시진 않 겠습니다 _박영숙 • 자기만의 방_버지니아 울프
	영어 3권/공통 10권 = 총 13권	문학 12권/영어 4권/생명과학 4권/ 중국어 2권/공통 8권 = 총 30권	세계사 1권/공통 2권 = 총 3권

독서를 통해 인간성에 대한 성찰과 지혜를 깨닫고, 시대적 흐름과 사회에서 요구하는 바, 우리사회에서 간과되고, 묵인되고 있는 인권 등에 대한 자신의 생각을 주제별로 정리하는 등의 활동을 함으로써 가치관형성에 도움이 됨.

02 나의 성적

교과	학년 전체
국어	1.65
수학	2.37
영어	1.40
사회	2.32
과학	2.63

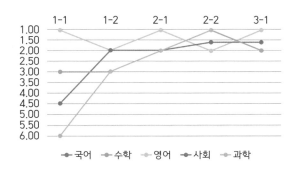

교과	학년 전체
전 교과	2.10
계열 교과	1.95

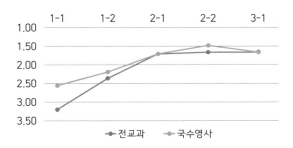

03

자기소개서 분석

자기소개서 작성을 위한 소재 찾기

구분	학업역량	전공적합성	발전가능성	인성
4. 수상 경력	• 교과우수상(12개) • 수리논리력 탐구대회 (인문 부문) • 영어원서퀴즈대회(소설) 장려상 • 표창장(학업 부문)	• 프랑스문화경시대회 최우수상 • 창의탐구프로젝트 대회 장려상 • 함현최강소크라테스 선발대회(공동수상 3인) 장려상 • 우리고전읽기백일장 대회 장려상 • 청소년문학독후감 대회 최우수상	• 독후감대회 우수상 • 리더십도서탐구대회 장려상 • 역사에세이대회 우수상 • 우리고전읽기대회 장려상 • 정치도서탐구대회 장려상	• 성실상
6. 진로	–	• 1학년 교사 • 2학년 교육행정가 • 3학년 연구직		–
7. 창의적 체험 활동 (자동 봉진)	• 영어원서읽기반(Ten Ten)(영어원서에서 삽입 및 생략된 내용을 발견하고 원본을 찾아 생략된 내용번역 후 개인블로그에 게시) • 글로벌문화교류반(자율동아리를 조직하여 다른 나라의 문화를 탐구하며 문화를 배움.) • 인문사회과학교류연구회(여러 사회적 주제에 관한 탐구, 토론) • 고전예술연구반(고전소설 시대 순 정리, 소설 속 인물파악 후 유형별 정리를 함.) • 인간행동과학연구반(심리학의 기초 이론 및 상담의 기본원리를 이해하여 자기 자신과 타인을 이해하고자 노력)			• 지역아동센터 영어학습지도
8. 교과 세부 능력 특기 상황	• 1학년 영어(함현영어경시대회) • 1학년 실용영어2(창현 영어모의유엔대회) • 1학년 사회문화(교과서 관련 시사자료 스크랩, 삼성경제연구소와 현대경제연구소 관련보고서 첨부한 수행평가/수능영어 절대 평가 도입 찬반 교내 토론대회 참가) • 시낭송 나눔 창의성 대회(자작시 등급 헤는 밤 발표)		• 2학년 생활과 윤리(윤리문제 탐구절차와 방법을 동성결혼, 과학의 가치중립성, 낙태 합법성등과 같은 현대 윤리적 쟁점들과 연결 적용하여 자율동아리에서 심층 토론함.	• 2학년 영어I (학습 멘토)
9. 독서	• 교육목적론_콜린 린지 • 우리교육100문 100답_이범	• 달과 6 펜스 _섬머셋 모음 • 돈키호테_세르반테스 • 좁은 문_앙드레지드	• 누가 무엇으로 세상을 지배하는가 _노엄 촘스키	• 2학년 학급 북싱크 독서동아리(독서 나눔 및 토론 활동 참여)

구분	학업역량	전공적합성	발전가능성	인성
9. 독서	• 러셀의교육론 _버트런드러셀 • 학교란 무엇인가 (EBS)를 읽고 소논문 작성 • A single Shard _Linda Sue Park • The Giver _Lois Lowry • The Devil Wears Prada _Lauren Weisberger	• 반고흐 영혼의 편지 _빈센트 반 고흐 • 방드르디, 야생의 삶 _미셸 투르니에 • 사물들_조르주 페렉 • 바둑두는 여자_샨샤		

2단계 자기소개서 개요정리

STAR 방식 분석		학생부 연계 활용분석	지원대학 평가요소 분석
구분	**내용**		
Situation (상황, 배경)	대학탐방 때 출신학교를 묻곤 그냥 가버린 교수님	교과내신 + 수상경력 + 동아리 (글로벌문화교류) + 교과세부능력 및 특기사항 (세계지리, 경제, 한국사 등) + 독서	학업역량 + 자기주도·창의성 + 지적탐구역량
Task (목표, 역할)	즐겁고 효율적으로 공부할 수 있는 방법을 찾자		
Action (구체적인 행동)	1. 사고력을 키우기 위한 수학공부 2. 선생님께 배운 지식을 심화시키려는 노력 3. 다른 과목들과의 연계		
Result (결과)	1. 활동 자체에 의미와 가치를 부여해야 한다 는 것 2. 자율적인 방법으로 심도 있는 공부를 하 고, 과정이 결과를 더욱 가치 있게 한다는 것을 깨달음.		

3단계 자기소개서 완성

1. 고등학교 재학기간 중 학업에 기울인 노력과 학습 경험에 대해, 배우고 느낀 점을 중심으로 기술해 주시기 바랍니다(1,000자 이내).

Situation 애니메이션 '알프스 소녀 하이디'에 감명 받아 낙농업계에 종사하고 싶었던 저는 공부에 관해서 만큼은 '하고 싶은 것을, 하고 싶은 만큼만' 하는 것이 나름의 원칙이었습니다. 그러던 중 대학탐방 과제 때문에 방문한 대학의 교수님께 짧은 면담을 부탁드린 일이 있었습니다. 그런데 교수님께서는 출신 학교를 물으시더니 그냥 가버리셨습니다. 사전에 약속이 되어 있지 않았기 때문이었을 수도 있겠지만, 누구나 알 법한 학교 출신이었다면 달랐을까 하는 생각도 들었습니다. **Task** 그때부터 다른 사람들에게 인정받기 위해 실력을 키워야 한다는 마음이 생겼습니다. 그러나 배움을 즐기지 못하면 효율성도 떨어진다는 것을 깨닫고 최대한 즐겁게 공부할 수 있는 나름대로의 방법을 찾았습니다. **Action 1** 예를 들면, 수학은 점수에 목을 매기보다는 사고력을 키우기 위해 공부했습니다. 문제를 해결하는 즐거움 자체에 집중하였더니 오히려 성적이 올라 2학년 2학기 이후의 모의고사에서는 1등급을 놓치지 않을 수 있었습니다. **Action 2** 다른 과목도 선생님께 배운 지식을 심화시키려고 노력했습니다. 역사시간에 실학에 대해 배우면서 문학시간에 배운 허생전과 연계하여 생각의 깊이를 넓혀 보고, 이어 경제교과서에 나오는 매점매석 현상을 복습했습니다. 하이디가 소가 아닌 양을 키웠던 이유를 지리시간에 알프스지대의 기후를 배우면서 깨닫기도 했습니다. 덕분에 3학년 때 수리논리력 탐구대회에서 수상할 수 있었습니다. 수학과 내신과목 공부에 성과를 거두면서 이전에 공부가 힘들었던 것은 다른 사람들의 시선을 의식하기만 하고 정작 제 나름대로의 학습법을 찾지 못했기 때문이란 것을 알았습니다.

Result 무엇이든 스스로 즐길 수 있어야 제대로 된 성과를 낼 수 있으며, 즐기기 위해서는 활동 그 자체에 의미와 가치를 부여해야 한다는 것 또한 느꼈습니다. 자율적인 방식으로 심도 있는 공부를 하고, 일정 수준에 오르게 되는 경험을 통해 결과도 중요하지만 과정이 결과를 더욱 가치 있게 한다는 것을 깨닫게 되었습니다.

방학 중 계획표

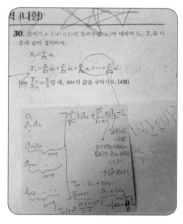

모의고사 오답풀이

수학 개념노트

1년 계획

면접 후기

면접형식	면접시간	10분
	면접위원 수	2명
	면접절차	(대기, 이동, 퇴실의 동선) 간단한 질의응답
	면접장 분위기	대기실은 긴장감이 감돌았지만, 면접 보는 교수님은 여유가 있어 보였어요. 온몸으로 '괜찮아 해치지 않아~' 하는 느낌?? 웃으면서 끄덕끄덕 해주시고 대답하기 어려우면 질문도 바꿔주셨어요. 압박형 질문이 들어오거나 하는 일은 전혀 없었습니다.(교수님 개인성향일지도 모르지만요.)
	유의사항	규칙으로 정해둔 것(핸드폰 금지 etc) 다들 챙겨간 자료만 보고 있어서 그런지 전반적인 면접 절차 외에 안내해주지 않음. 다만 면접 순서가 가까워졌을 때는 화장실 가는 걸 자제해달라고 했음. 수거 없음, 유의사항, 공지 없음. 저는 대기실 들어가서 잘 보고 오겠다고 엄마랑 문자도 했어요. 심지어 먹으라고 음료, 사탕 껌 같은 것들도 대기실 앞에 비치해줬어요. 다만, 면접실 안에는 몸만 들어가야 합니다. 짐을 전부 복도에 있는 의자에 두게 합니다.

면접질문

Q1 자기소개를 해보세요.

A1 "고전적이지만 저를 색깔로 표현하자면 남색이라고 할 수 있습니다. 남색은 무던해 보이지만 채도가 낮아 아이덴티티가 확고한 색이라고도 할 수 있습니다. 저도 개성이 확실하지만 그럼에도 남들과 잘 조화되는 사람이라고 생각합니다."

이러고 뜸 들이고 있으니까 교수님이 다음 질문을 하려 하시는데, 갑자기 구체적으로 얘기해야 한다는 말을 들었던 게 생각났습니다. 다급한 마음에 불쑥, "예, 예를 들어볼까요?"라고 했습니다. 그래놓고 할 말이 없어서 또 떠듬거리다가 "제가 1학년 2학기에 전학을 와서 내신도 잘 챙기고 모의고사도 잘 나오고 친구도 금세 사귀어서 담임선생님께서 기특하다고 해주신 적

이 있습니다!"라고 했지만 괜히 꺼냈다 싶었습니다.^^

Q2 3년 내내 진로희망이 바뀌었는데 유럽문화학부에 와서 어떻게 공부할 건가요?

A2 진로가 바뀐 부분에 대해서는 대답을 준비한 멘트가 있어서 안심하고 있었
는데, 향후계획을 물어보셔서 당황했습니다.

또 한참 뜸을 들이다가 "어… 어… 유럽문화학부는 비교적 전공필수가 적습
니다. 저는 그것을 입학 후에 본인이 스스로 공부하고 싶은 것을 찾아가고,
자기만의 커리큘럼을 짜라는 뜻이라고 생각합니다! 그래서 수업을 여러 가
지로 들어볼 생각입니다."라고 답변했습니다.

Q3 유럽문화학부에 들어올 후배에게 추천하고 싶은 책은 무엇인가요?

A3 한 권을 추천해야 할 것 같은데 뭘 말해야 할지 몰라서 한참 망설였습니다.
보다 못한 교수님께서 그러면 재미있게 읽은 걸 말해보라고 하셔서 미셸 투
르니에의 방드르디의 『야생의 삶』을 추천했습니다.

Q4 마지막으로 하고 싶은 말이 있으면 해주세요.

A4 "글은 썼다 지울 수 있어서 되돌릴 수도 있고 충분히 생각한 뒤에 글을 써
서 남에게 보일 수도 있는데, 말은 그렇지가 않습니다. 그래서 오늘 말하기
연습을 좀 했어야 하는데 후회가 됩니다."

(이러고 웃고 말았습니다. 물론 속으로는 울고 있었죠. 다시 한 번 강조합니다. 약
점은 애초에 만들지 마세요. 강점이 약점을 보완해주는 데에도 한계가 있습니다.
그게 커뮤니케이션 스킬이라면 더욱 그러하다고 생각합니다.)

05 2017 수시전형 지원 대학 합불 결과

대학명	전형명	모집단위	수능최저학력기준	합불여부
연세대학교	일반전형	문헌정보학과	○	불합
고려대학교	일반전형	사회학과	○	불합
이화여자대학교	논술전형	심리학과	○	불합
성균관대학교	논술전형	글로벌경영	○	불합
경희대학교	네오르네상스전형	사회학과	×	불합
중앙대학교	다빈치형인재	유럽문화학부	×	합격

06 최종합격 대학 전형 분석 (중앙대 학생부종합전형(다빈치형인재) 2017 vs 2018)

① 중앙대 2017학년도 수시모집요강(P.35~P.38)

전형명	모집단위	모집인원	전형방법 및 특징	수능최저학력기준	제출서류
다빈치형인재	유럽문화학부	10	1) 서류100(3배수 내외) 2) 서류70+면접30	없음	• 학교생활기록부 • 자기소개서 • 교사추천서
지원자격	고등학교 졸업(예정)자 또는 관계 법령에 의하여 고등학교 졸업자와 동등 이상의 학력이 있다고 인정된 자(상급학교 진학대상자 포함)				

② 중앙대 2018 학년도 전형계획안(P.10)

전형명	모집단위	모집인원	전형방법 및 특징	수능최저학력기준	제출서류
다빈치형인재	유럽문화학부	10	1) 서류100(3배수 내외) 2) 서류70+면접30	없음	• 학교생활기록부 • 자기소개서 • 교사추천서
지원자격	고등학교 졸업(예정)자, 2학년 수료예정자 중 상급학교 진학대상자 또는 관계 법령에 의하여 고등학교 졸업자와 동등 이상의 학력이 있다고 인정된 자				

※ 2018학년도 최종 수시요강에서 변동사항 확인바람.

07 합격자 인터뷰

Q1 중앙대학교 다빈치전형을 선택하게 된 이유는 무엇인가요?

A1 평소에 저를 오래 봐오시고 아껴주시던 선생님께서 제게 잘 맞을 것 같다고 하시며 권해주셨습니다. 문학, 문화, 역사나 교육제도까지 제가 평소에 흥미를 가져왔던 부분들이 유럽과 밀접해 있다는 것을 알고 지원했습니다.

Q2 본인의 학교생활기록부 관리 비결이 있다면 후배들에게 소개 부탁합니다.

A2 교과과목은 매시간 그 수업을 완전히 소화하는 것을 목표로 했습니다. 실현 여부와는 별개로 그런 마음가짐이 수업에 집중하는 데 도움이 되었습니다. 탐구과목은 방학 때 교과서를 가볍게 읽어두었습니다. 전반적인 교과목의 흐름을 알고 있으면 아무래도 여유가 생기니까요. 나는 내신파니까, 수능파니까 하면서 자기를 한정 짓지 마세요. 굳이 하나를 골라야겠다면 수능파가 되세요. 특목고 자사고가 아닌 이상 내신 우수자가 모의고사 성적이 나쁠 수는 있어도 반대의 경우는 드뭅니다.

게임한다고 생각하면 재미있습니다. 분류하자면 배틀을 기반으로 한 육성물에 가까울까요? RPG기본 피지컬에 충실하면서 특기를 살려야겠죠. 타 플레이어와의 관계망이나 선생님과의 신뢰도 중요합니다. 종종 퀘스트를 받기도 하죠. 물론 성공적으로 수행하면 보상이 뒤따릅니다. 정기시험을 통해 명성을 쌓고 최종적으로 정상에 오르기 위해 분투하다 보면 3년은 금방 지나갑니다. 하루의 대부분을 갇혀 지낸다고, 갑갑하다고 너무 싫어하지는 마세요. 창의와 효율은 한정된 조건을 최대한 이용하려는 의지의 소산입니다. 필요하다고 생각하는 것보다는 흥미가 있는 활동에 초점을 맞추면 좋겠습니다. 한 분야에 특성화된 학교라 할지라도 그 안에 세부적인 내용은 무궁무진합니다. 그때그때 하고 싶은 것을 하되, 그것들 사이의 연관관계를 찾아보세요. 학제 간 연구교류가 여느 때보다 활발한 시대입니다. 그 속에서 가고픈 학과, 원하는 직업도 중요하겠지만, 내가 진정으로 무엇을 더 배우고 싶은지, 어떤 사람이 되기를 원하는지 들여다보는 것도 중요합니다.

Q3 본인에게 가장 영향을 준 책과 그 이유는 무엇이었나요?

A3   『방드르디 야생의 삶』, 『불편해도 괜찮아』 세상을 보는 눈은 타고나는 것이 아니라는 것을 알려준 책들입니다. 먼저 방드르디는 로빈슨 크루소를 패러디한 책입니다. 외딴 섬에서 남겨졌음에도 규율을 세우고 하루계획을 철저하게 이행하는 모습을 보며 우리는 '성실의 가치'를 배웠습니다. 그런데 책을 읽다 보면 의문이 생깁니다. '왜 성실 근면해야 하지? 왜 내일을 위해 오늘을 희생해야 하지?' 우리 머릿속에 뿌리 박혀 있는 서구중심적인, 자본주의적 사회의 가치를 깨닫게 됩니다. 『불편해도 괜찮아』도 마찬가지, 영화의 장면과 대사 하나하나에 전제된 규범적 가치를 새로운 눈으로 바라보다 보면 내가 얼마나 편협한 사람이었는지 크게 느낍니다. 나를 가두고 억압하는 이데올로기는 무엇인지, 나는 진정으로 자유로운지 생각해보는 좋은 기회가 되었으면 좋겠습니다. 인문학도로서 갖춰야 할 첫 번째는 세상의 모든 것을 예민하게 받아들이는 능력이라고 생각해서 추천합니다.

Q4 유럽문화학부를 선택하는 데 가장 중요하게 여긴 점은 무엇이었나요?

A4 아무래도 합격가능성을 가장 먼저 따졌습니다. 저는 하고 싶은 일이 먼저였

고, 그 길로 나아가는 방향은 여러 가지였기 때문에 학과 선택폭이 넓었습니다. 다방면의 활동을 해서 어떤 학과를 잡고 자기소개서를 쓰려 해도 무리가 없는 상태였다는 점도 도움이 됐습니다. 문과는 전공을 살리기 어렵다는 특성으로 인해 과보다 학교를 더 중시하는 풍조가 있습니다. 이를 감안해서 선호도가 낮은 과를 골랐습니다. 비인기학과라도 요즘은 전과, 복수전공제도가 잘 갖춰져 있으니 크게 걱정하지 않았습니다. 아무리 제 적성에 잘 맞고 흥미가 있어도 불합격하면 소용없는 일이니까요.

Q5 학생부종합전형을 준비하는 후배들에게 가장 하고 싶은 말은 무엇인가요?

A5 장래희망이나 진로, 희망학과를 써내라고 할 때는 언제나 부담이었습니다. 어릴 적에는 자신만만하게 대통령이라고 적었을지 몰라도, 머리가 커지면서는 내심 속이 복잡해지죠. 막연하게 느껴지는 게 당연합니다. 20년 가깝게 살아왔다 해도 우리가 겪은 사회는 기껏해야 초·중·고등학교, 또래집단, 친족, 지역공동체 정도가 전부일 테니까요. 또래보다 많은 경험을 해보았다면 큰 축복이고, 그렇지 못했다고 해서 크게 이상할 것은 없습니다.

이 대학, 이 학과에 들어가면 뭐든 잘 될 것 같다는 믿음이 있다면 그 믿음 3년간 굳게 간직하세요. 하지만 아직도 내가 뭘 좋아하는지, 어떤 일을 하고 싶은지 모르겠다면, 다양한 활동을 하라고 권해주고 싶습니다. 학교에서 시를 읽게 하고, 초파리 눈 색깔을 맞추게 하고, 붓을 들게 하고, 적분상수 구하는 법을 가르치는 건 세상의 문을 열어주기 위해서라고 생각합니다. 학교 교과과정은 학생들에게 '세상에는 이런 것들이 있다'라고 문을 소개하는 과정이고, 학교에서의 활동은 자율적으로 그 문을 알아가고 슬쩍 발을 들여놓아보기도 하는 과정이라고 생각합니다. 정리하자면 학교활동은 제한된 환경 안에서 나아갈 길을 탐색하는 행위이고 학생부는 그 과정에 대한 일지라는 겁니다. 학생부종합전형은 학생이 그 일지를 글로, 면접으로 설명하는 거고요. 목표가 없다면 목표가 있는 사람보다 더 치열하게 움직여야 합니다. 눈에 보이는 걸 닥치는 대로 했을 때 가장 좋은 점은 내 시선이 어디로 향하는지 객관적으로 파악할 수 있다는 것입니다. 2차적으로는 어떤 부분에서 가장 두각을 나타내는지 알 수 있다는 점입니다.

어릴 때 '인문학 종말론'을 듣고 난 후 자연계열로 선택해야 한다는 강박감이 있었습니다. 모의고사의 과탐은 물리를 선택했고, 과학동아리는 물론 영재반까지 했습니다. 그런데 아무리 해도 인문계열 과목의 성적이 더 좋았습니다. 그래서 인문계열을 선택하고 '전문직'에 대한 로망을 품었습니다. 자격증 하나로 반평생을 보장받는다는 게 좋아보였습니다. 회계사든, 변리사든, 공무원이든 사회과학 계통에 진학해야 한다는 걸 알고 온갖 대회에 참가했습니다만, 돌아오는 건 재미로 써낸 독후감대회, 에세이대회 상장뿐이었습니다. 나중에 포트폴리오를 작성하느라 세어보니 어문 계열의 활동이 압도적으로 많았습니다. 머리는 속여도 마음은 못 속인다는 게 이런 걸 두고 하는 말인가 싶습니다. 결론적으로, 학교에서의 다양한 활동은 진로를 아직 결정하지 못해서 못하는 게 아니라 결정하지 못했기 때문에 더욱 열심히 해야 하는 것이라고 생각합니다.

08 전문가 의견

이미향
S&E 컨설턴트
유쾌한 입시전략연구 소장

중앙대학교 유럽문화학부는 모집인원 85명 중 10명을 학생부종합전형(다빈치형인재)으로 선발합니다. 다빈치형인재는 5가지 펜타곤을(공동체 의식, 자기주도·창의성, 학업역량, 성실성, 지적탐구역량) 기본으로 평가하며, 수업의 중요성, 다양한 교육활동의 체험, 활동 과정의 질적 우수성, 학생이 배우고 느낀 점 등을 평가에 반영합니다.

이승연 학생이 합격한 다빈치형인재(유럽문화학부)은 2018학년도에도 전형의 변화는 없으며, 유럽 문화에 대한 지적탐구역량과 심미적 감각을 갖춘 학생이 지원하기에 적합한 전형입니다.

수상경력에 드러난 교내탐구대회(도서탐구, 창의탐구프로젝트, 정치도서 탐구, 수리논리력탐구 등) 실적과 시화 만들기 방과 후 활동에서 보여준 지적 호기심과 성실성이 학생의 지적탐구역량을 평가하는 근거 자료로 활용되었다고 볼 수 있습니다. 또한 다양한 분야에 대한 관심과 경험은 타문화에 대한 열린 시각과 자유로운 사고를 갖게하는 활동으로 이어져 학교생활기록부 각 항목들 간의 연결됨을 자기소개서에서 보여주고 있습니다. 2단계 면접전형에서는 독서를 통한 사고의 깊이와 폭넓은 관심사를 보여줌으로써 중앙대학교의 펜타곤인재상에 부합하여 유럽문화학부에 합격하게 되었습니다.

'알프스소녀 하이디'를 닮은 이승연 학생이 가지고 있는 재치 발랄한 재능과 다양한 분야에서 보여주었던 역량을 중앙대학교 유럽문화학부에서 더욱 계발시켜 인문, 사회, 예술 등의 분야를 넘나드는 진정한 융합형 인재로 성장할 것이라고 확신합니다.

PART. 2

자연공학계열

서울대학교_일반전형
좋아하는 것, 잘하는 것, 하고 싶은 것을 도전하며 나의 강점을 찾아내다

재료공학부 / 자사고(광역) 정예지 학생

학 생 합 격 인 터 뷰

"고등학교에 입학할 당시 언니가 수시로 서울대학교의 원하는 과에 합격하는 모습을 지켜보며 학생부종합전형을 준비해야겠다고 생각했습니다. 여러 전형을 준비하면서 우왕좌왕하거나 불안해하지 않고 제게 가장 적합하고, 스스로 생각하기에 가장 가능성이 높은 전형을 위주로 뚝심 있게 준비했던 것이 학생부종합전형으로 대입에 성공한 중요한 요인이라고 생각합니다."

01 고교3년 열정 STORY

진로희망사항

구분	1학년	2학년	3학년 1학기
진로 희망	화학공학 연구원	화학공학 연구원	화학공학 연구원
희망사유	화학과 환경에 관심이 많아 환경오염이 심각한 현재의 생활모습 개선을 위한 친환경 제품을 제작하고 싶어 화학공학 연구원 희망함.	물리, 화학 관련 다양한 대회, 동아리 활동을 통해 직접 실험을 설계하고 탐구하며 공부하는 것이 즐거워 화학공학연구원이 되고 싶어 함.	기술, 제품 등의 원리가 물리, 화학에서 배운 내용을 기본으로 한다는 사실에 흥미 심화 학습을 함. 환경보호와 사람들에게 도움을 줄 수 있는 공학자를 꿈꾸게 됨.

> 진로희망사유는 교내 활동과의 연동되는 기록이 중요함. 정예지 학생은 진로희망과 연계한 교과의 심화학습(물리, 화학)과 함께 다양한 교내 대회 참여와 동아리 활동으로 관심 분야 연관성을, 3년 동안의 꾸준함으로 일관성을 보여주고 있음.

수상경력

구분		1학년	2학년	3학년 1학기
수상경력	학업 역량	• 교내수학경시대회(장려상) • 1학기 성적우수상(국어I, 수학I, 영어I, 한국사) • 2학기 성적우수상(수학II, 실용영어II, 기술가정, 화학I)	• 수학경시대회(은상) • 과학경시대회(물리, 장려상) • 과학경시대회(화학, 장려상) • 1학기 성적우수상(미적분, 영어II, 물리, 중국어I) • 2학기 성적우수상(기하와 벡터, 물리, 중국어I)	• 수학경시대회(동상) • 과학경시대회(물리, 우수상) • 과학경시대회(화학, 장려상) • 1학기 성적 우수상(독서와 문법, 수학연습I, 물리II, 화학II)
	전공적합역량	• 과제연구 학술제(공동수상 4인, 우수상) • 창의적수학활용발표대회(공동수상 2인, 동상)	• 과학탐구토론대회(공동수상3인, 최우수상) • 사이언스 컨퍼런스(화학/생명과학, 공동수상 5인, 우수상) • 창의적 체험활동(동아리) 사례발표 대회(장려상)	
	경험 다양	• 문화탐방과 수련회 보고서 대회(최우수상)	• 체험학습 우수보고서대회(최우수상)	
	인성 역량		• 표창장(모범 부문)	

139

수상경력은 학생의 노력에 대한 성과 척도로 활용됨. 교과우수상과 경시대회 수상을 통해 학업역량을 확인할 수 있고, 모집단위 수상경력이 다수인 것은 전공 적합역량의 근거자료가 됨. 모범 부문 수상은 개인의 인성을 평가할 수 있는 자료로 활용 가능.

창의적 체험활동 상황

구분		1학년	2학년	3학년 1학기
창의적 체험활동 상황	자율 활동	• 문화탐방 및 수련회 • 명사초청특강을 통한 진로탐색 • 학급의 총무 • 환경미화부원	• 물리/수학 학습지도 '무리수' 부장 • 학급 분리수거 담당 • 자기주도적 태도 훈련 • 현장체험학습(학예부원) • 교내체육대회 • 콰이어 정기 연주회(도우미)	• 학급 스터디모임 부장(주제 선정 활동) • 학급 분리수거 담당 • 자기주도적 태도 훈련
	동아리 활동	• 낙화−ASL(화학환경반) • M4(수학 Study)	• Che美(화학환경반) 차장 • 무리수(물리+이과+수학) 부장	• Che美(화학환경반) • GD(주제 학습)
	봉사 활동	• 교육지원(지역아동센터) • 한 학급 한 생명 살리기(월드비전) • 캠페인 활동(아름다운 가게) • 신생아 살리기 모자뜨기(세이브더칠드런)	• 교육지원(지역아동센터) • 캠페인 활동(굿파트너즈)	• 환경정화
		총 47시간	총 39시간	총 9시간
	진로 활동	• 여름방학 진로탐색 활동(인터뷰) • 진로희망 7개 직업군별 모둠활동 • 모의재판(배심원) • 진로체험의 날(생명공학, 화학공학)	• 교내 진로수업과 연계독서 • 나노기술원, 한국산업기술연구원 견학 • 자유 주제탐색(빛 공해)	• 진로상담(담임/동아리 선생님, 희망학과 재학생)

창의적 체험활동은 양적인 측면보다는 학생의 역할과 경험에서 드러나는 개별적인 활동과정과 결과물이 평가요소로 활용. 자율활동에서 2년간의 학습모임 주도와 봉사활동의 교육지원 활동은 나눔과 배려에 대한 학생의 특성을 보여주고 있음. 동아리와 진로활동에서 드러난 관심 분야 활동은 전공 적합역량 평가에 반영됨.

독서활동 상황

구분	1학년	2학년	3학년 1학기
독서 활동 상황	• 역사를 바꾼 17가지 화학 이야기 1, 2 _페니 르 쿠터, 제이 버레슨 • 수학비타민 플러스_박경미 • 소매치기도 뉴턴은 안다 _최상일 • 긍정이 걸작을 만든다 _윤석금	• 노벨상이 만든 세상 화학 _이종호 • 광장_최인훈 • 착한 사람들이 이긴다 _모기룡 • 진실을 배반한 과학자들 _윌리엄브로드, 니콜라스 웨이드 • 이타적 과학자 _프란츠M. 부케티츠 • 비하인드 수학파일_이광연	• 연어_안도현 • 수학시트콤 _크리스토프 드리서 • 미래의 물리학_미치오 카쿠 • 같기도 하고 아니 같기도 하 고_로알드 호프만 • 어떻게 원하는 것을 얻는가 _스튜어트 다이아몬드 • 시작하라 그들처럼_서광원 • 쓰레기, 문명의 그림자 _카트린 드 실기
	공통 8권	공통 6권	독서와문법 1권/수학연습 1권/물 리2 1권/화학2 1권/공통 3권 = 총 7권

책을 읽게 된 동기, 과정, 읽고 난 후의 실천사례가 중요하며 면접이 있다면 질문의 대상이 됨. 학생의 독서활동은 권장도서 중심이 아닌, 진로 및 모집단위 관련성을 보이며 관련 교과 및 활동과의 연계성도 드러나 있음.

02 나의 성적

교과	학년 전체
국어	3.00
수학	1.71
영어	2.48
사회	3.00
과학	2.18

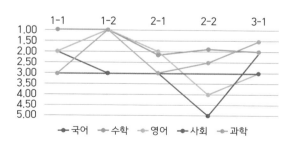

교과	학년 전체
전 교과	2.42
계열 교과	2.31

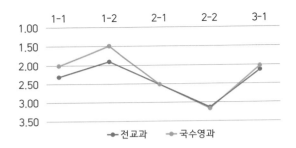

03 자기소개서 분석

1단계 자기소개서 작성을 위한 소재 찾기

	학업역량	전공적합성	발전가능성	인성
4. 수상 경력	• 수학성적우수상 　– 수학Ⅰ, 수학Ⅱ, 미적 　분, 기하와벡터, 수 　학연습Ⅰ • 물리성적우수상 　– 물리Ⅰ, 물리Ⅰ, 물리 　Ⅱ	• 수학경시대회 　– 1학년 장려상, 2학년 은상, 3학년 동상 • 물리경시대회 　– 2학년 장려상, 3학년 우수상 • 과학탐구토론대회 　– 공동수상3인, 최우수상		–
6. 진로	• 1, 2, 3학년 화학공학 연구원			
7. 창의적 체험 활동 (자동 봉진)	(자율활동) 2학년 • 물리/수학 학습지도 부 장 3학년 • 학급 스터디모임 부장	(동아리) • 2학년/3학년 Che美(화학환경반) 차장 (진로) • 나노기술원, 한국산업기술연구원 견학 • 자유 주제탐색(빛 공해)		–
8. 교과 세부 능력 특기 상황	• 물리Ⅰ 일과 운동에 관련된 공 식으로 다양한 물체의 운동을 분석하는 것에 상당한 흥미를 보임	–	–	
9. 독서	–	2학년 • 노벨상이 만든 세상 물리학_이종호		–

	학업역량	전공적합성	발전가능성	인성
10. 행동 특성	2학년 • 호기심이 많아 물리, 화학 등 관심 분야 실험과 탐구 발표 경험이 많음.	3학년 • 미래의 물리학_미치오 카쿠 • 같기도 하고 아니 같기도 하고_로알드 호프만 1학년 • (잠재력) 발명 및 친환경제품 관련기사 스크랩, 자료정리를 즐김. 2학년 • (성실) 매일 플래너와 포스트잇 반성으로 계획적인 공부를 함(과제 집착) 이해가 안 가는 부분은 반드시 분석하고 넘어감.		

2단계 자기소개서 개요정리

STAR 방식 분석		학생부 연계 활용분석	지원대학 평가요소 분석
구분	**내용**		
Situation (상황, 배경)	꾸준한 공부에도 제자리걸음이라는 생각에 답답함을 느낌.	수상경력 (교내 과학탐구 토론대회) + 교과세특 (물리 I) + 진로활동 (한국산업기술 연구원 견학/ 빛 공해 실험)	지적 호기심/ 학업능력/ 지적성취 + 자기 주도성/ 적극성
Task (목표, 역할)	공부할 때, '물음표'를 붙여가며 공부하기로 마음먹음.		
Action (구체적인 행동)	1) 수업시간 궁금증은 말풍선 달고 해결하기(물리 I) 2) 탐구적 호기심 갖고 접근하기(물리 I) 3) 직접 실험을 설계, 진행하기(교내 과학탐구토론대회)		
Result (결과)	현상을 논리적으로 분석하고 문제를 해결하는 것에 매력을 느낌.		

3단계 자기소개서 완성

1. 고등학교 재학기간 중 학업에 기울인 노력과 학습 경험에 대해, 배우고 느낀 점을 중심으로 기술해 주시기 바랍니다(1,000자 이내).

Situation 꾸준히 공부를 해왔음에도 불구하고 2학년이 시작되고부터 제자리걸음을 하고 있는 듯한 생각이 들어 답답함을 느꼈습니다. **Task** 그동안의 공부는 단순한 이해였을 뿐이었다는 것을 깨닫고, 공부하는 매 순간마다 '물음표'를 붙여가며 완전한 나의 것으로 만들어가는 과정을 거치기로 마음먹었습니다. **Action 1** 수업시간마다 새로 학습하는 내용에 대해 궁금증이 생기는 것들은 빠짐없이 말풍선을 달아놓고 반드시 능동적으로 해결하려 노력했습니다. 특히 물리 1에서 터빈을 이용한 에너지 발전에 대해 다루며 과연 어느 정도 증기의 운동에너지가 있어야 얼마만큼의 에너지를 얻을 수 있는지 계산해보고 싶었습니다. 그동안 배운 내용들로 충분히 유도해낼 수 있다는 생각이 들어 유체역학과 운동량 보존을 이용해 공기 입자들이 터빈의 날개에 부딪혔을 때 터빈이 돌아가는 힘을 직접 계산해보기도 했습니다. 이러한 태도는 더 나아가 '이렇게 하면 어떨까?'라는 탐구적 호기심으로 이어졌습니다. **Action 2** 일례로 물리 I 교과에서 태양전지에 대해 공부하며, 이전에 접했던 고층 건물의 외벽으로부터 반사된 태양빛에 의한 빛 공해를 다룬 기사가 떠올랐습니다. 빛 공해를 일으키는 반사광을 모아 전력으로 사용할 수 있다면, 일석이조의 효과를 얻을 수 있을 것이라 생각했습니다. **Action 3** 이에 그치지 않고 직접 실험을 설계하여 진행하며 반사방지막 제품을 만드는 회사에 직접 연락하거나 한국산업기술원 견학을 통해 태양전지 개발 연구원과 면담하기도 하였습니다. 이 주제로 교내 과학탐구토론대회에 참가하여 좋은 결과를 얻을 수 있었습니다. **Result** 이를 통해 어떤 현상을 수식으로 만들어 논리적으로 분석해 나가는 과정에 흥미를 느끼며 물리, 화학에 더 큰 관심을 가지게 되었습니다. 보다 주체적으로 학습활동에 임하고, 공부하며 생긴 호기심을 직접 실행해봄으로써, 공부한 내용을 적용하여 문제 상황을 해결하는 것에 대한 매력을 느꼈습니다. 이러한 태도 덕분에 문제 해결을 위한 복합적인 사고와 적용능력을 요하는 교내 수학, 과학 경시대회에서도 좋은 결과를 얻을 수 있었습니다.

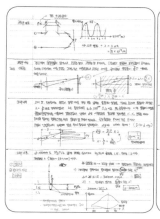
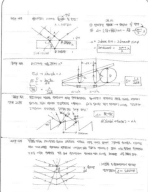

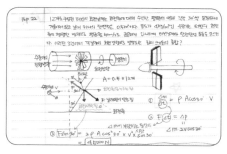
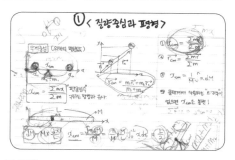

물리Ⅰ 노트 정리

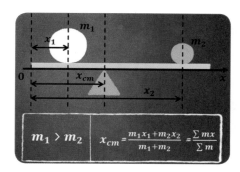
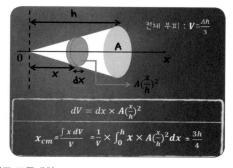

교내 과학 탐구 토론대회

	학업역량	전공적합성	발전가능성	인성

4.
수상
경력
	• 화학성적우수상
	  화학Ⅰ, 화학Ⅱ
	• 화학경시대회
	  2학년 장려상, 3학년
	  장려상
		• 과제연구 학술제
		  공동수상 4인, 우수상
		• 사이언스 컨퍼런스
		  화학/생명과학부문, 공동수상 5인, 우수상		

6. 진로	• 1, 2, 3학년 화학공학 연구원			

7.
창의적
체험
활동
(자동
봉진)
		(동아리)
		• 1학년 낙화—ASL(화학환경반)
		• 2학년/3학년 Che美(화학환경반) 차장
		(진로)
		1학년
		• 진로희망 7개 직업군별 모둠활동 탐구와 발표
		  (생명윤리, 화학환경, 발명특허)
		2학년
		• 나노기술원, 한국산업기술연구원 견학
			3학년(동아리)
			• 선배로서 후배들
			  의 어려움을 알
			  고 공부법, 학교
			  생활 관련 도움
			  을 주고 연간 과
			  제 탐구를 세심하
			  게 지도함.	

8.
교과
세부
능력
특기
상황
	• 화학Ⅰ
	  과학적 탐구력이 뛰어
	  남, 통합적 사고력 문
	  제를 화학적 해석을
	  이용하여 해결
		• 방과후학교 과제연구반
		  탐구수행 팀장으로 활동, 과제연구 학술제
		  참여
		• 화학Ⅱ
		  실험의 실패요인에 대해 의견을 나누며 오차
		  를 줄이기 위한 다양한 시도를 함.		

9. 독서		1학년 • 역사를 바꾼 17가지 화학이야기 1, 2 _페니 르 쿠터, 제이 버레슨		
9. 독서		2학년 • 노벨상이 만든 세상 화학_이종호 3학년 • 같기도 하고 아니 같기도 하고_로알드 호프만		

10.
행동
특성
		1학년
		(창의력)
		• 발명에 관심이 많아 특허청 홈페이지에서 특
		  허 검색하며 관심을 넓힘.
			2학년
			(리더십)
			• 조별 활동에 있
			  어서 리더십을
			  가지고 팀을 이
			  끌어감.	

자기소개서 개요정리

STAR 방식 분석		학생부 연계 활용분석	지원대학 평가요소 분석
구분	**내용**		
Situation (상황, 배경)	1학년 탐구활동에 대한 아쉬움	수상경력 (사이언스 컨퍼런스) + 동아리 활동 (Che美_화학환경반) + 행동특성 및 종합의견 (리더십)	자기 주도성/ 적극성/열정 + 개인적특성/ 학업 외 소양
Task (목표, 역할)	모든 조원의 참여를 이끌어 연간탐구 진행하 고자 결심		
Action (구체적인 행동)	1) 후배들의 참여를 이끌기 위해 1학년 교과과 정으로 실험 계획 2) 문제 해결을 위한 외부기관 도움 요청 3) 개인적인 노력과 조원들을 독려		
Result (결과)	사이언스 컨퍼런스 수상 탐구에 대한 열정을 확인한 계기		

3단계 **자기소개서 완성**

2. 고등학교 재학기간 중 본인이 의미를 두고 노력했던 교내 활동을 배우고 느낀 점을 중심으로 3개 이내로 기술하기 바랍니다. 단, 교외 활동 중 학교장의 허락을 받고 참여한 활동은 포함됩니다(1,500자 이내).

2학년 때 동아리 연간탐구를 통해 탐구적, 정신적으로 성장할 수 있었습니다. **Situation** 1학년 때 참여 기회를 다양하게 갖지 못해 아쉬웠던 경험을 토대로 모든 조원들이 참여하도록 이끌어보고자 결심했습니다. **Task** 선배들이 진행했었던 왕겨 활성탄 제작을 모티브로 하여, 암모니아성 질소 제거능력을 유지하며 동물 뼈의 수산화아파타이트를 이용해 중금속 흡착력을 보완하는 연구를 진행했습니다. **Action 1** 후배들의 능동적인 참여를 돕고자 1학년 화학I의 앙금생성반응, 중화반응을 이용한 실험을 계획하였습니다. **Action 2** 표준 용액을 구하기 힘들어 암모니아성 질소 농도 측정에 난항을 겪었지만 군포시수도사업소에 적극적으로 도움을 요청하며 연구를 끝까지 마무리할 수 있었습니다. **Action 3** 쉬는 시간마다 교실과 실험실을 오가며 조원들이 각자의 역할을 잘 해낼 수 있도록 실험을 총괄하였고, 집에 와서는 논문을 끊임없이 찾아보며 다음날의 실험 계획을 세우는 것을 반복했습니다. **Result** 진정한 협력을 통해 사이언스 컨퍼런스에서도 좋은 결과를 얻을 수 있었습니다. 학업과 탐구를 병행하며 지치기도 했지만 이를 통해 탐구에 대한 제 열정을 확인할 수 있었습니다(이후 생략)

참고 **활동증빙자료**

동아리 활동(Che美_화학환경반)의 연간탐구

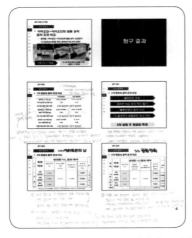 

사이언스 컨퍼런스 발표자료

자기소개서 작성을 위한 소재 찾기

	학업역량	전공적합성	발전가능성	인성

4.
수상
경력
	• 성적우수상
	  수학I외 18개
		• 교내경시대회
		  수학 3개년 수상, 화학/물리 2개년 수상
		• 창의적 체험활동(동아리) 사례발표 대회 장려상
				• 2학년 표창장 모
				  범 부문

6. 진로	• 1, 2, 3학년 화학공학 연구원			

7.
창의적
체험
활동
(자동
봉진)
	(동아리)
	• 1학년 M4
	  (수학 Study)
		(자율)
		• 2학년 학급 자율동아리 부장 매주 수요일 물
		  리, 수학 문제 소개와 튜터링 활동
		• 3학년 과학 분야 토의 학습 스터디 만들고 한
		  달에 2회 활동
		(동아리)
		• 2학년 무리수(물리+이과+수학) 부장
		• 3학년 GD(주제 학습)
				(봉사)
				• 1, 2학년 교육지
				  원(지역아동센터)
				  푸른 교사 활동
				  57시간

8.
교과
세부
능력
특기
상황
		화학I
		• 친구들이 모르는 문제를 알기 쉽게 설명하여
		  친구들에게 인정받는 학생
				수학연습I
				• 본인이 이해하고
				  깨달은 바를 친구
				  들과 나누고자 하
				  는 열정을 보임.

9. 독서		1학년 • 긍정이 걸작을 만든다_윤석금 2학년 • 이타적 과학자_프란츠M. 부케티츠 3학년 • 어떻게 원하는 것을 얻는가_스튜어트 다이아몬드		

10.
행동
특성
		2학년
		(나눔)
		• 수학, 물리, 지구과학, 화학 등에 대한 친구들의 질문에 고민하고
		  자세히 설명해줌. 효율적으로 많은 친구에게 도움을 주고자 자율
		  동아리 만들어 활동		

자기소개서 개요정리

STAR 방식 분석		학생부 연계 활용분석	지원대학 평가요소 분석
구분	내용		
Situation (상황, 배경)	수학과 물리교과에 대한 친구들의 어려움이 과거 내 모습과 같다는 것을 인지함.	수상경력 (표창장) + 교과세특 (수학연습I)	학업능력 + 자기 주도성/ 적극성/열정
Task (목표, 역할)	학급에 자율동아리를 개설하여 돕기로 함.		

STAR 방식 분석		학생부 연계 활용분석	지원대학 평가요소 분석
구분	내용		
Action (구체적인 행동)	1) 양질의 문제를 나눔 2) 친구의 고민을 듣고 특정 주제 문제 풀이 시행 　(연습문제 선정과 설명) 3) 수업시간 부족한 설명을 주제별 맞춤 설명 활동	+ 창의적 체험활동 (무리수)	+ 개인적 특성/ 학업 외 소양
Result (결과)	• 부원(20명 남짓) 외 친구들도 참여 • 꼼꼼하게 확인하고 공부에 열중하게 됨. • 다른 이의 입장에서 고민하고 공감하게 됨.	행동특성 및 종합의견 (나눔)	

3단계 **자기소개서 완성**

3. 학교 생활 중 배려, 나눔, 협력, 갈등 관리 등을 실천한 사례를 들고, 그 과정을 통해 배우고 느낀 점을 기술하기 바랍니다(1,000자 이내)

Situation 질문을 많이 받다 보니 수학과 물리에서 많은 친구들이 어려워하는 부분이 제가 스스로 공부하며 고민했던 부분과 상당히 일치한다는 것을 알게 되었습니다. **Task** 대부분의 친구들이 비슷한 고민을 하고 있다는 것이 안타까워 도울 방법을 찾다가 자율동아리 '무리수'를 만들어 활동하게 되었습니다. **Action 1** 어떤 내용이 유익할지 고민하며 양질의 문제들을 나누고자 노력한 덕분에 **Result 1** 매 활동마다 20명 남짓한 부원들 모두가 참여해주었습니다. **Action 2** 한 친구가 물리1의 전력 계산문제를 매번 틀린다는 고민을 털어놨고 꽤 많은 친구가 전력 계산을 어려워한다는 것을 알게 되었습니다. 그 이유를 고민한 끝에 전력을 계산하는 2가지 공식이 각각 어떤 상황에서 사용되는지 잘 모르는 것이 문제라는 것을 깨달았습니다. '전력 문제풀이'라는 테마를 가지고 부원이 아닌 친구들 중에서도 희망자들을 포함하여 30명 남짓한 친구들을 대상으로, 직접 선정한 연습문제들을 통해 각 공식을 사용하는 방법을 명확하게 설명해주었습니다. **Result 2** 그 결과 고민을 털어놓

앉었던 친구가 이제는 전력과 관련된 문제는 확실히 맞춘다며 고마움을 전해 왔습니다. **Action 3** 그 이후에도 다양한 주제로 선생님의 설명만으로는 이해가 부족한 친구들을 위한 맞춤형 설명으로 활동을 진행하였고 **Result 3** 부원이 아님에도 참여하고자 하는 친구들이 늘어날 정도로 호응이 좋았습니다. '왜 열심히 공부한 내용을 시간과 노력을 들여 굳이 모두와 나누려 하는지 모르겠다'는 반응도 많았지만, 혼자 공부를 하면서 느끼는 희열보다도 그들이 저처럼 깨달음을 얻으며 기뻐하는 모습을 보며 느끼는 행복이 제가 지치지 않고 공부에 열중할 수 있게 하는 '원동력'이었습니다. 혼자 공부할 때에는 그냥 넘어갔던 사소한 내용들도 꼼꼼히 확인하게 되어 결과적으로 학업에도 좋은 영향을 끼쳤습니다. 친구들의 입장에서 한 번 더 고민하는 습관을 가지게 된 것이 정말 많은 친구에게 도움이 되는 것을 몸소 확인하며, 남을 위하는 일은 대단한 것이 아니라 진심으로 남의 어려움에 공감하는 마음으로부터 시작된다는 것을 깨달았습니다.

참고 **활동증빙자료**

무리수 : 아침 자습시간(7:50~8:30) 활용

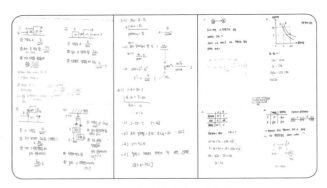

전력 계산 테마 수업 연습문제

04 면접 후기

면접형식	면접시간	15분(답변준비 45분)
	면접위원 수	2명
	면접절차	면접 대기실(전체) → 문제풀이실(10인 1조) → 면접실(지원자 1인)
	면접장 분위기	매우 조용하고 경직된 분위기나 면접 대기 중 준비해온 자료 확인 가능
	유의사항	3장 정도의 문제풀이용지와 연필과 지우개가 주어짐. 문제풀이 중에 다음 조가 와서 안내받음. 면접실에 면접위원과 한 책상에 앉아서 풀었던 문제 설명

면접질문

공과대학 : 수학 관련 제시문을 활용하여 적공적성 및 학업능력 평가

문제1(2문제)
1) $A_n = (2 + \sqrt{5})^n$이라고 할 때, 모든 자연수 n에 대해 $A_n + r^n$=짝수인 정수를 만족하는 실수 r이 유일하게 존재함을 보이시오.
2) n이 무한대로 갈 때 수열 $\cos(A_n \pi + \pi/3)$이 수렴하는지, 수렴한다면 수렴값을 구하시오.

문제2(3문제)
　이상에서 정의된 두 함수 f, g에 대하여 $f_0(x)$를 0 이상 x이하에서 $f(x)$의 최솟값으로 정의하고, g는 $f(x) - f_0(x)$로 정의했습니다.
1) $f(x) = -\sin(2\pi x)$일 때, $g(x), x = 0, x = 1, x$축으로 둘러싸인 넓이를 구하시오.
2) $f(x)$가 $x = 3k$와 $x = 3k+2$에서는 $-x + 2k$, $x = 3k+2$와 $x = 3k+3$에서는 $x - 4k - 4$로 정의될 때, $g(2017)$과 g를 0에서 2017까지 적분하시오.
3) 0 이상의 모든 x에 대하여 $g(x) = x$ 가 될 수 있는 f는 $f(x) = x$ 뿐임을 보여라.

문제3(2문제)
<조건> 학생들이 롤러코스터에 탄다. 의자가 일렬로 있는데 연이어 앉은 학생들의 경우 앞자리 학생의 키가 더 작다. 단, 모든 학생의 키는 다르다.
1) 의자 9개, 학생 3명이 있을 때 경우의 수를 구하시오.
2) 의자 m개, 학생 n명일 때 경우의 수의 일반식을 구하시오.

152

지정된 대기실에서 다른 학부랑 같이 대기하다가 신분확인을 한 후 핸드폰을 걷고 면접번호표를 각자 나누어줌. 면접순서는 칠판에 번호별로 쓰여 있음 10명 정도가 한 조가 되어 개인 짐을 모두 들고 문제풀이 실로 이동. 안내사항을 듣고 바로 문제풀이 45분 동안 한 후 풀이용지와 개인 짐을 모두 들고 면접실로 이동. 각자 배정된 면접실 문 앞에서 잠깐 대기하다가 바로 면접실로 들어가서 15분간 면접 진행. 시간은 노크를 통해 알려주고 15분이 끝나면 바로 퇴실해야 함. 풀이용지를 제출하고 핸드폰 받아서 바로 집에 갈 수 있음

처음에 대기하는 대기실에서 학생 수는 많아도 매우 조용하고 경직된 분위기였음. 각자 챙겨온 자료들은 자유롭게 볼 수 있고 화장실 다녀오는 것도 자유로움. 엎드려 자고 있는 학생도 몇 있고 대부분은 그냥 앉아 있거나 자료들을 훑어보며 대기.

문제풀이 실에서는 조용한 상태에서 문제를 풀 수 있지만 풀고 있는 도중에 다음 조 아이들이 들어와서 짐을 풀고 안내를 받는데 약간 소란스러움이 느껴짐. 따뜻하기보다는 조금은 쌀쌀한 느낌이라 긴장도 하고 손이 얼어서 글씨가 잘 안 써지는 느낌이었음. 개인적인 생각으로는 대기하면서 뭐라도 끄적이는 게 적응하기 편할 것 같다는 생각이 듦.

면접실에 들어갈 때 겉옷은 벗고 니트만 입은 상태로 들어갔는데 문제풀이 실보다는 따뜻한 느낌. 테이블 앞에 교수님 두 분이 앉아 계셨고 마주보고 자리에 앉아야 함. 면접실 분위기는 그렇게 경직되지는 않았고 최대한 편하게 해주려고 하는 게 느껴졌음. 단 문제 풀다가 막히거나 말이 꼬여서 정적이 흐를 때 교수님들은 계속 가만히 계시기 때문에 본인이 순발력 있게 해결해야 함. 다른 문제부터 풀겠다고 하고 순서를 바꾸는 것도 좋은 방법!

1) 1년간 논술 연습을 꾸준히 했던 것이 문제를 보고 빠르게 유형을 파악하고 직관적으로 적절한 풀잇법을 떠올릴 수 있게 해주었음.

2) 자율동아리 스터디 활동을 하면서 친구들에게 수학, 과학 관련 문제들을 설명해주었던 경험이 많아 풀이를 온전히 논리적으로 교수님들께 전달하는 능력을 갖출 수 있게 해주었음.

3) 학교생활 하면서 발표 대회, 토론 대회에 적극적으로 참여하면서 긴장되는 상황 속에서 당당하게 말하는 훈련을 충분히 했던 것 덕분에 남들보다는 덜 긴장하면서 면접에 임할 수 있었던 것 같음.

4) 면접을 보면서 중간에 막혔을 때 침착하게 다음 문제부터 설명을 이어나갔기 때문에 주어진 시간을 잘 활용하여 최대한 푼 내용을 모두 설명할 수 있었음.

05 2017 수시전형 지원 대학 합불 결과

대학명	전형명	모집단위	수능최저학력기준	합불여부
서울대학교	일반전형	재료공학부	×	합격
연세대학교	일반전형(논술)	신소재공학부	○	합격
성균관대학교	논술우수전형	공학계열	○	합격
고려대학교	일반전형(논술)	신소재공학부	○	불합격
고려대학교	융합형인재전형	신소재공학부	○	불합격
한양대학교	논술전형	융합전자공학부	×	불합격

최종합격 대학 전형 분석
(서울대 일반전형 2017 vs 2018)

① 서울대 2017학년도 대학 신입학생 수시모집 안내(P.18~P.25)

전형명	모집단위	모집인원	전형방법 및 특징	수능최저학력기준	제출서류
일반 전형	재료 공학부	44	1) 서류100(2배수 내외) 2) 1단계100+면접 및 구술고사 100	없음	• 학교생활기록부 • 자기소개서 • 자기소개서 증빙자료 • 추천서 • 학교소개자료
지원 자격	고등학교 졸업자(2017년 2월 졸업예정자 포함) 또는 법령에 의하여 고등학교 졸업 이상의 학력이 있다고 인정된 자(고등학교 졸업학력 검정고시 합격자, 외국 소재 고등학교 졸업(예정)자 포함)로서, 학업능력이 우수하고 모집단위 관련 분야에 재능과 열정을 보인 자				

② 서울대 2018학년도 대학 신입학생 입학전형 주요사항(P.8~P.10)

전형명	모집단위	모집인원	전형방법 및 특징	수능최저학력기준	제출서류
일반 전형	재료 공학부	44	1) 서류100(2배수 내외) 2) 1단계100+면접 및 구술고사 100	없음	• 학교생활기록부 • 자기소개서 • 자기소개서 증빙자료 • 추천서 • 학교소개자료
지원 자격	고등학교 졸업자(2018년 2월 졸업예정자 포함) 또는 법령에 의하여 고등학교 졸업 이상의 학력이 있다고 인정된 자(고등학교 졸업학력 검정고시 합격자, 외국 소재 고등학교 졸업(예정)자 포함)로서, 학업능력이 우수하고 모집단위 관련 분야에 재능과 열정을 보인 자				

※ 2018학년도 최종 수시요강에서 변동사항 확인바람.

07 합격자 인터뷰

Q1 서울대 학생부종합전형을 선택한 이유는 무엇인가요?

A1 제가 서울대학교 학생부종합전형을 선택한 이유는, 모의고사 점수도 변동이 크고 점점 정시전형 폭이 좁아지고 있는 분위기 속에서 꾸준함과 성실함이 장점인 저에게 가장 유리한 전형이라고 생각했기 때문입니다. 고등학

교 입학을 한 이후부터 학생부종합전형을 위주로 준비해야겠다는 생각을 하면서 1학년 때부터 3년간 꾸준히 준비했습니다. 중요한 시험일수록 긴장을 많이 하는 편이고 오직 점수로만 평가받는 정시전형이 저와 맞지 않는다는 것을 느꼈습니다.

그래서 고3이 되어서도 수시와 정시전형 준비하는 비중을 비슷하게 두기보다는 내신준비를 하는 것으로 수능 공부를 대체하다시피 하면서 수시전형에 큰 비중을 두었습니다. 정시와 다르게 학생부종합전형은 시험 점수로만 평가되는 것이 아니라 3년이란 시간 동안 본인의 성장 과정, 열정 등을 보여주는 것으로 충분히 승산이 있으므로 제게 가장 적합한 전형이라고 생각했습니다.

Q2 본인의 학생부 관리 비결이 있다면 후배들에게 설명 부탁합니다.

A2 처음부터 학생부종합전형을 생각하며 대입 준비를 시작했기 때문에 교과와 비교과 모두 포기할 수 없어서 1, 2학년 때 학생부 관리를 위해 가장 신경 썼던 부분은 내신과 비교과 활동의 균형을 맞추는 것이었습니다. 주변 친구 중에서는 내신 관리에 방해되지 않게 동아리, 봉사활동을 최소화하는 친구들이 많았는데 제 생각은 조금 달랐던 것 같습니다. 오히려 내신에 대부분 시간을 쓰기로 하면 남들보다 시간이 많다는 생각에 나도 모르게 여유를 부리다 자칫 비효율적으로 공부하게 될 수도 있겠다는 생각이 컸습니다. 매일 주어진 아침자습시간, 야간자습시간을 포함하여 주말마다 학교에 와서 자습하는 시간 동안에는 오로지 내신, 모의고사 공부에만 집중하였습니다. 동아리 활동을 준비하는 시간은 매일 자습이 끝난 후 집에 돌아와 잠들기 전까지 약1~2시간 정도로 한정하였고 동아리 연간탐구와 같이 조별로 모여 실험하고 토론해야 하는 활동들은 점심, 저녁시간과 매 수업 쉬는 시간을

활용하였습니다. 이렇게 철저하게 시간을 효율적으로 사용하기 위해 노력하면서 그 누구보다 바쁘게 학교생활을 하였던 것 같습니다.

(교과) 내신은 문제를 내는 선생님에 따라서 문제 유형이 많이 다르므로 1년 선배들에게 선생님마다 수업이나 출제하는 스타일 등 특징적인 것들을 많이 물어보았습니다. 예를 들면 모의고사 기출문제를 변형해서 문제를 내는 분도 있고, 교과서 외에 나눠주신 프린트 위주로 문제를 내는 분, 수업시간에 배운 본문을 거의 외우다시피 해야 풀 수 있게 내는 분 등등 선생님마다 특징이 다르다는 것을 파악하고 그에 따라 내신 준비를 했습니다. 내신은 3일에서 3일 정도 과목을 나누어 시험을 보기 때문에 시험일정이 나오면 곧바로 과목별로 하루 단위로 계획을 세웠습니다. 시험 일주일 전까지는 모든 과목 공부를 마무리하고 일주일 동안에는 그동안 정리한 노트나 프린트들을 더 꼼꼼히 확인하고 외운 내용을 더 확실히 외우는 시간을 가졌습니다. 모의고사와는 다르게 내신은 학교 수업시간에 선생님께서 하는 말씀이 힌트가 되는 경우가 많고, 같은 과목이라도 반별로 선생님이 다른 경우도 있어서 다른 반 친구들과의 정보 공유가 중요한 경우가 많습니다. 내신 준비 기간에는 너무 혼자 공부하는 것보다 친구들과 정보를 교환하면서 효율적으로 공부하는 것을 추천합니다.

(비교과) 중학교 때보다 고등학교에서 열리는 교내 대회가 훨씬 많아지고 게시판이나 학교 홈페이지에 공지해두고 따로 직접 알려주지 않는 경우가 많으므로 본인이 먼저 관심을 가지고 자주 확인을 해야만 놓치는 대회 없이 적극적인 학교생활을 할 수 있습니다. 연간계획이나 선배들을 통해 미리 어떤 교내 대회, 활동들이 예정되어 있는지 확인한 후 본인이 참여하고자 하는 대회 일정들을 미리 알아보는 것이 좋습니다. 그리고 너무 욕심을 내서 여러 활동이 겹쳐 버리면 안 하느니만 못한 결과로 이어지기 때문에 본인

이 감당할 수 있을 정도로 신중히 선택한 후 하고자 결정한 활동들에 온전히 집중하는 편이 훨씬 낫다고 생각합니다. 활동을 많이 하려다 보면, 자연스레 내신에 소홀해지는 경우가 많은데 이런 일을 방지하기 위해서 동아리, 봉사활동을 하는 시간을 따로 정해두고 최대한 야자와 같은 자습시간에 방해가 되지 않도록 하는 것이 중요합니다. 그리고 어떠한 활동을 해야 할지 결정할 때에는 물론 본인에게 이미 정해져 있는 진로가 있다면 그와 어울리는 활동 위주로 하는 것이 좋지만, 꼭 그렇지 않아도 전혀 상관없습니다. 다만 어떤 활동을 하든지 누군가의 강요로 인해 하는 것이 아니라 본인이 정말 흥미가 있거나 열정을 가지고 참여해서 얻은 것이 있어야 할 것입니다. 활동마다 진심으로 열심히 참여했다면 나중에 자기소개서를 쓰거나 생기부 정리를 할 때에 연결고리가 없어 보이는 활동들도 충분히 본인의 충실한 학교생활과 열정을 보여줄 수 있습니다.

Q3 재료공학부를 선택하는 데 가장 중요하게 여긴 점은 무엇이었나요?

A3 특정한 학과를 선택하기 전에 우선 이과였기 때문에 크게 사범대, 자연대, 공대 이렇게 세 개의 선택지로 나누어 제가 하고 싶은 공부가 무엇인지 고민했습니다. 그동안 봉사활동, 동아리 활동을 통해 남들에게 설명해주고 가르쳐주는 활동을 많이 했기 때문에 주변 분들도 사범대를 추천해주는 경우가 많았고 저 또한 그런 활동을 통해 많은 걸 배우고 보람도 느낄 수 있어서 진지하게 사범대 쪽을 생각해보기도 했습니다. 고민하면서 뭔가 직업적으로 교육자가 되는 것은 그다지 매력적으로 느껴지지 않았고 좀 더 깊은 공부를 하고 싶다는 생각이 들었습니다.

자연대처럼 학문적으로 깊이 배우고 깨우치는 것보다는 제가 공부한 것들로 어떤 문제를 해결하거나 많은 사람에게 도움이 될 수 있는 기술적인 개발을 하는 공학 계열이 제가 꿈꾸던 모습과 가장 비슷하다는 생각에 공대 진학을 꿈꾸게 되었습니다. 재료공학부라는 특정한 학과를 선택하는 데 가장 중요하게 생각했던 것은 과학탐구 4가지 과목 중에 제가 가장 좋아하고, 또 잘하는 과목이 무엇인지였습니다. 사실 고2 때 수능 과목을 선택할 때에도 별다른 고민 없이 물리, 화학을 선택했고 고3 때 물2, 화2까지 공부하면서 물론 그 과정이 수월하지만은 않았습니다. 저보다 훨씬 머리가 좋고 잘하는 친구들도 많이 보았지만 제가 물리, 화학에 대해 더 자세히, 더 많은 내용을 공부하고 싶어 한다는 것을 알 수 있었습니다. 그래서 물리, 화학을 주로 다루는 과 위주로 조사해보면서 다양한 분야와 연결되어 많은 활약을 할 수 있는 재료공학부를 선택하게 되었습니다.

Q4 학생부종합전형을 준비하는 후배들에게 가장 하고 싶은 말은 무엇인가요?

A4 학생부종합전형을 준비하려고 마음을 먹었다면 물론 학생부에 들어갈 내용, 흔히 말하는 스펙을 쌓기 위한 3년간의 학교생활을 해야 될 것입니다. 본인이 어떤 활동을 할 것이며 어떤 책을 읽을 것인지, 또 어떤 대회에 나갈 것인지 자신의 진로와 맞추어 선택하는 것도 당연히 중요하지만 제가 가장 당부하고 싶은 것은 그런 활동의 목적을 꼭 입시로 두지 않았으면 좋겠다는 것입니다.

그 과정에서 정말 배우고 느끼는 것이 있어야 하고 또 정말 자기가 흥미가 생겨서, 정말 열정을 가지고 임해야 된다는 것입니다. 그저 단순히 스펙을 위해 최대한 많은 대회에 참가하고 학생부에 많은 수상실적과 활동들을 나열하는 것은 이제 더는 입시에서 유리하게 작용하지 않는 것 같습니다. 저도 처음에는 학교에서 대회 공지가 나올 때마다 '저것도 참가해야 하는 걸까?'라는 압박이 스스로 있었는데 그런 부담을 가진 채로 시작하면 어떤 활동이라도 최선을 다할 수 없고 결과물도 좋을 수가 없다는 것을 알았습니다.

1학년 때 모든 학생이 참가하는 과제연구학술제에서 상을 받고 싶은 욕심에 탐구 주제를 정할 때 정말 하고 싶거나 흥미가 생기는 주제가 아니라 실험하기도 쉽고 결과물을 보여주기가 쉬운 주제를 선택해서 탐구를 진행했는데 그 과정 자체가 지루해지고 그저 귀찮은 활동이 되어버렸습니다. 가까스로 수상하긴 했지만, 나중에 자기소개서를 쓰거나 학생부를 정리할 때 별다른 기억도 나지 않고 결과적으로 아무 쓸모없는 활동이 되고 말았습니다.

2학년 때는 동아리 연간탐구, 탐구토론대회 준비, 그리고 내신 공부까지 병행하면서 그전보다 훨씬 바쁜 생활을 했지만 제가 하고 싶었던 주제들을 연구한 덕분에 실험에 필요한 준비물을 준비하는 것 자체부터 힘들고 어렵긴 했어도 온 힘을 다해 최선을 다할 수 있었고 결과도 물론 좋았습니다. 나중에 자기소개서에 쓸 내용도 많아지고 뿌듯하고 좋은 경험이었습니다. 해야되는 거라 하지 말고 하고 싶은 것을 하세요! 그게 자기가 좋아하는 것이든 필요하다고 느끼는 것이든!

Q5 본인에게 가장 영향을 준 책과 그 이유는 무엇인가요?

A5

교과과정을 통해 과학계의 발전 토대가 되었던 기본적인 내용을 배웠다면 현대 과학기술의 발전 방향성에 대해 살펴보는 것도 중요하다는 생각에 읽게 되었습니다. 인공지능의 발전에 감탄하면서도 윤리적 문제에 대해 생각해보았고 인간에 의해 파괴되어온 환경을 되살리기 위한 연구의 중요성을 느낄 수 있었습니다.

이를 통해 진취적인 아이디어로 과학기술 개발에 힘쓰는 것 못지않게 이로 인해 발생할 수 있는 부작용을 해결하는 대책 마련 또한 중요하다는 것을 깨달았습니다. 특히 나노기술에 대해 살펴보며 2학년 때 나노기술원 견학을 통해 직접 방진복 연구실 내부를 둘러보았던 경험이 떠올랐습니다. 연구하는 모습을 보며 환경을 생각하는 기술개발에 힘쓰는 연구원의 꿈을 굳힐 수 있었습니다. 반복되는 일상으로 비전을 잃고 지쳐있던 와중에 책을 통해 견학 당시에 느꼈던 설렘과 열정이 되살아남을 느꼈습니다. 더 나아가 첨단산업의 발달에 있어 매우 중요한 역할을 하는 재료공학도라는 꿈으로 구체화할 수 있었습니다.

08 전문가 의견

임문석
S&E 컨설턴트
투모라이즈 입시 파트장

서울대 일반전형은 수능 최저를 적용하지 않고, 서류와 면접으로 단계별 선발을 하는 학생부종합전형입니다. 1단계, 제출된 서류를 바탕으로 학업능력, 자기 주도적 학업태도, 전공분야에 대한 관심, 지적 호기심 등을 종합적으로 평가하여 2배수를 선발합니다. 2단계, 모집단위별 출제 문항을 달리한 제시문을 활용하여 전공 적성 및 학업능력을 면접 및 구술고사로 평가하여 최종합격자를 선발합니다.

정예지 학생의 학교생활기록부에는 교과의 호기심을 해결하기 위한 적극적인 학업태도와 학급 친구들을 위한 학습동아리(무리수)에서 보여준 나눔과 리더십이 구체적으로 드러나 있습니다. 또한, 동아리의 연간 탐구주제 활동은 구체적인 노력이 창의적 체험활동 (자율/동아리/진로) 전반에 기록되어 있으며, 수학·물리·화학 교과의 높은 성취도와 함께 결과물이 수상으로 이어져 전공 분야 관심과 열정을 보여주고 있습니다.

학생부의 연장선에서 구체적으로 작성된 자기소개서와 증빙서류는 도전하고, 넓고 깊게 공부하며, 공동체 의식을 갖춘 인재상의 모습을 보여주어 1단계 선발에서 긍정적으로 평가받았을 것이라 판단됩니다. 면접 후기에서 보여주듯 꾸준한 논술 준비, 자율동아리 스터디 활동과 각종 발표 경험이 2단계 면접 및 구술고사에서 도움이 되어 최종합격에 이르게 되었다고 여겨집니다. 무엇보다 고교 입학과 동시에 학생부종합전형을 준비하고, 3년간 매일 하루를 되돌아보는 습관을 통해 교과와 비교과의 경험을 꾸준히 쌓아온 것이 합격의 비결이라 할 수 있습니다.

고려대학교_학교장추천전형
배움중심수업의 혁신학교 인류에 공헌하는
화공생명공학자를 꿈꾸게 하다

화공생명공학부 / 일반고 안정환 학생

공학관
College of Engineeri

학 생 합 격 인 터 뷰

"학교장추천전형은 1차에서 교과목 성적이 반영되고 또 2차에서도 1단계 성적 반영 비율이 70퍼센트이기 때문에 가장 중요한 것은 내신관리를 하는 것이었습니다. 내신을 끝까지 놓치지 않고 관리한 것이 합격의 비결인 것 같습니다. 그리고 면접도 중요하지만 최종적으로 당락을 결정하는 것은 수능 최저등급이었습니다.

면접을 본 후에도 고려대학교에 만족하지 않고 더 높은 목표를 바라보며 공부를 하였기 때문에 수능에서도 최저등급을 맞출 수 있었다고 생각합니다. 한 마디로 3년 내내 끝까지 포기하지 않은 내신관리와 꾸준한 수능 최저등급 준비가 고려대학교 화공생명공학과에 합격할 수 있도록 한 비결이라고 생각합니다."

01 고교3년 열정 STORY

진로희망사항

구분	1학년	2학년	3학년 1학기
진로 희망	의사	의사, 화학연구원	의사, 화학 공학자
희망사유	인생 목표인 남을 돕고 사는 것을 실현하기 위해 특기인 관찰하는 것을 이용해 사람들을 치료하고 보살펴 주어 도와주리라고 생각함.	사물을 주의 깊게 관찰하는 장점을 살려 치료약을 개발하고 아픈 사람들을 돕고 싶다는 생각에 의사라는 꿈을 꾸게 됨. 이공계 대탐험에 참가한 후 화학과 전공 사람들이 한 가지 약품을 개발하기 위해 힘쓰는 모습에 깊은 감명을 받아 화학연구원에 관심을 갖게 됨.	의사가 되어 빈곤 국가의 아이들을 치료함으로써, 인류 미래의 희망인 아이들이 자신의 꿈을 펼칠 수 있도록 도움을 주고자 함.

> 1학년 때부터 남을 돕고 사는 것을 실현하기 위해 의사가 되고 싶었으나 치료약을 개발하여 아픈 사람들을 도울 수 있는 화학연구원도 있다는 것을 알게 되어 진로가 좀 더 구체화됨.

수상경력

구분		1학년	2학년	3학년 1학기
수상경력	학업역량	• 교과우수상(전과목) • 교내 수학경시대회(최우수상)	• 교과우수상(문학 제외 전 과목)	• 교과우수상(전 과목)
	전공적합역량	• 과학탐구토론대회(물리–지구과학)(장려상)	• 과학토론대회(생물–화학)(장려상) • 과학토론대회(물리–지구과학)(우수상)	• 과학 골든벨 대회(은상)
	경험다양	• 운산끝장토론대회(우수상)	• 기형도 프로젝트발표 대회(우수상) • 독서멘토링 '더불어책' 우수자 시상(소그룹활동)(우수상) • 창의지성 프로젝트연구 대회(장려상)	• 오월愛 '감사'편지쓰기대회(선생님부문)(은상) • 아레떼 토론대회(최우수상) • 학교스포츠클럽 축구대회(우수상)

구분		1학년	2학년	3학년 1학기
			• 학교스포츠클럽 짝축구 대회(최우수상) • 학교스포츠클럽 농구대회(최우수상) • 학교스포츠클럽 2학년 축구대회(최우수상)	
인성 역량		• 표창장(봉사부문) • 근면상	• 홍익인간상	

5학기 전 교과 교과우수상은 성실성과 학업 성취도를 돋보이게 하며 전공적합성에 맞는 과학관련 대회들은 계속해서 도전하는 모습을 보임. 또한 축구, 농구 스포츠클럽을 통해 리더십과 협업하는 모습도 돋보임.

창의적 체험활동 상황

구분		1학년	2학년	3학년 1학기
창의적 체험활동 상황	자율 활동	• 2학기 학급 반장 • 비전스쿨 행사(자긍심, 자의식 향상) • 학생회 환경부차장 • 직업인 특강 프로그램(의사)	• 학생제안 동아리 창설 • 학생회 환경부 차장(교복 물려주기 행사기획) • 학생자치회(급식 잔반 줄이기 캠페인)	• 세월호 참사 추모활동(피켓 제작) • 공명프로젝트 발표회(발표자)
	동아리 활동	• S.O.S(ScienceOrganization Student) – 계란낙하 실험 – 반도체 강의 – 닭 해부실험 – 운산제 부스운영(편광판 원리 실험 홍보자료제작)	• 과학주제탐구반 'LuceteA' 동아리 부반장 • 창의성프로젝트대회참가(운산고의 에너지사용 실태 및 에너지 절약 방안 제시) • 한국나노기술원 연계수업(대학생 멘토링수업 4회) • 방과후학교스포츠클럽(배려스포츠/우주최강셔틀콕)	• 과학주제탐구반 'LuceteA' – 핸드폰 터치펜 제작 실험 – 정전기 실험 – 아스피린합성실험 – 은거울 반응 실험 • 방과후학교스포츠클럽(명랑스포츠)
	봉사 활동	• 본교 홍보기간동안 홍보모델 자원봉사(12시간) • 꿈쟁이 지역아동센터 교육봉사(81시간) • 교내봉사(7시간)	• 샘물 지역아동센터 교육봉사(18시간) • 교내봉사(4시간)	• 교내봉사(3시간)
		봉사시간 총 100시간	봉사시간 총 22시간	봉사시간 총 3시간
	진로 활동	• 국립중앙과학관 '창의과학교실' 과학실습체험	• 대진대학교 장종수 교수님 강의(의사 진로 설정)	• 공명프로젝트 활동

구분	1학년	2학년	3학년 1학기
	• RS종합진로적성검사	• 직업인특강(간호사)(병원 생활의 고단함 실감) • 창의지성프로젝트 경진대회 결선 진출	– '바이러스와 세균의 감염원과 예방법'으로 참여

창의적 체험활동의 동아리 활동을 통해 전공적합성과 지적 호기심을 충족시키고 있고 진로탐색과 진로성숙도가 진로활동에 묻어나 있음.

독서활동 상황

구분	1학년	2학년	3학년 1학기
독서 활동 상황	• 통섭의 식탁_최재천 • 이기적 유전자_리처드 도킨스 • 이중나선_제임스 왓슨 • 나는 의사다_서원 B 놀랜드	• 1984_조지 오웰 • 노화의 생물학_오상진 • 종의 기원_찰스 다윈 • 잉여인간 안나_젬마 말리	• 제노사이드_다카노 가즈아키 • 빌 앤드루스의 텔로미어의 과학_빌 앤드루스
	영어 2권/과학 1권/공통 8권 = 총 11권	국어 4권/수학 1권/과학 6권/공통 2권 = 총 13권	국어 1권/수학 3권/과학 1권/공통 4권 = 총 9권

1학년 때부터 뚜렷한 진로가 있어 진로 관련 책들을 다양하게 읽었음.

02 나의 성적

교과	학년 전체
국어	1.50
수학	1.00
영어	1.00
사회	1.11
과학	1.14

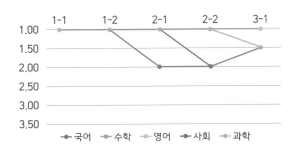

교과	학년 전체
전 교과	1.15
계열 교과	1.19

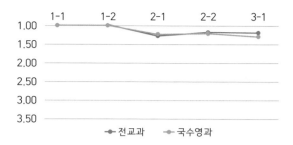

03 자기소개서 분석

1단계 자기소개서 작성을 위한 소재 찾기

	학업역량	전공적합성	발전가능성	인성
4. 수상경력	• 교과우수상(전 과목) • 교내 수학경시대회	• 과학탐구토론대회(물리지구과학) • 과학탐구토론대회(화학생명과학) • 과학 골든벨 대회	• 창의지성 프로젝트 연구대회	–
6. 진로	–	• 1학년 : 의사 • 2학년 : 의사, 화학 연구원 • 3학년 : 의사, 화학 공학자		–
7. 창의적 체험활동 (자동봉진)	–	• S.O.S(Science Organization Student) • 과학주제탐구반 'LuceteA' 동아리 부반장 • 창의지성프로젝트대회참가(운산고의 에너지 사용실태 및 에너지 절약 방안 제시) • 한국나노기술원 연계수업 • 과학주제탐구반 'LuceteA' • 국립중앙과학관 '창의과학교실'과학실습 체험 • 창의지성프로젝트경진대회 결선 진출		–
8. 교과 세부능력 특기상황	• 교내수학경시대회 • 배움 중심 수업 • 수학 PBLM	• 과학탐구토론대회(물리지구과학) • 과학탐구토론대회(화학생명과학)		–
9. 독서		• 이기적 유전자_리처드 도킨스 • 이중나선_제임스 왓슨 • 나는 의사다_셔윈 B 놀랜드 • 노화의 생물학_오상진 • 잉여인간 안나_젬마 말리 • 제노사이드_다카노 가즈아키 • 빌 앤드루스의 텔로미어의 과학_빌 앤드루스		–

STAR 방식 분석		학생부 연계 활용분석	지원대학 평가요소 분석
구분	**내용**		
Situation (상황, 배경)	과학에 대한 학구심이 높음.	수상경력 + 동아리 활동 + 진로활동 + 교과세특 (과학, 화학1, 생명과학1) + 독서활동	전공적합역량 + 자기주도역량 + 발전가능성역량
Task (목표, 역할)	1학년 때부터 과학탐구토론대회에 꾸준히 참여		
Action (구체적인 행동)	1) 생명과학1에서 배운 실험군과 대조군 설정하는 법, 화학1에서 배운 중화반응, 생명과학2에서 배운 효소의 활성을 이용 실험 구체화 작업 2) 소화제 활성도 실험에서 실수, 수정, 성공의 경험		
Result (결과)	실험 성공을 위해서는 많은 실험설계 수정과 여러 의견을 수렴해야 함을 깨달음.		

3단계 자기소개서 완성

2. 고등학교 재학기간 중 본인이 의미를 두고 노력했던 교내 활동을 배우고 느낀 점을 중심으로 3개 이내로 기술해 주시기 바랍니다. 단, 교외 활동 중 학교장의 허락을 받고 참여한 활동은 포함됩니다(1,500자 이내).

Situation 과학에 대한 학구심이 높아 **Task** 1학년 때부터 과학 탐구 토론 대회에 꾸준히 참여해왔습니다. **Action** 생명과학1에서 배운 실험군과 대조군을 설정하는 법, 화학1에서 배운 중화반응, 생명과학2에서 배운 효소의 활성 등을 떠올리며 실험을 구체화해 나갔습니다. 여러 실험 중 소화제 활성도 실험에서 소화제를 갈아 넣는 바람에 지시약의 색깔이 잘 나타나지 않았습니다. 그러나 다른 팀이 "소화제를 갈아 넣지 말고 소화제의 부식 속도를 측정하는 게 어때?"라는 제안을 받아들여 실험을 수정하여 성공적으로 실험을 완료했습니다. **Result** 이를 통해서 실험을 성공하기 위해서는 수없이 많은 실험설계 수정과 타인과의 토의가 필요하다는 것을 알게 되었습니다.

STAR 방식 분석		학생부 연계 활용분석	지원대학 평가요소 분석
구분	**내용**		
Situation (상황, 배경)	의학 관련 과학에 관심이 많아 동아리 활동으로 이어짐.	수상경력 + 동아리 활동 + 독서활동	전공적합역량 + 자기주도역량 + 발전가능성역량
Task (목표, 역할)	아스피린 합성 실험을 위한 팀장 역할		
Action (구체적인 행동)	1) 실험에 앞서 아이들에게 안전수칙 먼저 알림 2) 실험 후 수득률 계산을 위해 화학반응식 공부 3) 불순물이 많은 아스피린으로 인해 정확한 수치 파악 곤란		
Result (결과)	실험이란 일정한 조건을 인위적으로 설정, 기대했던 현상이 일어나는가에 머무르지 않고 효율성과 경제성도 연구하는 행위임을 깨달음.		

3단계 자기소개서 완성

2. 고등학교 재학기간 중 본인이 의미를 두고 노력했던 교내 활동을 배우고 느낀 점을 중심으로 3개 이내로 기술해 주시기 바랍니다. 단, 교외 활동 중 학교장의 허락을 받고 참여한 활동은 포함됩니다(1,500자 이내).

Situation 저의 탐구심은 동아리 활동으로 이어졌습니다. 의학 관련 과학에 관심이 많아 **Task** 아스피린 합성 실험을 팀장으로서 주도했습니다. **Action** 아스피린 합성 실험은 무수아세트산의 최루성 때문에 눈물샘 자극이나 두통을 유발할 수 있다는 위험성이 있었습니다. 그래서 앞에 나가 아이들에게 안전수칙 등을 설명해주었습니다. 저의 설명과 아이들의 협조로 실험은 차질 없이 진행되었습니다. 실험 후에는 수득률을 계산해보기 위해서 화학반응식에 대해서 알아보고 이론적으로는 살리실산과 같은 몰수의 아스피린이 합성되야 함을 토대로 조에서 한 실험의 수득률을 계산해보려고 하였습니다. **Result** 그러나 그것은 불순물이 많이 섞인 아스피린이었고 정확하지 않은 수치라는 것도 알게 되었습니다. 이 실험을 통해서 실험이란 일정한 조건을 인위적으로 설정하여 기대했던 현상이 일어나는지를 조사하는 일이라는 개념에서 머무르지 않고 인간의 지적능력을 이용해 효율성과 경제성도 연구하는 행위임을 깨달았습니다.

2단계 자기소개서 개요정리

STAR 방식 분석		학생부 연계 활용분석	지원대학 평가요소 분석
구분	**내용**		
Situation (상황, 배경)	지적 호기심이 많아 계속 도전함.	수상경력 + 동아리 활동 + 진로활동 + 독서활동	전공적합역량 + 자기주도역량 + 발전가능성역량
Task (목표, 역할)	진로가 비슷한 친구들과 주제를 정해 장기간 동안 탐구하는 공명프로젝트에 참여		
Action (구체적인 행동)	1) '일상생활 속 학생들의 세균 감염 경로와 바이러스 대처 방안 고찰'이라는 주제로 프로젝트 진행 2) 세균 실험은 일상생활에서 손이 닿는 곳 조사 3) 바이러스는 메르스 사태를 조사하며 문제점 분석 해결방안 모색		
Result (결과)	일상생활에서 세균에 쉽게 노출되고 있고, 국가, 병원, 개인적인 차원에서 해결방안을 찾아 봐야 함을 배움. 의학생명을 전공하고자 하는 제 꿈을 구체화시키는 계기		

3단계 자기소개서 완성

2. 고등학교 재학기간 중 본인이 의미를 두고 노력했던 교내 활동을 배우고 느낀 점을 중심으로 3개 이내로 기술해 주시기 바랍니다. 단, 교외 활동 중 학교장의 허락을 받고 참여한 활동은 포함됩니다(1,500자 이내).

Situation 저의 탐구심은 공명프로젝트에서 빛을 발했습니다. 공명프로젝트란 저와 진로가 비슷한 친구들과 함께 주제를 정하고 장기간 동안 탐구하는 프로젝트입니다. **Task** 의학생명에 관심이 있어 '일상생활 속 학생들의 세균 감염 경로와 바이러스 대처 방안 고찰'이라는 주제로 프로젝트를 진행하자며 주도했습니다. **Action 1** 세균 실험은 일상생활 곳곳의 손이 닿는 곳을 조사해 일반배지와 대장균 배지에서 세균을 배양하는 것으로 진행했습니다. **Result 1** 스마트 폰에서 변기만큼의 세균, 대장균이 검출된다는 사실을 통해서 우리가 일상생활에서 세균에 쉽게 노출된다는 결론을 도출해내었습니다. **Action 2** 바이러스는 메르스 사태에 대해서 조사해보면서 문제점을 분석하고 해결방안을 세워보며 연구했습니다. 메르스 사태에 대해 조사를 해보면서 **Result 2** 국가, 병원, 개인적인 차원에서 조기 대응 부족, SNS를 통한 유언비어의 확산 등의 문제가 있음을 발견하고 국가의 질병 감염원 격리, 국민들의 안전수칙 준수 등의 해결방안을 찾아 정리하였습니다. 또한 후에 후배들에게 세균 배양기 사용법을 직접 알려주면서 세균 배양 실험을 하는 친구들에게 도움도 주며 의미 있는 활동도 할 수 있었습니다. **Result 3** 이처럼 저는 고등학교 생활을 하면서 저의 학구심과 탐구심을 동아리 활동, 탐구토론대회, 프로젝트를 통해 키워나가면서 의학생명을 전공하고자 하는 제 꿈을 구체화시켰습니다.

참고 **활동증빙자료**

과학주제탐구반 'LuceteA' - 아스피린 합성 실험

공명프로젝트 활동 - 바이러스와 세균의 감염원과 예방법

04 면접 후기

면접형식	면접시간	제시문 분석 12분, 면접시간 6분
	면접위원 수	2명
	면접절차	제시문 분석 후 면접실로 이동 후 면접 실시
	유의사항	핸드폰, 시계 모든 전자기기 제출. 스탑워치도 제출해야 함.

면접질문

제시문이 3개였고 문제가 4개였습니다.

제시문(가)

명제에 대한 설명. '어떤 p가 q이다'는 부분, '모든 p가 q이다'는 전체 여러 사람 이름들이 주어지고 그 사람마다 '누구는 축구를 좋아한다, 누구는 국수를 좋아한다'라는 식으로 쓰여 있음.

제시문(나)

큰 수 법칙에 대한 수식이 적혀 있었음.

제시문(다)

A씨는 축구와 야구 경기를 보려고 하는데 자신이 응원하는 각각의 팀이 주어져 있고 자신이 응원하는 축구팀과 야구팀 중에서 우승할 확률이 높은 쪽을 선택하여 경기장에 가서 경기를 보려고 한다는 상황이 주어져 있다.

Q1 제시문(가)를 활용해서 명제 3개 이상을 만들어보시오.

A1 사실 잘 기억이 나지 않습니다. 그러나 제 기억으로는 주어진 상황들을 대우나 역으로 바꾸어 보면서 각각의 캐릭터들의 말이 겹치도록 만들어서 명제를 3개를 만들었습니다.

Q2 제시문(나)를 활용해서 어떤 사람이 어느 경기를 보러 갈지 이야기해보시오.

A2 일단(나)를 활용해야 하는데 처음에 질문을 이해하지 못해서(나)를 활용하지 않고(다)를 판단하여 잘못했지만, 우선(나)의 수식이 큰 수 법칙이라는 것을 이해했어야 했고, 또(다)에서 경기 수가 더 많은 스포츠가 실제로 이길 확률과 가깝다는 것을 이용해서 답변하였던 것 같습니다. 사실 기억이 잘 나지 않고 정리를 제대로 하지 못한 상태로 면접실에 들어갔기 때문에 이때부터 면접관을 잘 응시하지 못했고 질문지만 보면서 답변을 했던 기억이 납니다.

Q3 제시문(나)가 적용이 되지 않는 사례를 들어보시오.

A3 예전 기출 문제에서 비슷한 문항이 나왔던 것을 기억하여 사회현상은 확률의 법칙이 적용 안 되는 상황이 생긴다는 것을 설명하고 그 당시 미국의 대선이 한창이었기 때문에 '미국 선거에서 주마다 선거를 하게 되는데 그 주마다 인구 수의 차이가 있고 또 사람들의 마음에 따라 투표 확률을 예측할 수 없기 때문에 큰 수 법칙이 적용이 되지 않을 수가 있다'라는 식으로 답변하였습니다.

사실 이것이 무슨 말인지는 저도 잘 모르지만 우선 답변을 해야겠다는 생각에 예전 기출 문제를 떠올리며 답변했습니다. 이 문항은 전 문항의 이해가 완벽하게 되어 있는 상태여야지 답변을 제대로 할 수 있었는데 전 문항

조차 대답을 잘 하지 못한 상황이어서 매우 당황한 문항이었습니다.

Q4 알파고로 대체할 수 없는 직종이 무엇이 있을까?

A4 평소에 학교에서 면접 준비반에서 비슷하게 다루었던 질문이었기 때문에 전 문항들처럼 벌벌 떨면서 대답하지 않고 차분하게 자신 있게 대답했습니다. 일단 답변은 의료에 관해서는 알파고가 대체할 수 없다고 하였습니다. 그 이유는 의료 분야는 사람의 목숨을 다루는 분야이기 때문에 알 수 없는 기계의 결함이 생겨 사람이 목숨을 잃을 경우가 생기면 기계는 그 책임을 질 수 없기 때문에 대체할 수 없다고 하였습니다. 그러자 면접관이 '그 기계를 프로그래밍한 사람을 벌할 수 있지 않느냐'라고 역으로 질문을 하여서 기계를 프로그래밍한 사람의 책임 소재는 있으나, 기계 자체의 오작동으로 인한 문제를 모두 기계를 프로그래밍한 사람에게 씌우는 것은 합당하지 않고 법으로써 기계를 프로그래밍하는 행위를 제한할 수 있다고 답변하였습니다.

솔직히 앞선 문항들에서 답변을 제대로 하지 못했고 횡설수설하고 면접관의 눈도 마주치지 못하여서 마지막 질문은 거의 목숨을 걸고 답변하는 바람에 면접시간이 지났는데도 진행하였습니다. 면접관 역시 나와 토론에 심취하여 면접시간이 지났는지도 모르고 있을 정도였습니다. 만약 면접 점수가 최하가 아니라면 마지막 추가 질문에서의 답변 때문일 것입니다.

05 2017 수시전형 지원 대학 합불 결과

대학명	전형명	모집단위	수능최저학력기준	합불여부
고려대학교	학교장추천전형	화공생명공학과	○	합격
경희대학교	고교대학연계전형	화학과	×	합격
가천대학교	가천의예전형	의예과	○	불합격
가톨릭대학교	학교장추천전형	의예과	○	불합격
서울대학교	지역균형선발전형	화학생명공학부	○	불합격
한양대학교	학생부종합전형	화학공학과	×	불합격

06 최종합격 대학 전형 분석
(고려대 학교장추천전형 2017 vs 2018)

① 2017학년도 고려대학교 수시모집요강(안암캠퍼스)(P.16~P.19)

전형명	모집단위	모집인원	전형방법 및 특징	수능최저학력기준	제출서류
학교장 추천 전형	화공생명 공학과	14	1) 서류100(3배수 내외) 2) 1단계70+면접30	국, 수(가), 영, 과탐 중 2개 합 5, 한국사 4	• 학교생활기록부 • 자기소개서 • 추천대상자명단공문 • 학교특성소개서 • 추천서
지원 자격					

지원자격: 국내 고등학교 2017년 2월 졸업예정자 중 교과 성적이 5학기 이상 기재되어 있는 자로서 소속 고등학교장의 추천을 받은 자(추천인원 인문 2명, 자연 2명)

② 2018학년도 고려대학교 입학전형안내(P.10~P.12)

전형명	모집단위	모집인원	전형방법 및 특징	수능최저학력기준	제출서류
고교 추천I	화공생명 공학과	6	1) 학생부(교과) 100(3배수 내외) 2) 면접100	국, 수(가), 영, 과탐 중 3개 합 7, 한국사 4	• 학교생활기록부 • 추천서

지원자격:
• 국내 정규 고등학교 2018년 졸업예정자 중 학교생활기록부에 5학기 교과 성적이 기재되어 있는 자로 소속 고등학교의 추천을 받은 자
• 고교별 최대 추천인원
　가) 2017년 4월 3일을 기준으로 3학년 재적 학생수의 4%까지 추천할 수 있음

			나) 고교별 추천인원은 고교추천 I 과 고교추천 II 를 합산하여 계산함 다) 전형별, 계열별로 지원인원을 제한하지 않음(예; 고교추천 I 의 인문계열에 추천인원 전체 지원가능)		
고교 추천 II	화공생명 공학과	16	1) 서류100(3배수 내외) 2) 1단계50+면접50	국, 수(가), 영, 과탐 중 3개 합 6, 한국사 4	• 학교생활기록부 • 자기소개서 • 추천서 등
지원 자격	고교추천 I 전형과 동일				

※ 2018학년도 최종 수시요강에서 변동사항 확인바람.

07 합격자 인터뷰

Q1 고려대학교 학교장 추천전형을 선택하게 된 이유는 무엇이었나요?

A1 일반고에 진학하여서 SKY급 대학을 가기 위해서는 추천전형이 필요하다고 생각했고 또 내신관리가 잘 되어 있어서 유리하겠다고 생각했습니다.

Q2 본인의 학교생활기록부 관리 비결이 있다면 후배들에게 소개 부탁드립니다.

A2 내신관리에서 우선 가장 중요한 것은 버리는 과목이 있어서는 안 된다는 것입니다. 예체능 과목은 버려도 된다는 안일한 생각은 결국에는 국영수 과목에도 영향을 미칩니다. 따라서 한 과목도 빠짐없이 1등급을 맞아야 된다는 생각으로 관리해야 합니다. 우선 탐구과목은 항상 꾸준히 해두고 되도록 수업시간에 공부를 끝내는 것이 좋습니다. 국영수는 시험 2-3주 전부터 교과서와 선생님이 체크해주신 부분만 꼼꼼히 본다면 1등급은 어렵지 않습니다.

마찬가지로 비교과를 관리하는 데 있어서 가장 중요한 것은 진로와 관련된 활동만 해야 된다는 편견입니다. 물론 대학에서 진로와 관련된 활동을 유심히 보는 것은 사실이나, 진로와 관련된 활동만 하게 되면 생활기록부가 허

전해질 것입니다. 진로와 관련이 있든 없든 우선 학교생활에 충실한 학생임을 보여주는 것이 우선순위라고 생각하기 때문에 학교에서 하는 모든 행사를 가능하면 참여하는 것이 좋다고 생각합니다. 그러나 모든 행사를 대충 참여하는 것은 의미가 없습니다. 모든 행사를 참여하되 그 강조점을 진로 관련 행사에 맞추는 것입니다. 이렇게 한다면 생활기록부의 내용도 풍부해질 것이고 자신의 진로와 관련된 활동들은 눈에 띄게 될 것입니다.

Q3 본인에게 가장 영향을 준 책과 그 이유는 무엇이었나요?

A3

생명과학2 인터넷 강의를 보던 중 텔로미어가 노화와 관련이 있음을 알고 나서 이 책을 읽게 되었습니다. 텔로미어라고 하면 노화를 억제하는, 즉 DNA가 파괴되는 것을 막아주는 유전자입니다. 아직 이 이론은 완벽한 이론이 아닙니다.

사실 이 책을 읽기 전까지만 해도 저의 진로는 막연하게 의사로 정해 놓았습니다. 하지만 텔로미어 이론을 접하고 난 후부터 꼭 노화에 대해 연구를 하리라고 마음을 먹었습니다. 사람의 세포 안에 있는 DNA 수준에서의 노화 자체의 원인을 규명하고 이를 막기 위한 연구를 진행하고 싶었습니다. '쥐는 텔로미어가 사람보다 긴데 왜 사람보다 수명이 짧을까?' 이 해답을 찾고 텔로미어의 길이를 결정하는 쉘터린 단백질의 발현 여부를 조절하여 노화를 막는 기술을 개발하겠습니다. 터무니없을 수 있는 꿈이지만 이 꿈을 이루었을 때 인류에 미칠 수 있는 영향이 크다는 사실을 알고 있기 때문에 꿈으로 설정하게 되었습니다.

Q4 학업역량을 키우기 위해 어떤 노력을 하였고, 어떤 방법으로 학교활동으로 연

결시켰나요?

A4   저희 학교는 혁신학교였기 때문에 선생님들이 학교 수업을 하는 것이 아니라 학생들이 수업을 진행하는 방식이었습니다. 그래서 교과목마다 다양한 활동을 통해서 수업이 진행되었는데 국어 수업은 모둠 별로 책을 읽고 포트폴리오를 작성하고, 오주석의 '한국의 미'를 읽고 국립중앙박물관에 직접 가서 작품들을 조사하고, '기형도' 시집을 읽고 기형도 시인의 생애를 담은 둘레지도를 프레지를 이용해 만드는 활동 등을 하였습니다.

또 수학에서는 몸으로 수학적 원리를 표현하고, 수학 관련 독서를 읽고 친구들에게 흥미로운 부분을 쉽게 설명해주었습니다. 영어과목에서는 '로미오와 줄리엣'의 영어 원서를 읽고 그 내용을 연극으로 표현하고 일본의 전통시 '하이쿠'를 영어로 표현해보는 활동을 하였습니다. 친구들과 늦은 밤까지 영상촬영, 보고서 작성 등 수업 준비를 하면서 그 외 비교과를 챙기며 내신까지 관리하는 것이 무척 힘들기는 했습니다.

이와 같은 수업방식은 교과서의 각 단원별 학습목표를 만족하면서 저희의 발표력과 과제 진행력, 그리고 실력을 향상시켜주었습니다. 대학 입학 후 이 경험은 과제물을 수행할 때 도움이 될 거라고 믿습니다.

Q5 학생부종합전형을 준비하는 후배들에게 가장 하고 싶은 말은 무엇인가요?

A5 학생부종합전형을 준비할 때 오해하는 점 두 가지를 말씀드리겠습니다. 첫 번째는 진로와 관련된 활동만이 의미 있는 활동이라고 생각한다는 것입니다. 가장 중요한 것은 자신이 이 활동에서 어떤 역할을 하였고 어떤 변화를 가져왔냐는 것입니다. 자신의 진로가 과학과 관련되었다고 해서 '인문과 관련된 활동을 하나도 하지 말아야지'라는 생각은 절대로 금물입니다. 요즘은 특히 인성과 관련된 덕목이 강조되고 있기 때문에 인문 관련 활동도 필수적

이라고 할 수 있습니다.

두 번째는 수시를 준비하니 수능을 대충 준비해도 될 것이라는 생각입니다. 이 생각은 정말 위험한 생각입니다. 수시에서 불합격하게 되는 경우 다른 티켓이 없다는 것입니다. 그럼 다음 해에 대학이 아니라 입시학원에 들어가게 됩니다. 실제로 수능 최저가 없는 학교만 지원했다 수시 6개 모두 탈락하고 재수를 하는 친구들이 많습니다. 따라서 수능은 끝까지 준비해야 합니다.

08 전문가 의견

하혜정
S&E 수석컨설턴트
(주)런포코리아 교육실장

안정환 학생의 모교는 배움 중심 수업을 강조하는 혁신학교입니다. 배움 중심 수업이란 지식 전달과 가르침 위주가 아닌, 학습자의 자발성과 자기 주도성을 기초로 하는 학습자 중심의 수업으로 모둠·협력학습을 통해 교사와 학생이 소통하며 상호 성장하는 수업입니다. 정환 학생은 학교의 특성화 프로그램을 적극적이고 충실히 임하여 지적 호기심을 채워가며 학업역량을 쌓아왔습니다. 학교생활기록부 교과활동상황 세부능력 및 특기사항에 모든 과목에서 학업역량과 지적 호기심, 발전가능성으로 표현되어 있습니다.

지적 호기심과 탐구심이 많은 본인의 욕구를 배움 중심 수업을 통해 전 교과 1.16이라는 안정적인 성적을 유지해왔고, 매 수업 토론과 발표를 통해 다양한 의견을 수용하여 체계적으로 정리할 수 있으며 찬성과 반대 양측의 의견을 종합적으로 고려하여 사고하는 능력이 뛰어나며 창의적인 아이디어로 결과물을 산출해내는 탁월함이 돋보입니다.

지속적으로 과학탐구토론대회에 참여하여 전공을 심화시키는 과정 속에서 통합적 사고력과 협업적 문제해결력을 보여주고 있습니다.

인생목표가 '남을 돕고 사는 것을 실현하는 것'이라고 표현하는 정환 학생은 전 교과 선생님들이 공통적으로 평가하는 부분은 '배움을 함께 나누고 공유하는 점'이 일치합니다. 모둠 활동 시 모둠원들이 어려워하는 부분을 친절하게 가르쳐주고 스스로 풀 수 있도록 도와주는 조력자 역할을 한결 같이 보이고 있습니다.

교육받은 고대인상의 핵심역량인 성실성, 리더십, 전공적합성, 창의성을 고루고루 갖춘 인재라고 판단됩니다. 노화기술을 연구하여 많은 사람이 행복한 삶을 오래도록 누릴 수 있도록 돕고 싶다는 안정환 학생의 꿈이 에너지, 나노기술, 생명을 연구하는 고려대학교 화공생명공학과에서 이루어지기를 응원합니다.

한양대학교_학생부종합전형(일반)
컴퓨터에 대한 관심이 고교 생활의
배움 속에서 사이버사령관으로 구체화되다

공과대학 컴퓨터소프트웨어학부 / 일반고 김태환 학생

학 생 합 격 인 터 뷰

"제가 원하는 진로인 컴퓨터소프트웨어학부를 진학하고 싶은데 프로그램 활용능력이 떨어져서 걱정을 했었습니다. 그런데 수시박람회 때 한양대 입학사정관과 상담하면서 프로그램 활용능력보다는 학교에서의 학업능력, 모둠활동에서 나오는 인성영역이 중요하다는 점을 알게 되면서 자신감을 가졌습니다. 또한 학교생활기록부의 선생님들의 평가가 가장 중요한 요소임을 알게 되면서 더욱 열심히 학생부 관리를 했습니다.

한양대 합격을 위해서는 평상 시 내신 관리를 잘 하고, 학교에서의 모둠활동, 동아리 활동, 자율활동 등을 열정적으로 하면서 학생부를 관리하면 좋을 것 같습니다. 하지만 더 중요한 것은 너무 의식적으로 학생부를 관리하기보다는 고등학생으로서의 학업과 다양한 학교활동을 열심히 하는 것이 무엇보다 중요한 것 같습니다."

01 고교3년 열정 STORY

진로희망사항

구분	1학년	2학년	3학년 1학기
진로희망	사이버 수사대원	침투테스터	사이버사령관
희망사유	컴퓨터에 관심이 많고 경찰이 되어 사회정의를 실현하고자 사이버 수사대원을 희망하게 됨.	정보 보안에 대한 독서를 하면서 진로를 더 구체적으로 고민하게 됨. 침투테스터가 되어 정보 보안 문제를 해결하고자 함.	물리와 컴퓨터에 관심이 많아 컴퓨터공학, 소프트웨어학을 전공하여 대북해킹문제를 해결하고 싶어 함.

고등학교 입학 전 컴퓨터 정보 관련 관심을 가지고 있었음. 이후 고등학교 기간 동안 사이버 수사대원에 대해서 진로 탐색을 하였으며, 고2 때 더욱 전문적인 침투테스터로 진로를 설정함. 이후 고3 때는 실질적인 학과를 선택하여 해킹문제를 해결하고자 하는 진로를 설정함. 고교 기간 동안 진로의 일관성과 구체성이 향상되는 모습을 보이는 좋은 진로 희망사항이라고 판단됨.

수상경력

구분		1학년	2학년	3학년 1학기
수상경력	학업역량	• 교과우수상(1학기 : 국어I, 기술가정, 수학I, 실용영어I,) • 교과우수상(2학기 : 수학II, 기술가정, 실용영어II, 한국사)	• 교과우수상(1학기 : 문학, 물리I, 생명과학I, 영어I, 정보) • 교과우수상(2학기 : 미적분II, 영어독해와작문, 법과정치, 물리I)	• 교과우수상(1학기 : 확률과통계, 기하와 벡터, 영어II, 물리II, 생명과학II, 한문I) • 교과우수상(2학기 : 확률과통계, 심화영어독해I, 한문I)
	전공적합역량	–	–	• 공명프로젝트 대회(우수상)
	경험다양	–	• 2015 제5회 과학토론대회 (생물–화학 부문, 장려상) • 2015 운산 아레떼 토론대회 (최우수상) • 2015 제5회 과학토론대회 (물리–지학 부문, 우수상)	• 과학골든벨 대회(금상)
	인성역량	• 표창장(봉사 부문) • 근면상	• 2015 오월 愛 가정의 달 감사편지 쓰기 대회 • 표창장(봉사 부문)	• 5월 愛 감사편지 쓰기 대회 (선생님 부문) • 표창장(선행 부문)

학업역량에서 내신을 전학기에 걸쳐 최상위권을 유지하고 있음. 또한 과학 토론대회 및 과학골든벨 대회에서 입상함으로서 과학적 토론 능력 및 팀을 리더하는 공동체 의식이 높음을 보여주고 있음. 다양한 토론대회에서의 경험은 DGIST의 집단 토론 면접에 많은 도움이 되었다고 함. 봉사에서 봉사의 질이 우수하다고 판단되어 봉사상을 고 1, 2 때 받은 점이 인상 깊음. 전공적합평가 역량의 "공명 프로젝트 대회" 입상은 프로그램 활용능력과 공동 연구에서의 연구자의 리더십이 우수함을 알 수 있음.

창의적 체험활동 상황

구분		1학년	2학년	3학년 1학기
창의적 체험활동	자율 활동	• 세월호 희생자 추모글쓰기 행사 • 학급캠핑 • 1학년 발광프로젝트 • 1학기 복지부 차장 • 2학기 생활자치부 차장 • '세상 속 교과서 읽기' 학급 체험학습 • 사제동행캠프 • 교복업체 제안 설명회	• 1학기 학생부 생활자치부 차장 • 2학기 학생회장 • 2학년 자치부 부회장	• 학교 특색 프로그램 "비전 스쿨" • 1학기 학생회 회장 • 세월호 참사 2주기 행사
	동아리 활동	• 과학실험반 SOS(Science Organization Stduent)	• 과학실험반 SOS(Science Organization Stduent) • 배려스포츠 : 방과후 스포츠클럽 • 우주최강 셔틀콕 : 방과후 수포츠 클럽	• 과학실험반 SOS(Science Organization Stduent)
	봉사 활동	• 운산고 교내 홍보 • 꿈쟁이 지역아동센터 총 52시간	• 운산고 교내 급식 봉사 총 24시간	—
	진로 활동	• 자기이해 활동 • 직업탐색활동 • 롤 모델 탐색 • 과학기술발전 및 유망직업 탐색 • 대전국립중앙과학관 '창의 과학교실' 체험 • 자기소개서 작성	• 2015학년 학과 소개시간 • 2015 직업인 특강 • 직업가치관검사 • 직업상세능력검사	• 공명프로젝터 활동 • 직업탐색프로젝트 • 나의 학습점검 활동 • 전공계열 및 학과 알아보기 활동

고교 3년 동안 지속적으로 학생회 활동을 하였고 학생회 회장, 자치부 부회장 등을 하면서 학교에

서 많은 자치활동을 함. 그 과정에서 자기 주도성이 성장하고 배려와 협력의 리더십을 깨닫게 됨. 그리고 과학실험반 동아리 활동으로 다양한 과학 실험을 주도함. 또한 결과를 교과 축제 때 발표하기 위해 동아리 부원들에게 원리 및 방법을 충분히 설명하고, 공동의 결과를 위해서 동아리 회장으로서 리더십을 발휘함. 그리고 지속적인 진로 탐색을 하면서 사이버 관련된 구체적인 직업 탐색을 적극적으로 수행함.

독서활동 상황

구분	1학년	2학년	3학년 1학기

독서
활동
상황
	• 네트워크 속의 유령
	  _케빈미트닉
	• 누가 한국의 스티브잡스를
	  죽이나_김재연
	• 피핑 톰 소사이어티_김종길
		• 알기 쉬운 기계공학
		  _고종수 외 7명
		• 범죄 수학_리스 하스아우트
			• 열혈강의 C언어_박정민

	국어 4권/영어 2권/한국사 2권/ 과학 4권 외 = 총 21권	국어 4권/수학 1권/물리 1권/생명 1권/공통 2권 = 총 9권	국어 1권/수학 4권/생명 1권/공 통 2권 = 총 8권

진로 및 학업, 인성 관련해서 폭넓은 독서를 함. 추천도서에 구애받지 않고 교과 및 동아리에 필요한 독서를 많이 하여 학업 및 활동에 도움이 됨.

참고 활동증빙자료

학교홍보 활동

학생회 활동

협동조합 활동

동아리 활동

02 나의 성적

교과	학년 전체
국어	1.90
수학	1.22
영어	1.42
사회	1.43
과학	1.46

교과	학년 전체
전 교과	1.48
계열 교과	1.47

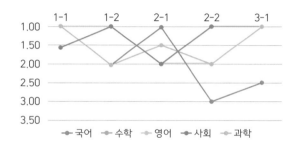

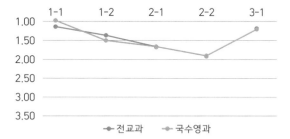

03 면접 후기

한양대학교 학생부종합전형은 면접이 없습니다. 그래서 DGIST의 면접 후기를 기록합니다.

면접형식	면접시간	토론면접 15분, 개별면접 10분
	면접위원 수	3명
	면접절차	6인 1조로 토론면접을 거친 후에 개별면접을 진행.
	면접장 분위기	토론면접의 경우 교수님의 개입이 전혀 없으며 학생들끼리 주어진 주제에 대한 토론을 자유롭게 하기 때문에 긴장하지 않고 편하게 임할 수 있습니다. 개별면접 또한 교수님들이 최대한 편하게 해주시려고 농담도 하셔서 딱딱하지 않게 면접을 보았습니다.
	유의사항	토론면접에서 자신이 많이 말하는 것이 중요한 것이 아닙니다. 무엇보다 중요한 것은 말을 많이 하는 것보다 상대방의 말을 경청하고 필요할 때 자신의 의견을 피력할 수 있어야 합니다.

면접질문

Q1 3년간의 학교생활을 하면서 가장 지쳤을 때가 언제였고 그럴 때 누구에게 자신의 고민을 털어놓았는가?

A1 학생회장을 하면서 가장 지쳤었습니다. 좋은 마음으로 시작한 학생회장이었으나 저의 행동과 모든 활동 하나하나에 조금의 틈이라도 생기면 학생들로부터 충고를 받아야 했고 정신적으로 많이 힘들었습니다. 그럴 때마다 저의 1학년 담임선생님을 찾아가 조언을 구했고 선생님께 고민을 털어놓다 보니 한결 여유를 되찾을 수 있었습니다. 저를 싫어하는 사람들도 있지만 저를 좋아해주고 지지해주는 학생들도 많다는 것을 잊고 있던 자신을 반성했고 더욱 정신적으로 성숙해질 수 있는 경험이었습니다.

Q2 자기소개서에 쓰여 있는 활동 이외에 연구 활동을 한 경험이 있는가?

A2 수학이나 과학 분야의 활동은 아니지만, 1학년 때 '혁신학교의 핵심가치'라는 주제로 소논문을 작성한 경험이 있습니다. 1학년 입학 후, 적어도 제가 다니는 학교에 대해서는 철저하게 알아야 한다는 생각이 들어 혁신학교인 저희 학교를 대상으로 연구를 진행하였고 소논문대회 본선에 진출하지는 못하였으나 팀원과 같이 연구하며 협업하는 능력을 쌓을 수 있었습니다. 그리고 혁신학교의 장점들에 대해 알고 나니 학교에 대한 자긍심을 갖출 수 있어 더욱 당당하게 학교생활을 할 수 있었습니다.

04 2017 수시전형 지원 대학 합불 결과

대학명	전형명	모집단위	수능최저학력기준	합불여부
한양대학교	학생부종합전형	컴퓨터 소프트웨어학과	×	합격
DGIST	미래브레인 추천전형	무학과	×	합격
고려대학교	과학인재 전형	사이버국방학과	×	불합격
고려대학교	학교장추천전형	컴퓨터학과	○	불합격
서울대학교	일반전형	전기정보공학과	×	불합격
성균관대학교	글로벌인재 전형	소프트웨어학과	×	불합격

05 최종합격 대학 전형 분석 (한양대 학생부종합전형 2017 vs 2018)

① 한양대 2017학년도 수시모집요강(P.31)

전형명	모집단위	모집인원	전형방법 및 특징	수능최저학력기준	제출서류
학생부종합전형	컴퓨터소프트웨어학부	39	1) 학생부종합평가 100%	없음	학교생활기록부
지원자격	• 2012년 2월 이후(2012년 2월 졸업자 포함) 국내 정규 고교 졸업(예정)자 • 검정고시 출신자, 국외고교졸업자 등 학교생활기록부가 없는 자는 지원할 수 없음				

② 한양대 2018학년도 전형계획안(P.9)

전형명	모집단위	모집인원	전형방법 및 특징	수능최저학력기준	제출서류
학생부 종합전형	컴퓨터소프트 웨어학부	40	1) 학생부종합평가 100%	없음	학교생활기록부
지원자격	• 2016년 2월 이후(2016년 2월 졸업자 포함) 국내 정규고교 졸업(예정)자 • 검정고시 출신자, 국외고교졸업자 등 학교생활기록부가 없는 자는 지원할 수 없음				

※ 2018학년도 최종 수시요강에서 변동사항 확인바람.

06 합격자 인터뷰

Q1 한양대학교 학생부종합전형을 선택하게 된 이유는 무엇이었나요?

A1 학생부 교과전형을 쓰기에는 내신이 조금 부족하였고 1학년 때부터 3학년 때까지 학교에서 하는 대부분의 활동에 참여하면서 학교생활기록부에 대한 자신감을 갖고 있었기 때문에 지원하게 되었습니다.

Q2 본인의 학교생활기록부 관리 비결이 있다면 후배들에게 소개 부탁합니다.

A2 다른 사람들이 어떻게 말할지 모르겠습니다. 예를 들면 자신의 전공에 관련된 활동만 하라든가, 혹은 그에 관한 독서만 한다든가. 하지만 저는 이러한 생각과는 조금 다른 생각을 갖고 있습니다. 학생부종합전형에서 승리하기 위해서는 쉽게 말해 잡식성이 되어야 합니다. 과연 대학이 활동을 가려가면서 한 학생에게 매력을 느낄까요? 각 전공들이 분리되어 있는 것처럼 보이지만, 시대가 변하면 변할수록 학문 간의 경계는 희미해지고 간학문적 학습능력이 중요시되고 있습니다. 저는 이러한 시대상황을 반영하여 학교에서 할 수 있는 대부분의 활동에 참여하였고 독서 또한 국어, 영어, 수학, 과학, 사회, 미술, 체육 등 다양한 분야에 걸쳐서 읽으려 노력하였습니다. 여러분 편식하지 마십시오. 가능한 다양한 분야의 활동을 추천합니다.

Q3 본인에게 가장 큰 영향을 준 책과 그 이유는 무엇인가요?

A3 2학년 때 읽은 찰스 길리스피의 '객관성의 칼날'입니다. 2학년 때 이수한 물리과목에 흥미를 느껴 공부하던 중 교과서 외적인 과학사가 궁금하여 읽게 된 책으로 과학이 현대까지 발달하게 된 역사에 대하여 알 수 있게 되었습니다. 특히 프톨레마이오스의 천동설이 만연하던 때에 자신의 신념과 지조를 굳건하게 세우며 주장을 내세운 코페르니쿠스의 태도에 감명 받았고 그가 자신의 과학을 믿고 행동한 것이 지금의 과학 발전까지 이를 수 있게 한 원동력이라고 생각했습니다. 이후에 모든 내용을 여과 없이 받아들이기만 한 저 자신을 성찰하였고 예비 과학도로서 끊임없는 의문을 품고 학문에 임하기를 다짐하게 되었습니다.

Q4 학과를 선택하는 데 가장 중요하게 생각했던 점은 무엇입니까?

A4 중학교 때 부터 꿈이 확고했던 저는 수시 6개 지원을 모두 저의 장래희망에 초점을 맞추었습니다. 정보보안전문가는 컴퓨터공부 이외로 타 학문과의 관련성이 크기 때문에 저의 장래희망인 정보보안 전문가가 되기 위하여 주 전공으로 컴퓨터 공학을 선택하였고, 가능한 타 학과 복수전공이 가능한 대학을 찾아서 선택하였습니다.

Q5 학생부종합전형을 준비하는 후배들에게 가장 하고 싶은 말은 무엇인가요?

A5 앞서도 말했지만 학생부종합전형으로 대학을 갈 것으로 마음먹었다면 여러분은 잡식성 인간이 되어야만 합니다. 눈앞에 보이는 모든 활동, 대회에 참가하십시오. 무언가 대단한 것을 하지 않아도 됩니다. 작은 활동이라도 참여해보고 그 활동 속에서 여러분들이 느낄 수 있는 무언가가 있었다면 그

것으로 그 활동은 큰 의미를 갖게 됩니다. 물론 '내신'성적도 많이 중요합니다만, 한양대학교의 경우에는 내신 성적이 1.0에 수렴한다고 하여도 활동이 없고 생활기록부가 텅텅 비었다면 뽑힐 수 없습니다(타 학교의 경우 내신을 더 중시할 수도 있습니다.) 내신과 활동, 그 두 가지를 동시에 잡는 것이 큰 어려움이겠지만 그 어려움을 헤쳐나간 사람만이 대학의 문턱을 넘길 수 있는 게 아닐까요? 어떤 길을 준비하든 쉬운 길은 없습니다. 자신이 즐기며 잘 할 수 있는 방법을 택하고 그 길에 전념하여 나아가길 바랍니다. 감사합니다.

07 전문가 의견

황교일
S&E 컨설턴트
(주)케이스이앤씨 대표

한양대 학생부종합전형은 평가 요소가 적성과 인성 및 잠재력을 학교생활기록부만 가지고 평가하는 전형입니다. 먼저 적성이란 학업능력 및 소질과 적성에 따른 교내 활동 수행 현황을 의미하는 것입니다. 그리고 인성 및 잠재력이란 소통, 공동체 의식, 자기주도력, 역경극복, 성장잠재력등을 의미하는 것입니다. 또한 위의 평가 요소를 학생부의 "수상실적, 창의적 체험활동, 세부능력특기사항, 행동특성 및 종합의견" 항목을 통해 평가하게 됩니다.

우선 학업능력은 수상실적에서 교과우수상을 3년 동안 꾸준히 받았습니다. 특히 수학, 과학은 매 학기마다 수상했습니다. 수학 세부능력특기사항(이하 세특)에는 다양한 이론에 대한 이해도가 우수함이 기재되어 있습니다. 특히, 미적분I 세특에 수행평가인 "몸으로 표현하는 수학(MBA)"에서 곡선과 접선의 관계성에 대한 이해를 통해 미분 정의를 활용한 고난도 학습의 우수성이 나타나 있습니다. 미적분II 세특에서 적분을 활용한 넓이와 부피에 대한 고난도 학습을 통해 교과 성적 향상이 되었음을 나타나 있습니다.

독서 프로젝트에서 『수학콘서트 플러스』를 읽고 바코드의 수학적 개념을 이해하고 실생활에 도움을 줄 수 있는 아이디어를 제시하여 수학 활용 능력이 우수함을 알 수 있습니다. 이후 확률과 통계 시간에 한 독서 프로젝트에서 맨홀 뚜껑의 수학적 원리, 피타고라스 학파의 도형수 개념을 설명하면서 이산수학 능력을 키울 수 있었습니다. 기하와 벡터 시간에도 PBLM(수업 시간 모둠별 활동) 활동에서 쌍곡선에 관련된 궁금증을 좌표로 증명하려고 하고, 비행체의 속도와 충격파에 관심을 가지면서 과학의 원리를 수학으로 접근하는 노력을 하였습니다. 또한 벡터의 내적과 관련된 실험을 하면서 학력 수준을 높였습니다.

물리Ⅱ 세특에서는 '시공간과 우주', '물질과 전자기장'에서 물질의 구조를 학습하고, 일상생활에서의 현상을 수식으로 도식화시키는 활동을 하면서 역학 부분의 흥미를 가지게 되었음을 알 수 있습니다. 이를 자기주도적으로 학습하기 위해서 물리 학습동아리를 조직하여 구성원들과 다양한 토론을 하였습니다. 그리고 이러한 경험을 바탕으로 고3 때 물리Ⅲ 과목을 수강하여 심화 공부를 하였고, 과학탐구토론대회에서 우수한 성과를 낼 수 있었다고 평가하고 있습니다. 물리Ⅲ 세특 사항에는 고3 때 과학이 실생활이 어떻게 연계되어 있는지 알아보기 위해 과학 산업 발표 활동을 하여 과학제품에 담겨진 과학적 원리와 마케팅 전략을 조사하여 보고서를 만듦으로써 융합적 능력이 우수하다고 평가하였습니다.

과학 실험 동아리에서는 수업시간에 배운 물리, 생명과학에 배운 혈액형 검사 실험, 화학반응과 에너지 반응, 안정된 다리의 구조를 물리적으로 해석한 실험, 달걀 낙하 실험을 통해 충격량 줄이는 방법, 아스피린 합성 실험을 하면서 교과목 학습에 도움이 되었습니다. 동시에 학교에서 수행한 여러 진로 활동으로 정보/보안 관련 진로에 대한 이해도가 높아졌습니다.

김태환 학생은 학교 활동 중 모둠활동, 학교 자치활동이 다 나열할 수 없을 정도로 매우 많습니다. 선생님들의 행동특성 및 종합의견(이하 행특)에서 리더십과 자기주도적으로 자치활동 능력이 매우 우수하다고 평가합니다. 우선 자율활동에서 고교 기간 동안 학급 임원, 자치부 임원, 전교학생회장 활동을 하면서 교복업체 제안설명회, 학생급식의 날, 수업시간 존중 프로젝트, 학교 2학년 사과의 날 행사 기획, 혁신학교 비전 공유를 위한 비전

스쿨 행사학교 활동 참여하는 내용이 있었습니다. 그리고 이에 대한 행특 사항에 고1, 2, 3 모든 학년에서 리더십과 자기주도적인 능력이 우수하다고 평가하고 있습니다. 특히 고3때 '학급 모둠을 어떻게 조직할 것인가'와 같이 단순한 질문에서부터 '학생들의 학교급식 불만족'에 대한 중대한 문제까지 문제점을 해결하기 위한 학교 및 학급 조직을 운영하는 리더십이 우수하다고 평가를 하고 있습니다.

동아리 활동에서는 과학실험 동아리 SOS의 여러 실험 및 체험을 위해서 동아리 친구들의 참여를 이끌어 냈다고 평가하고 있습니다. 그리고 행특에 과학실험 동아리(SOS)를 통해 학교의 자연과학과정의 입지를 세운 학생이라는 극찬을 받았습니다. 3년 동안 과학 동아리 활성을 위해서 다양한 실험 및 체험활동을 기획 및 운영을 하여 교내의 가장 인기 있는 동아리가 되었고 선생님들에게 열정을 쏟아 부을 수 있는 요소가 되었다고 평가합니다.

과목별 세특 사항에 모둠활동 시 모둠원들이 어려워하는 부분을 친절히 지도하는 조력자 역할을 성실히 수행했다고 평가하고 있습니다. 수학, 과학의 스터디 그룹을 조직하고 학생들에게 설명을 하여 심화 능력도 키울 수 있었고, 기초부진 학생들의 멘토가 되면서 친구들에게 재능을 기쁘게 기부한 학생으로 평가하고 있습니다.

수상실적에 표창장(봉사 부문) 고1, 2 때 연속으로 수상했습니다. 봉사활동을 보면 개인 봉사시간이 상대적으로 부족해 보일 수 있겠지만, 봉사활동의 질이 매우 우수함을 수상을 통해서 알 수 있습니다.

고3 수상실적, 진로활동에 컴퓨터에 관한 활동을 해보고 싶었지만, 개인적인 준비가 부족했던 학생들이 모여 연구를 하는 교내 공명프로젝트에 대해서 평가하고 있습니다. 프로그램을 처음 접했지만, 전공 도서 및 관련 논문을 읽고 회로 설계, 라즈베리파이 회로를 완성시킨 것을 알 수 있습니다. 또한 모터 제어 등 하드웨어 구동을 위한 소프트웨어 활용 능력도 우수하다고 진로활동에서 평가하고 있습니다. 그리고 정보 보안에 대한 관심이 매우 높아서 향후 발전 가능성이 매우 높다고 평가하고 있습니다.

이상의 내용을 총괄하면 한양대 학생부종합전형에서 요구하는 우수한 학업능력, 학업 및 다양한 모둠활동에서 리더십과 자기 주도성의 우수성이 수상실적, 세부능력특기사항,

창의적 체험활동, 행동특성발달사항에 충분히 기록이 되어 있어서 학교에서 높은 점수를 받은 것으로 생각합니다.

우리나라 정보 보안에 큰 역할을 해줄 것으로 기대되는 김태환 학생의 밝은 미래를 기원합니다.

건국대학교_KU자기추천전형

지적 호기심과 경험다양성으로
인공지능시대에 필요한 감성 공학자를 꿈꾸다

산업공학과 / 일반고 손영호 학생

학 생 합 격 인 터 뷰

"최종 합격의 결정적인 요인은 1차 서류와 2차 면접에서 한 가지씩 존재했던 것 같습니다.
1차인 서류평가에서는 3년 동안 학교생활을 충실하고 적극적으로 활동한 모습을 학교생활기록부에
잘 나타냈고, 자기소개서에는 학교생활기록부에서 보여주지 못한 저의 모습을 최대한 나타내 보이려
노력했습니다.
2차 면접에서 열정과 특색 있는 모습을 보여주고자 마지막에 하고 싶은 말을 솔직하게 풀어냈습니다.
'가을 전어'에 저를 비유하여 소개하며 진솔하게 풀어냈고, 이런 모습을 높게 평가해주신 것 같습니다.
여러분도 면접에서 후회하지 않도록 많은 준비를 통해 실수 없이, 그리고 행여나 실수하더라도 앞으로
더 노력하겠다는 열정적인 모습을 보여준다면 좋은 결과가 있을 것입니다."

고교3년 열정 STORY

진로희망사항

구분	1학년	2학년	3학년 1학기
진로희망	자동차엔지니어	생산·산업관리원	자동차 생산·산업관리원
희망사유	어렸을 적 로봇영화에서 본 기계조립에 많은 흥미를 느꼈고, 고성능 차의 매력에 빠져서 우리나라 자동차를 외제차보다 훨씬 뛰어난 차로 발전시키고 싶은 욕구가 강해서 자동차 엔지니어를 진로 목표로 삼음.	'선배와의 만남' 프로그램에 강사로 온 산업공학과 멘토의 소개를 통해 산업공학에 관심을 갖게 됨. 이전부터 하고 싶어 하던 자동차 엔지니어라는 직업과 산업공학의 매력을 접목해 자동차 자동화 생산이라는 산업공학 분야에 꿈을 가지게 됨.	문제해결능력이 뛰어난 자신의 강점이 효율성을 중요하게 생각하는 산업공학의 특성과 잘 맞다고 생각함. 자동차의 설계부터 생산, 판매까지 보고, 관리할 수 있는 생산산업관리원을 꼭 해야겠다고 생각함.

2학년이 되면서 진로희망이 바뀌었지만, 진로에 대한 끊임없는 탐색으로 자신의 적성과 흥미에 잘 맞는 분야를 찾아냈을 뿐만 아니라, 3학년이 되면서 세분되고 심화한 진로를 희망함으로써 열정과 전공 적합성을 잘 보여줌.

수상경력

구분		1학년	2학년	3학년 1학기
수상경력	학업역량	• 우수과제물대회(최우수상)		• 과학의 달 우수과학Ⅱ(최우수상) • 학력상(확률과 통계, 지구과학Ⅱ)
	전공적합역량	• 진로 포트폴리오작성대회(우수상)	• 발명아이디어(우수상) • 창의 사고력 한마당(장려상)	• 과학의 달 우수과학Ⅱ(최우수상)
	경험다양	• 교내독후감 쓰기(장려상) • 올바른 인터넷 실천사례 공모(만화/최우수상) • 올바른 인터넷 실천사례 공모(포스터/우수상) • 자기소개서 쓰기 대회(우수상) • 청운 문학상(운문/차하)	• 동아리발표(공동수상/우수상) • 음악경연대회(공동수상/우수상) • 과학시화전(최우수상) • 과학용어디자인전(장려상) • 탐구실험경연대회(장려상) • 테마 여행소감문대회(우수상) • 학습플래너 활용(우수상) • 두레학습멘토링(우수상)	• 파이데이한마당(시/우수상) • English Proficiency contest(우수상) • 자기소개서작성(우수상) • 청운수학축제(공동수상/장려상) • 공익광고만들기(장려상)

구분		1학년	2학년	3학년 1학기
인성 역량			• 컴퓨터 꿈나무대회(최우수상) • 청운한마당(장려상)	
		• 모범학생표창(봉사상)	• 봉사상	• 그린마일리지표창(모범상)

> 학업 관련 수상이 많지 않지만 전공 관련 수학, 과학과목에서 수상하고, 자연계이지만 글쓰기나 시화전 등 다양한 분야에서 수상했으며 매학년마다 모범상과 봉사상을 받음으로써 학교생활을 적극적이고 주도적으로 한 학생이며 동시에 좋은 인성까지 갖추었음을 잘 보여줌.

창의적 체험활동 상황

구분		1학년	2학년	3학년 1학기
창의적 체험활동 상황	자율 활동	• 1,2학기 학급반장 • 학교축제 합창부분참가 • 계룡대병영직업체험 • 심폐소생술교육 • 인터넷및스마트미디어 중독 교육	• 1,2학기 학급반장 • 학급테마 자치활동 주도 • 청운퀴즈벨 참가 • 금연포스터그리기 • 학교축제때 밴드, 팝송공연	• 총무부장 • 장애이해교육 • 독도 계기교육수료 • 고운말, 예쁜글씨 엽서쓰기 대회참가 • 사이버 인성교육
	동아리 활동	• Chungbuk Herald • Libero(방과후 스포츠클럽)	• Chungbuk Herald • 자율동아리WMW • 자율동아리 아티언스 • 자율동아리그린나래 • 자율동아리 유네스코리아	• Chungbuk Herald • 자율동아리 유네스코리아 • 청운컵 축구리그전(방과후 스포츠클럽)
	봉사 활동	• 클린서포터즈(10시간) • 교내봉사(41시간)	• 클린서포터즈(20시간) • 중등부 학습지도(36시간) • 교내봉사(37시간)	• 교내봉사(31시간)
		총 51시간	총 93시간	총 31시간
	진로 활동	• 학과계열선정검사 • 자기소개서 및 진로설계서 쓰기 대회 • 진로설계를 위한 진로특강 • 학습코칭 진로캠프	• 선배 동문 대학생 학과탐색 멘토링 • 진로진학캠프 • 희망전공 계열 및 학과탐색	• 전공 관련 홈페이지와 워크넷 탐색 • 전공 관련 지인 인터뷰 • 산업공학과 입학전형 탐색 • 수시 박람회 참여

> 3년간 반장과 학급 임원을 하고, 영자 신문 동아리 충북해럴드 활동을 지속적으로 하는 모습에서 리더십과 끈기를 볼 수 있으며, 다양한 진로활동과 동아리 활동을 함으로써 소통과 융합을 중요시하는 산업 공학과의 인재상에 부합되는 학생임을 잘 나타내고 있음.

독서활동 상황

구분	1학년	2학년	3학년 1학기
독서 활동 상황	• 그녀가 타고 떠난 그차 　_김태진 • 나쁜 과학자들 　_비키 오랜스키 위튼스타인 • 사이보그가 되는법_알록자 • POISON 독의 세계사 　_조엘 레비	• 공학의 마에스트로 산업공학 　_대한 산업공학회 • 좋은 제품이란 무엇인가 　_제임스 L. 애덤스 • 시계이야기_정희경 • 로봇, 뮤지컬을 만나다_지은숙 • IT를 넘어 BPM으로 　_하워드 스미스, 피터핑거	• The Goal 　_엘리골드렛, 제프콕스 • It's Not Luck_엘리골드렛 • 미움받을 용기 　_고가 후미타케, 기시미 이치로
	총 10권	문학 3권/물리 3권/지구과학 1권/ 생명과학 2권/공통 4권 = 총 13권	공통 3권

수업에서 생긴 질문을 독서를 통해 해나가고, 학년이 올라갈수록 전공과 밀접한 심화 독서를 함으로써 지적 호기심과 전공적합도를 잘 보여주고 있음.

02 나의 성적

교과	학년 전체
국어	2.91
수학	2.61
영어	2.83
사회	2.79
과학	1.88

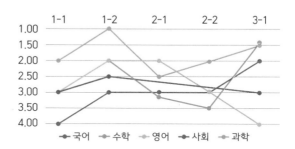

교과	학년 전체
전 교과	2.57
계열 교과	2.50

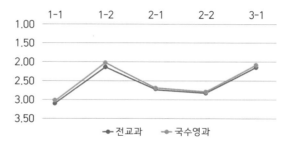

03 자기소개서 분석

자기소개서 작성을 위한 소재 찾기

	학업역량	전공적합성	발전가능성	인성
4. 수상 경력	• 과학의달우수과학Ⅱ (최우수상) • 학력상(확률과통계, 지구과학Ⅱ) • 청운수학축제(공동 수상/장려상) • 우수과제물대회(최 우수상)	• 발명아이디어(우수 상) • 창의사고력한마당 (장려상) • 과학의달우수과학Ⅱ (최우수상)	• 동아리발표(공동수 상/우수상) • 탐구실험경연대회(장 려상) • 두레학습멘토링(우 수상) • 컴퓨터꿈나무대회(최 우수상) • 청운한마당(장려상) • 동아리축제(우수상)	• 모범학생표창(봉사 상, 1, 2학년) • 그린마일리지표창(모 범상)
6. 진로	• 학습코칭 진로캠프	• 진로설계를 위한 진 로 특강 • 산업공학과 입학전 형 탐색	• 자기소개서 및 진로 설계서 쓰기 대회	–
7. 창체 자동 봉진	• 유네스코 동아리 : '글로벌 환경에서 사용 가능한 교육용 앱 개발' 콘 테스트 'EICON' 대회에 참가 • 영자신문 동아리 '충북 헤럴드' : 부편집장		• 학급반장(1, 2학년) • 지역아동센터 학습 지도 • 학교폭력예방활동 (30시간)
8. 교과 세특	–	• 화학Ⅱ : '제설제 염화칼슘의 문제점과 제설 방안에 대한 연구소논문,		–
9. 독서	• 공학의 마에스트로 산업공학_대한산업공학회 • 좋은 제품이란 무엇인가_제임스 L. 애덤스 • The Goal_엘리 골드렛 • It's Not Luck_엘리 골드렛		• 공부는 내 인생에 대 한 예의다_이형진	• 미움받을 용기 _고가 후미타케 • 긴 세대 리더의 반 란_조미진

자기소개서 개요정리

STAR 방식 분석		학생부 연계 활용분석	지원대학 평가요소 분석
구분	**내용**		
Situation (상황, 배경)	과학 잡지를 통해 재미있는 소재를 뽑아 기사로 작 성했지만, 신문기사의 그림만 보고 글은 잘 읽지 않 는 모습을 봄.		

Task (목표, 역할)	신문에서 관심을 끌 수 있는 요소가 시각적인 측면 일 수 있겠다는 생각이 들었고, 구독률이 높은 신 문을 구해서 학교 신문의 디자인과 비교해봄.	수상경력 (발명 아이디어) + 동아리 활동 + 교과세특 (화학Ⅱ) + 독서활동	전공적합도 + 자기주도적 학습능력
Action (구체적인 행동)	'3초 스토리텔링' 방식의 디자인 주제를 생각하고, 인쇄소의 시각디자이너와 함께 디자인 주제를 바탕 으로 편집과 검토 과정을 통한 신문을 완성		
Result (결과)	원인을 정확하게 파악한 후, 그 문제를 바로 해결하 는 실천력이 좋은 결과로 이어질 수 있다는 것을 깨 닫게 됨. 발명아이디어 대회에서 시각장애인을 위한 시계를 만들고, 제설에 대한 소논문을 작성하는 등 생각으로 그치지 않고 실천하는 습관을 만들게 됨.		

3단계 자기소개서 완성

2. 고등학교 재학기간 중 본인이 의미를 두고 노력했던 교내활동을 배우고 느낀 점을 중심으로 3개 이내로 기술하기 바랍니다. 단, 교외 활동 중 학교장의 허락을 받고 참여한 활동은 포함됩니다(1,500자 이내).

Situation 영어를 통해 과학과 기술을 접하고 싶은 생각에 영어신문 동아리 '충북 헤럴드'에 가입했습니다. 부편집장이 되어 과학 잡지를 통해 재미있는 소재를 뽑아 기사로 작성했지만, 노력보다 구독률은 높지 않았습니다. 부편집장이 되어 친구들이 신문기사의 그림만 보고 글은 잘 읽지 않는 모습을 보았습니다. **Task** 이를 통해 신문에서 관심을 끌 수 있는 요소가 시각적인 측면일 수 있겠다는 생각이 들었고, 이런 생각은 '코리아헤럴드', 'UNESCO 신문'과 같은 구독률이 높은 신문을 구해서 학교 신문의 디자인과 비교해보는 계기가 되었습니다. **Action** 유명한 신문의 다양한 글씨체와 풍부한 색채감과 달리 학교 신문의 일관된 글씨체와 디자인에서 지루함이 느껴졌고, 동아리 회의에서 문제에 대해 토의하여 '그림을 호기심이 생기는 스토리 형식으로 배치하고 제목에 강조를 줘서 이목을 끌자'는 '3초 스토리텔링' 방식의 디자인 주제를 생각했습니다. 관심이 생기는 신문을 만들기 위해 인쇄소의 시각디자이너와 함께 디자인 주제를 바탕으로 편집과 검토 과정을 통한 신문을 완성했습니다.

Result 이후 교내 영어 골든벨에서 MC를 맡았던 저는 기사와 관련된 문제의 높은 정답률을 통해 그 성과를 알 수 있었고, 원인을 정확하게 파악한 후 그 문제를 바로 해결하는 실천력이 좋은 결과로 이어질 수 있다는 것을 깨닫게 되었습니다. 이런 실천의 효과를 배운 후 발명아이디어 대회에서 시각장애인을 위한 시계를 만들고, 제설에 대한 소논문을 작성하는 등 생각으로 그치지 않고 실천하는 습관을 만들게 되었습니다.

2단계 자기소개서 개요정리

STAR 방식 분석		학생부 연계 활용분석	지원대학 평가요소 분석
구분	**내용**		
Situation (상황, 배경)	유네스코 동아리에 참가하며 교육이 부족한 나라가 존재한다는 것을 배운 적이 있음	동아리 활동 + 행동특성 및 종합의견	전공적합도 + 자기주도적 학습능력 + 인성(협력)
Task (목표, 역할)	세계시민을 위한 교육시스템을 마련해주고 싶은 목표가 생겨 '글로벌 환경에서 사용 가능한 교육용 앱 개발' 경연 'E-ICON' 대회에 참가.		
Action (구체적인 행동)	과학교육용 애플리케이션을 만드는 계기가 되었지만, 다른 팀에 비해 DB와 경험이 부족·일본인 친구들과 간식도 먹고, 탁구도 치면서 '함께'라는 말이 떠오름.		
Result (결과)	네티즌 공동 제작 방식을 생각해 낼 수 있어 높은 평점을 받게 되었고 누군가와 함께하는 것이 혼자보다 더 큰 힘을 발휘할 수 있다는 것을 배우게 됨.		

2. 고등학교 재학기간 중 본인이 의미를 두고 노력했던 교내 활동을 배우고 느낀 점을 중심으로 3개 이내로 기술하기 바랍니다. 단, 교외 활동 중 학교장의 허락을 받고 참여한 활동은 포함됩니다(1,500자 이내).

Situation 유네스코 동아리에 참가하며 교육이 부족한 나라가 존재한다는 것을 배운 적이 있습니다. **Task** 교육이 성장하는 방법이라고 생각했던 저는 세계시민을 위한 교육시스템을 마련해주고 싶은 목표가 생겨 '글로벌 환경에서 사용 가능한 교육용 앱 개발' 콘테스트 'E-ICON' 대회에 참가했습니다. **Action** 대회에서 일본 학생들과 한 팀이 된 후 영어를 통해 소통하다 보니 공통 관심사였던 기초과학이 세계의 과학자를 키울 수 있을 것이라는 생각이 들었습니다. 이는 과학교육용 애플리케이션을 만드는 계기가 되었지만, 다른 팀에 비해 DB와 경험이 부족하여 개발 방법을 찾는 데에만 이틀이라는 시간이 걸렸습니다. 다행히 네이버 '모두!'와 웹을 앱으로 구동해주는 프로그램을 이용할 수 있었지만, 다른 문제가 발생했습니다. 나누어놓은 카테고리의 첫 페이지가 모두 빈 페이지로 변했던 것입니다. 대회 첫날부터 방법을 찾느라 녹초가 된 팀원들을 보면서 휴식이 필요하다는 것을 느끼게 되었습니다. 부족했던 휴식을 취하며 일본인 친구들과 간식도 먹고, 탁구도 치니 말은 통하지 않지만 '함께'라는 말이 떠올랐습니다. **Result** 이를 통해 팀의 보이지 않는 조력자 '네티즌'을 떠올릴 수 있었고, 문제로만 여겼던 빈 페이지를 열린 공간으로 활용함으로써 릴레이로 내용을 넣고 맨 앞에 빈 페이지를 만드는 '네티즌 공동제작방식'을 생각해 낼 수 있었습니다. 실제로 이런 아이디어는 높은 평점을 받게 되었고, 누군가와 함께하는 것이 혼자보다 더 큰 힘을 발휘할 수 있다는 것을 배우게 됐습니다.

발명아이디어 상장

3. 한계점 분석
-NaOH와 HCl의 특징에 관한 고찰
NaOH와 HCl의 반응식은 다음과 같다.

$$NaOH_{(aq)} + HCl_{(aq)} \rightarrow NaCl_{(aq)} + H_2O_{(l)}$$

다음과 같은 반응식에서 문제점을 찾을 수 있다. 생성물인 NaCl과 H2O에서 NaCl은 우리가 흔히 아는 소금이기 때문에 이 물질의 염분이 식물에 해를 입힐 수 있고, 도로를 부식할 수 있는 문제가 있을 수 있다. 따라서 중화열이 일어나면서 빼놓을 수 없는 염 성분이 현시점의 문제점이다.

또한, HCl은 염화수소이지만, 수용액상태에서는 우리가 흔히 아는 염산이 된다. 염산이라는 물질은 부식성이 강하다는 특징이 있기 때문에 제설제에서 사용되기에는 위험할 수 있고, 반응이 잘 일어나지 않았을 시에 도로를 부식할 수 있다는 문제점이 제기될 수 있다.

제설제 소논문 일부

'앱 개발' 콘테스트 'E-ICON'대회에 참가

'앱 개발' 콘테스트 'E-ICON'대회에 참가

04 면접 후기

면접형식	면접시간	10분
	면접위원 수	2명
	면접절차	인성면접
	면접장 분위기	따뜻하고 편안한 분위기
	유의사항	• 사진과 생년월일이 있는 신분증을 필수로 지참해야 하고, 입실 후에는 어떠한 전자기기도 사용할 수 없음 학생부와 자기소개서 확인 면접이 많고, 자기소개서 관련 질문은 전공과 연관 지어 구체적으로 하고, 주로 2번 항목에 관해 질문함. • 학생부와 자기소개서를 완전히 숙지하고 가야 함.

Q1 충북고등학교가 청주에 있나요? 오는데, 얼마나 걸렸죠?

A1 네 청주에 있습니다. 어젯밤에 출발하여 떨리는 마음으로 왔습니다.

Q2 건국대학교에 지원하면서 예상 질문이 뭐였나요?

A2 자기소개 정도는 준비해왔습니다.

Q3 그럼 자기소개 한번 해볼까요?

A3 네 저는 빠르게 발전하는 기술을 소외계층에게도 널리 퍼뜨려주고 싶은 따뜻한 공학자의 꿈을 가진 손영호입니다(면접관님이 듣고 웃으셨음.)

꼬리질문

Q3-1 2년간 반장, 영어 골든벨 MC 등 다양한 리더활동을 했는데, 자신의 성격이 리더로서 장점이 된 부분은 무엇이었고, 단점이 된 부분은 어떤 부분인가요?

A3-1 저에게는 사람들 앞에서 제 의견을 이야기하고 상대방 의견을 들을 수 있는 소통능력이 뛰어납니다. 이런 부분은 친구들의 의견을 듣고 규칙이나 약속을 지킬 때 큰 도움이 되었습니다. 하지만 약간은 이성적인 면이 있어서 상황을 보고 판단하기보다는 규칙을 가장 먼저 생각했던 단점이 있었습니다. 물론 3학년이 되어 이런 면은 소통을 통해서 상황을 보는 눈을 키웠지만, 지나치게 이성적이었다는 단점이 있었습니다.

Q4 책 중에 『IT를 넘어 BPM으로』라는 책을 읽었는데, 이 책 내용을 한번 이야기해주겠어요?

A4 이 책에서는 기차가 철로를 뻗어 나아가듯이 정보의 힘을 중요시 합니다. 그렇기에 IT의 중요성을 다룬 책입니다. 죄송스럽게도 BPM까지는 정확하게

기억하지 못합니다. 이것에 대해서는 굉장히 죄송스럽게 생각합니다(면접관님 표정이 매우 안 좋으셨음.)

Q5 생활기록부에 보면 '충북 헤럴드'라는 영자 동아리에서 3년이나 활동했는데, 자신의 역할은 무엇이고, 산업공학의 시점에서 배운 점은 무엇인가요?

A5 저의 역할은 친구들의 의견을 듣고 기사를 검토하는 부편집장이었습니다. 이때 친구들의 의견을 듣는 소통능력을 키울 수 있었고, 구독률을 높이기 위한 노력 등을 통해 문제 해결력까지 기를 수 있었습니다. 소비자의 선호를 아는 것이 중요한 산업공학에서 구독자의 선호를 조사하고 그 문제를 해결해본 경험은 큰 배움이 되었습니다.

Q6 자기소개서를 확인해보면, 'E-ICON 대회'에 참여하였는데, 일본인들과 개발보다는 휴식을 취하면서 문제를 해결했는데 이건 왜 그랬나요? 포기하려 했던 것인가요?

A6 아닙니다. 5박 6일로 진행되는 워낙 긴 일정이었는데, 첫날부터 제대로 수면도 하지 못하고 개발하면서 머리를 식힐 시간이 필요했다고 판단했습니다.

Q7 그럼 일본인들과 함께 소통하면서 일본인 친구들의 문제해결력이나, 다른 행동에서 배운 점은 어떤 것이었나요?

A7 가장 먼저 배운 것은 정교함이었습니다. 우리나라의 빨리빨리 문화와 달리 일본인 친구들은 저희보다 훨씬 느린 속도로 작업했지만, 그 완성도는 굉장히 높았습니다. 오랜 시간이 걸리더라도 자신이 계획한 것을 정교하게 해내는 모습을 보면서 천천히 하는 것의 가치도 알게 된 것 같습니다.

Q8 자동차에 대해서 굉장히 좋아하는 것 같은데, 우리나라 자동차 업계의 문제점은 어떤 점인 것 같나요?

A8 (개인적인 경험을 통해 자동차의 안정성에 문제가 있음을 지적했음.) 이렇듯 현재 국내 자동차에서는 에어백 문제와 같은 다양한 안정성 문제점이 지적되고 있습니다. 편리해야 할 기술이 위험하게 다가오는 현재 국내의 자동차 안정성이 가장 큰 문제점인 것 같습니다

Q9 마지막으로 하고 싶은 말이 있나요?

A9 나의 특성을 이야기했음. 또한, 건국대학교를 통해 내 향기를 온 세상에 전하고 싶다고 마무리하고 면접은 끝이 났음.

05 2017 수시전형 지원 대학 합불 결과

대학명	전형명	모집단위	수능최저학력기준	합불여부
건국대학교	KU자기추천	산업공학과	×	합격
아주대학교	아주ACE	산업공학과	×	합격
인하대학교	학생부종합	산업경영공학과	×	합격
경희대학교	네오르네상스	산업경영공학과	×	불합격
서울과학기술대	학교생활우수자	글로벌융합산업공학과	×	합격

06 최종합격 대학 전형 분석 (건국대 KU자기추천전형 2017 vs 2018)

① 건국대 2017학년도 수시모집요강(P.12)

전형명	모집단위	모집인원	전형방법 및 특징	수능최저 학력기준	제출서류
KU자기 추천전형	산업공학과	10	1) 서류100(3배수 내외) 2) 면접 100	미적용	• 학교생활기록부 • 자기소개서

	국내 고등학교 2016년 2월 이후(2016년 2월 포함) 졸업(예정)자로서 교내 활동에 자발적
지원자격	으로 참여하고, 해당 전공에 관심과 소질이 있어 스스로를 추천할 수 있는 자
	마이스터고등학교, 방송통신고등학교,「평생교육법」제31조에 따른 학교형태의 평생교육시설, 비인가 대안학교 졸업(예정)자 지원불가

② 건국대 2018학년도 전형계획안(P.10~11)

전형명	모집단위	모집인원	전형방법 및 특징	수능최저 학력기준	제출서류
KU자기추천전형	산업공학과	10	1) 서류100(3배수 내외) 2) 1단계40+면접60	미적용	• 학교생활기록부 • 자기소개서
지원자격	국내 고등학교 2016년 2월 이후(2016년 2월 포함) 졸업(예정)자로서 교내 활동에 자발적으로 참여하고, 해당 전공에 관심과 소질이 있어 스스로를 추천할 수 있는 자 마이스터고등학교, 방송통신고등학교,「평생교육법」제31조에 따른 학교형태의 평생교육시설, 비인가 대안학교 졸업(예정)자 지원불가				

※ 2018학년도 최종 수시요강에서 변동사항 확인바람.

07 합격자 인터뷰

Q1 건국대학교 KU자기추천전형을 선택하게 된 이유는 무엇이었나요?

A1 2학년이 되어 산업공학과에 대한 꿈을 정한 이후로 좋은 학교의 산업공학과로 진학하여 많은 것을 배우고자 하는 욕심이 있었습니다. 좋은 학교에 대한 욕심에 비해 내신 컷은 낮은 편이었기 때문에 저의 장점인 생활기록부와 자기소개서를 많이 참고하고 내신이 큰 영향을 받지 않는 학교를 찾아보았습니다. 그중 하나가 최근 공과대학에 많은 투자를 하는 건국대학교였고, 저의 내신보다 낮은 학생도 합격한 기록이 있었습니다.

또한, 홈페이지에 학과를 소개하는 학과 설명서가 있어, 산업공학과에 대한 지식을 얻을 수 있었습니다. 이런 좋은 기회들과 다양한 지식을 얻을 수 있었던 건국대학교가 꿈의 대학이 되었고 이렇게 KU 자기추천전형으로 건국대학교에 지원하게 되었습니다.

Q2 본인의 학교생활기록부 관리 비결이 있다면 후배들에게 소개 부탁합니다.

A2 교과 : 내신에는 많은 학생이 놓치고 있지만, 가장 중요한 수업이 있습니다. 바로 1교시부터 8교시까지의 선생님과의 수업입니다. "나는 잘 모르는 부분이 많으니까 인터넷 강의 보면서 혼자 공부할래."라고 이야기하는 학생들이 매우 많습니다. 학교의 중간고사와 기말고사는 저희를 직접 가르친 선생님께서 출제하는 문제입니다. 그 뜻은 수업시간의 내용이 시험문제로 이어진다는 뜻이죠. 그러므로 교과는 선생님과의 수업 내용을 바탕으로 학생들이 얼마나 복습하고 그 내용을 이해하는가가 가장 중요합니다. 수업을 듣고 궁금한 점이 있다면 질문하고, 고민해볼 문제는 수업이 끝나고 스스로 고민해보는 태도까지 갖춘다면 더할 나위 없이 좋을 것입니다.

비교과 : 비교과는 동아리와 자율활동, 봉사활동만 포함된다고 생각해서는 안 됩니다. 동아리 활동, 자율활동은 본인의 평소 행동에 따라 기회를 얼마나 잡을 수 있는지가 달라집니다.

저 같은 경우도 기숙사에서 선배들과 가깝게 지낸 것만으로도 5명만이 할 수 있었던 교육 봉사라는 기회를 얻을 수 있었고, 영어 선생님과 가깝게 지낸 덕분으로 유네스코 동아리를 창단하고 활동할 수 있었습니다. 생활기록부에 도움이 되지 않는다고 해서 게을리하고 자기 이익만을 위해서 행동한다면, 분명히 그 불이익은 돌아오게 되어 있습니다. 조금은 힘들더라도 진심으로 열심히 활동하고, 많은 사람과 좋은 관계를 유지하다 보면, 스펙만이 아닌 인생에 있어 많은 것을 얻을 수 있고, 이런 것들은 분명히 생활기록부에 작성될 수 있을 것입니다. 여러분이 진심으로 사람들과 소통하며 즐겁게 생활할 수 있다면 생활기록부만을 생각하며 노력한 학생들보다, 진실하고 좋은 생활기록부, 자기소개서를 얻을 수 있을 것입니다.

Q3 본인에게 가장 영향을 준 책과 그 이유는 무엇이었나요?

A3  이 책은 고등학교 시절 가장 재미있게 읽은 책 중 하나입니다. 인터넷을 통해 산업공학도가 읽어야 책을 추천받았는데, 일상에서의 문제까지 해결할 수 있었던 책입니다.

다양한 기업에서의 문제점과 이를 해결한 사례를 통해 어떤 결과를 도출할 수 있었는지에 대한 내용으로 문제 해결법을 알려줍니다. 산업공학에서 배울내용을 간접적으로 체험해볼 수 있어서 앞으로 어떤 일을 하게 될지 알게되고, 그 일에 대한 기대도 커져서 공부를 더 열심히 하는 계기가 되었습니다. 예비 산업공학도가 읽어야 할 필수 도서라고 생각합니다.

Q4 학년마다 꿈이 바뀌었을 때는 어떻게 해야 할까요?

A4 학생은 배우는 사람입니다. 어린 나이이기 때문에 충분히 배워보지 못했고 꿈이 바뀌는 것은 너무나도 당연한 일입니다. 생활기록부에 기록되어 있는 진로희망이 바뀌었다고 해서 상심할 필요도 없고 걱정할 필요성도 없습니다. 저 또한 1학년 때의 진로가 2학년 때 산업공학과 관련한 직업으로 바뀌었지만, 약점이 아닌 강점으로 작용했습니다.

대학은 자신의 미래를 위해 준비하는 사람을 원합니다. 즉, 꿈을 가진 사람을 선호하는 것입니다. 하지만 그 꿈의 깊이가 깊지 않은 사람은 대학이 선호하는 사람이 아닙니다. 그만큼 깊이 생각하고 정말 이 꿈을 위해 열심히 달려온 사람, 열심히 찾아보고 노력한 사람을 원합니다. 꿈이 바뀌었다는 것은 그만큼 진로를 열심히 탐색하고 알아본 증거입니다. 그렇습니다. 꿈이 바뀐 것에 대한 정당한 이유와 뜻이 있다면 그것은 여러분의 약점이 아닌 강점이 되어 도움을 줄 것입니다.

물론 진로를 바꾸고 손을 놓고 있는 것은 강점이 될 수는 없습니다. 자신의 진로에 대해서 알아보고 좀 더 심화한 지식을 알기 위해 관련 도서와 인터넷을 통해 많은 정보를 알아보는 노력을 해야 합니다. 당장 자신의 진로와 관련된 동아리에 가입한다든지, 전문지식을 직접 공부하기는 힘든 일입니다. 본인이 원한다면 괜찮지만, 단순히 스펙을 쌓기 위해서 많은 시간을 투자할 필요는 없다고 생각합니다. 노력은 하되, 지나치게 시간을 빼앗긴다면 독이 될 수 있다는 것을 기억했으면 좋겠습니다.

Q5 학생부종합전형을 준비하는 후배들에게 가장 전하고 싶은 말은 무엇인가요?

A5 학생부종합전형은 공부를 못해도 지원할 수 있다는 생각으로만 접근하는 학생들이 있습니다. "나는 내신이 좋지 않으니까 학생부종합전형인가요?" 저의 대답은 "절대 아닙니다!"입니다. 학생부종합전형은 말 그대로 학생의 종합적인 면을 평가하는 전형입니다. 내신이 낮은 데에는 그만한 이유가 있습니다. 학과에 대해 전문적으로 공부하고 열심히 준비한 학생인데, 내신이 교과보다(약간) 낮은 학생, 선생님들의 종합적인 평가가 굉장히 좋지만, 교과 성적이 부족한 부분이 있어 학생부 교과 전형으로는 불안한 학생, 대학이 원하는 인재상이지만 부족한 부분이 있어 면접을 통해 그 부분을 확인해보고 싶은 학생 등이 학생부종합에 맞는 학생들이라고 볼 수 있습니다. 자신이 이런 부분에 맞는 학생인지 확인해보고 전형을 선택하는 현명한 결정을 하길 바랍니다.

이런 결정을 통해서도 종합전형에 맞는다고 생각한다면, 한 번 더 각오가 필요합니다. 종합전형에는 자기소개서, 면접, 수능 최저 등급(소수의 학교)도 준비해야 하는 많은 과정이 필요합니다. 저의 경험을 언급하자면 원서를 제출하는 기간의 앞뒤로 2주간 매일 3시까지 자기소개서를 작성했고, 1,000~1,500자에 1000~1,500자에 말하고 싶은 사실을 담는 것이 굉장히 힘들었습니다.

또한 면접을 준비하기 위해서 많은 모의면접을 거쳤고, 이런 것에도 노력이 필요하다는 것을 느꼈습니다. 수능 공부와 병행하여 종합전형에 많은 노력을 투자하지 못하고 '대충해도 괜찮겠지!'라고 생각하지 않았으면 좋겠습니다. 노력한 만큼 결과는 나올 것입니다. 이 모든 것을 각오하고 종합전형을 결정했으면 좋겠습니다. 모든 결정을 통해 종합전형을 선택했다면, 학교생활을 하며 세 가지 지켜야 할 규칙이 있습니다.

1. 활동은 솔직하게 모든 것에 최선을 다해라.

 - 활동은 양으로 승부하는 것이 아닙니다. 적은 활동이라도 여러분이 느낀 것이 많고 할 말이 많다면 솔직하게 글로 풀어낼 수 있게 열심히 활동하세요.

2. 대인관계를 원만히 하라.

 - 종합전형은 말 그대로 종합적인 면을 평가하는 것입니다. 학생의 인성, 능력 등 많은 요소를 평가합니다. 즉, 대인관계는 인성적인 면이 될 수 있는 것입니다. 여기서 대인관계는 선생님, 친구들, 선후배 간의 모든 관계를 말합니다. 이는 많은 이야기 소재가 될 수도 있고, 정보 싸움에서도 승리할 수 있습니다.

3. 종합전형도 공부한다.

 - 제발, 제발, 제발, 공부합시다. '나는 종합전형이니까 조금 놀아도 괜찮아.' 그런 방심으로 인해 성적이 떨어지는 것은 입시에서 탈락할 수 있는 확률이 높아지는 것이고, 그 결과의 책임은 본인이 지는 것입니다. 방심

하지 마세요. 성공하는 사람이 되고 싶다면 다양한 방면으로 준비하세요. 학생부종합전형의 핵심은 '내신성적'입니다. 저도 2학년 때 학생부종합전형은 성적보다 스펙이 중요하다고 생각하여, 동아리 활동이나 자율활동을 많이 하느라 1학년에 비해서 2학년 성적이 많이 떨어져 고민이 많았습니다. 그래서 3학년 때에는 최대한 성적을 많이 올리기 위해 최선을 다했고 확률과 통계, 지구과학에서 교과상을 받을 만큼 좋은 결과를 얻었습니다. 학교에서 진행하는 방과후 수업도 적극적으로 참여하여 사교육의 도움보다는 학교 수업을 최대한 활용하는 자기주도적인 학생임을 어필하는 것도 좋은 방법입니다.

또한 수업시간에 최대한 집중하고 조별토론이나 수행평가도 열심히 한다면 교과목 선생님께서 써주시는 세부능력 특기사항의 내용이 풍성해집니다. 전공과 관련 있는 과목뿐만 아니라, 예체능 과목도 소홀히 하지 않고 열심히 한다면 학교수업을 성실하게 한 학생임을 보여줄 수 있습니다. 1, 2학년 때 성적이 좋지 않더라도 포기하지 말고 3학년 성적을 올리기 위해 끝까지 최선을 다한다면 여러분의 학업역량과 잠재력을 보여줄 수 있는 또 다른 기회가 될 수 있을 것입니다.

08 전문가 의견

한 종 선
S&E 컨설턴트 / 어썸
입시전략연구소 소장

손영호 학생이 합격한 건국대의 KU 자기추천전형은 수시전형 중 가장 많은 인원인 612명을 선발하는 전형으로 2단계로 진행됩니다. 전형 방법으로는 1단계에서는 학생부 등 서류 종합평가 성적으로 3배수 내외를 선발, 2단계에서는 면접 100%로 선발합니다. KU 자기추천전형의 평가지표는 학업역량, 전공 적합성과 인성, 발전 가능성을 정성적으로 평가합니다.

손영호 학생의 모교는 일반고이지만, 체험학습을 중요시하고 특히 진로 탐색을 위한 다양한 프로그램을 운영하고 있습니다. 손영호 학생은 자신에게 맞는 진로를 꾸준히 탐색해왔고 다양한 활동과 수상실적이 연계되어 있습니다. 학교생활을 단순히 스펙만 쌓기 위함이 아니라 즐겁고 열정적인 학교생활을 해왔음을 학생부와 자기소개서에서 잘 보여주고 있습니다. 특히 수업시간에 끊임없이 질문하고 답을 찾아 나가는 과정에서 과목별 선생님들의 신뢰와 인정을 받고 있음이 세부능력 및 특기사항에 잘 나타나 있습니다. 또한 반장으로서 강한 추진력과 책임감, 봉사 정신으로 반 급우들의 두터운 신망을 받는 학생입니다.

전 교과 내신은 다소 낮은 편이지만, 수학과 과학 과목 성적이 상대적으로 우수하고, 학년이 올라갈수록 성적이 향상되는 모습을 보여 학업역량과 발전 가능성을 동시에 보여주고 있습니다.

산업공학은 산업시스템을 구성하는 모든 분야를 조화롭게 지휘하고 조절하는 방법에 대한 학문입니다. 손영호 학생은 발명아이디어, 탐구실험대회, 수학, 과학 교과상 등 진로 관련 수상실적뿐만 아니라, 글짓기·동아리 대회 등 문.이과를 아우르는 수상실적으로 융합적인 인재임을 보여주고 있으며, 3년 동안의 임원활동을 통한 급우들과의 소통능력으로 전공적합도를 만족시키고 있습니다.

독서를 통하여 진로에 대한 깊은 탐색을 하는 모습을 보며 지적 호기심과 발전 가능성이 많은 학생임을 알 수 있으며, 학교 방과 후 수업을 연 300시간 이상 이수함으로써 사교육에 의존하지 않고 학교수업을 최대한 활용하는 모습에서 자기 주도성을 잘 보여주고 있습니다. 또한, 다양한 동아리에서 수행한 본인의 역할과 활동이 자기소개서에 잘 드러나고 있으며, 특히 면접에서 어려운 질문에도 긴장하지 않고 본인의 열정과 특색 있는 모습을 진솔하게 보여주어 잠재력 있는 학생임을 어필하고 있습니다.

매 학년마다 봉사상과 모범상을 받고, 2년 동안 반장을 맡아 소통하는 리더십으로 반을 잘 이끌어 왔으며, 아픈 친구를 기꺼이 도와주는 따뜻한 마음을 가진 학생입니다.

손영호 학생은 창의 역량과 종합적 사고력을 지닌 사람, 성실성과 소통역량을 지닌 사람, 글로벌 시민의식과 주도성을 가진 사람을 인재상으로 하는 건국대에 딱 맞는 학생입니다. 평소 본인이 추구하는 '열정적이고 즐겁게'라는 가치관으로 대학생활을 멋지게 해내길 바랍니다.

이화여자대학교_고교추천전형
융합학습의 달인!
의공학자 꿈으로 연결하라!

엘텍공과대학 휴먼기계바이오공학부 / 일반고 조은별 학생

학생합격인터뷰

"이화여자대학교는 1, 2, 3학년 성적을 같은 비율로 반영하기 때문에 1학년 때부터 꾸준한 성적관리를 한 것이 도움이 되었다고 생각합니다. 또한, 면접의 비율도 작은 편이 아니기 때문에 철저한 준비를 했습니다. 평소 자신에 대한 성찰을 자주 하는 편이고, 진로가 결정된 이후에는 '의공학'이라는 학문에 관심을 갖고 관련 매체를 통해 지식을 꾸준히 채워나갔기 때문에 면접에 대한 자신감이 있었습니다. 그 자신 있는 모습이 면접관님들 눈에 보였던 것 같습니다."

01 고교3년 열정 STORY

구분	1학년	2학년	3학년 1학기
진로희망	교사	생명공학자	의공학자
희망사유	평소에 친구들에게 설명해 주는 것을 좋아했고 교내 교육봉사동아리 활동을 통해 경험한 '교육'에 매력을 느껴 교사라는 꿈을 갖게 됨.	동아리 활동(생명공학)과 수업시간(신경계와 뇌)의 관심을 도서 탐독 후 다양한 생명현상을 연구하여 인류에 도움이 되는 생명공학자가 되길 희망함.	생명과 의학 관련 정보 공유(3D프린터 인공장기제작)로 의학과 공학의 접점인 의공학 분야를 연구하여 유익한 의료기기를 개발하여 사회복지에 기여하고 싶다는 목표를 가지게 됨.

> 3년 동안 진로 탐색을 교내 활동과 교과 수업, 그리고 독서를 통해 호기심을 해결하면서 다양한 활동을 통하여 교사–생명공학자–의공학자로 진로를 구체화함.

구분		1학년	2학년	3학년 1학기
수상경력	학업	• 수학경시대회 • 1학기 성적우수상(국어1,한국사, 미술창작, 음악과 진로, 기술가정) • 2학기 성적우수상(과학, 음악과 진로)	• 교과우수상(문학, 미적분1) • 교과우수상(독서와 문법, 미적분2, 영어2, 윤리와사상, 물리1, 생명과학1) • 수학경시대회(동상 3위)	• 수학탐구대회(은상 2위) • 교과우수상(화법과작문, 기하와벡터, 영어회화, 지구과학2)
	전공		• 과학동아리발표(알데바란)(공동수상–16명) 최우수상(1위)	• 논술경시대회(과학 부문) 금상(1위) • 논술경시대회(수학 부문) 장려상(4위)
	경험	• 제3회 교내 시사토론대회(장려상 3위)	• 과학,창의력대회(과학 부문) 장려상(3위) • 과학창의학술발표대회(공동수상–4명) 최우수상(1위)	• 진로탐색 자율독서동아리 활동사례 프레젠테이션대회(공동수상–5명) 장려상(3위)
	인성	• 청소년의 달 기념모범학생표창장(봉사 부문)		

> 3년 동안 전 교과 학업역량이 우수하며, 특히 수학과 과학의 연계 확장으로 지속적인 동아리 활동과 논술 영역 부문 수상의 결과물을 보임.

창의적 체험활동 상황

구분		1학년	2학년	3학년 1학기
창의적 체험활동 상황	자율활동	• 학급 부반장 • 교내체육대회(응원상) • 책 읽는 학급 선정 • 학교축제(합창대회2위)	• 교내 체육차장 • 교내체육대회(학급수상) • 학교축제 배종제(연극공연 참여)	• 학생회 기획부장 • 교내체육대회(경기규칙 소개/의견 채널) • 학급특색 활동(나의 짝평가) • 학급신문(YOLO)
	동아리활동	• 알데바란부원(과학반) – 2014 신나는 STEAM캠프(일일교사) • Biolet 자율동아리(생명존중 의식 갖고 해부실험) • 동아리 축제	• 알데바란 친목부장 • Biolet 자율동아리(1,2학년 대상 교내자율실험대 운영) • 2015 토요과학체험마당 • 학교동아리축제(홍보전1위, 사진전1위) • 창작무용(방과후 스포츠클럽)	• 알데바란(과학반) • Biolet 자율동아리(혈당기 주제로 발표)
	봉사활동	• 교내 교육봉사동아리 '안다미로'의 부원 – STEAM 과학캠프(일일교사) • 지역아동센터(마중물, 우리, 행복한)	• 교내교육봉사동아리'안다미로'의 부장 • 지역아동센터(우리, 행복한) • 무지개유치원	• 봉사활동 교육 및 청소
		총 54시간	총 66시간	총 10시간
	진로활동	• 진로계획 발표대회(예선전) • 교내 교육봉사동아리 • '안다미로'의 부원 • STEAM 과학캠프(일일교사)	• 진로성숙의 기회 – 직업퀴즈대회 – 자기소개서 콘테스트 – 진로영화 소감문작성	• 의공학자로 진로결정 – 자기성찰 – 각종 대학 입시설명회 – 전공지식 (학습내용확장, 융합) – 교내수학탐구대회 – 교내과학논술대회 – 벡터동아리(생명윤리독서 후 찬반토론)

> 자율동아리 Biolet에서의 심화되어 가는 실험과정과 진로활동에서 보이는 진로탐색, 진로결정과정은 전공에 대한 깊은 고민과 애정이 보이며 교육봉사동아리를 통한 3년간의 학습재능기부와 학생회, 학급 임원에서 보여준 리더십은 의공학자로서의 인성이 엿보임.

독서활동 상황

구분	1학년	2학년	3학년 1학기
독서 활동	• 소녀들의 거짓말 _발레리 쉐러드 • 어느날 내가 죽었습니다 _이경례 • 싫다고 할 걸 그랬다 _아니키 토어 • 과학에 미치다_한동진 • 아프니까 청춘이다_김난도	• 판스위스 교수의 생물학강 의_프랭크 H.헤프너 • 이기적 유전자_리처드 도킨즈 • 파피용_베르나르 베르베르 • 꿈꾸는 뇌의 비밀_안드레아 록 • 고릴라는 핸드폰을 미워해 _박경화 • 인간의 미래_라메즈 님 • 수학콘서트_박경미	• The one thing_게리 켈러 • 파인만의 여섯가지 물리이 야기_리처드 파인만 • 약이 사람을 죽이다 _레이 스트랜드 • 기후가 미친걸까? _로메르 사두르니 • 생명윤리를 말하다 _마이클 센델
	공통 5권	공통 7권	공통 5권

2학년부터 본격적으로 전공을 탐색하는 관련 책들을 읽기 시작하다 3학년에는 좀 더 구체화시키는 깊이 있는 독서로 진행됨.

02 나의 성적

교과	학년 전체
국어	1.00
수학	1.32
영어	1.22
사회	1.33
과학	1.61

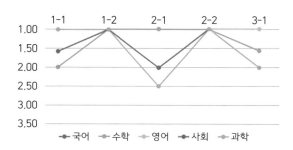

교과	학년 전체
전 교과	1.44
계열 교과	1.32

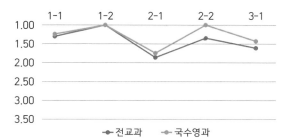

03 자기소개서 분석

이화여대 고교추천전형은 자기소개서를 제출하지 않아 경희대 제출서류를 대신합니다.

1단계 자기소개서 작성을 위한 소재 찾기

	학업역량	전공적합성	발전가능성	인성
4. 수상 경력	• 교과우수상(19개) • 영어경시대회(장려상) • 과학경시대회(지구과학) • 수학경시대회 • 수학탐구대회	• 과학동아리발표 • 논술경시대회(과학 부문) • 논술경시대회(수학 부문)	• 교내 시사토론대회 • 과학의 달 행사(과학, 창의력대회 과학 부문) • 과학창의학술발표대회 • 진로탐색 자율독서동아리 활동사례 • 프레젠테이션 대회	• 청소년의 달 기념모범학생표창장(봉사 부문)
6. 진로		• 직업퀴즈대회 • 진로영화소감문작성	• 자기소개서 콘테스트	_
7. 창체 (자동 봉진)	• 수학탐구대회 • 과학논술대회	• 과학동아리(알데바란) • 자율동아리(Biolet) • 벡터동아리(생명윤리) • 토요과학체험마당	• 2-6 창작무용	• 학급 부반장 • 교내 체육차장 • 학생회기획부장 • 봉사활동 130시간
8. 교과 세특	• 수학경시대회 • 무채혈혈당기	• 과학논문대회 • 논술대회	• 자기소개서쓰기 수행평가	_
9. 독서	• 과학에 미치다_한동진 • 판스위스 교수의 생물학강의_프랭크 H.헤프너 • 이기적 유전자_리처드 도킨즈 • 꿈꾸는 뇌의 비밀_안드레아 록 • 인간의 미래_라메즈 남 • 수학콘서트_박경미 • 약이 사람을 죽이다_레이 스트랜드 • 생명윤리를 말하다_마이클 센델		_	_

STAR 방식 분석		학생부 연계활용 분석	지원대학 평가요소 분석
구분	내용		
Situation (상황, 배경)	• 동아리 ppt 발표 주제를 고민하던 중 국어시간에 '무채혈 혈당기'에 관한 독서지문을 읽음.	7번 창의적 체험활동(동아리) + 8번 교과 학습발달사항 (세부능력특기사항)	전형적합성 + 전공적합성 + 자기주도 + 경험다양성
Task (목표, 역할)	• '혈당기'에 대해 자세히 알고 싶어 주제로 선정		
Action (구체적인 행동)	• Eric Topol 교수님의 강의		
Result (결과)	• 정밀한 기술을 기반으로 대중화까지 고려한 기술을 개발하고 싶습니다. • 사생활 문제와 정보의 접근성 문제에 따른 이용자 우선 가치를 두고 싶습니다.		

2. 고등학교 재학기간 중 본인이 의미를 두고 노력했던 교내 활동을 배우고 느낀 점을 중심으로 3개 이내로 기술하세요. 단, 교외활동 중 학교장의 허락을 받고 참여한 활동은 포함됩니다(1,500자 이내).

Situation 동아리 ppt 발표 주제를 고민하던 중 국어시간에 '무채혈 혈당기'에 관한 독서지문을 읽었습니다. 예전에 당뇨병으로 고생하셨던 할머니의 아파보이시는 손을 상기하면서 채혈침의 불편함에 공감을 하고, **Task** '혈당기'에 대해 자세히 알고 싶어 주제로 선정하였습니다. 자료를 조사하면서 TED 사이트에서 **Action 1** Eric Topol 교수님의 강의가 인상 깊었습니다. 실제 손가락에서 채혈한 데이터와 지속적으로 센서를 이용하여 얻은 데이터의 그래프를 보았을 때 일치하지 않는 부분이 많았다는 것을 보고 채혈침의 정확성 면에서의 한계를 깨달았습니다. **Action 2** 무채혈 혈당기가 병원에 보편화되어 있는지 궁금하여 직접 동네 병원에 가서 간호사 분을 통해 실태를 알 수 있었습니다. 여전히 채혈침을 사용하고 있었고 당연하게 여기시는 것을 보고 당황했습니다. 혈당기의 데이터 상의 오류와 불편함을 극복한 기계가 나왔음에도 대중화되지 않은 현실이 안타까웠고, 저는 수시로 변화하는 생체 시스템을 다루기에, **Result 1** 정밀한 기술을 기반으로 대중화까지 고려한 기술을 개발하고 싶습니다. 이 강의에서 혈당기 외에도 다른 사실들을 알게 되었습니다. 그 중 바이탈 사인의 측정과 영상 처리에 대한 사실이 흥미로웠는데, 수면 상태를 매 순간마다 스마트폰으로 전송하고 모니터할 수 있었습니다. 그런데 이 기술은 수면의 질 향상에 기여하는 반면, 인간으로 하여금 자는 척할 수 없게 한다는 단점이 있습니다. 즉 미래의 의료기기에서 매 시간마다 개인의 건강 상태가 노출될 수 있고 자칫하면 남용될 수 있다는 문제점이 있다고 생각합니다. 저는 **Result 2** 기술을 개발할 때 이와 같은 사생활 문제와 정보의 접근성에 대한 문제에 있어 이용자를 우선 가치에 두고 싶습니다.

2단계 자기소개서 개요정리

STAR 방식 분석		학생부 연계활용 분석	지원대학 평가요소 분석
구분	**내용**		
Situation (상황, 배경)	• 문자 타이팅의 오타 불편함을 서양문물 수용의 산물이라 판단함.	7번 창의적 체험활동(진로) + 8번 교과학습 발달사항 (세부능력 특기사항)	전형적합성 + 전공적합성 + 자기주도 + 경험다양성
Task (목표, 역할)	• 청소년들을 위한 스마트폰 자판을 설계하는 논문을 작성		
Action (구체적인 행동)	• 설문조사로 자판요소 선정하여 'three-E' 자판을 만들기로 함. • 'ㅋ'을 양쪽 끝에 배치하여 웃긴 감정 표현 • 조장역할(팀원 이끌고 격려해 능동적 참여로 각자 역량 발휘)		
Result (결과)	• 논문 대회에서 1등 • '공모전이나 스마트폰 회사에 제안해도 될 만큼 창의성 인정받음.		

2. 고등학교 재학기간 중 본인이 의미를 두고 노력했던 교내활동을 배우고 느낀 점을 중심으로 3개 이내로 기술하기 바랍니다. 단, 교외 활동 중 학교장의 허락을 받고 참여한 활동은 포함됩니다(1,500자 이내).

Situation 평소 문자 타이핑을 할 때 오타가 잦아 불편함을 느꼈던 저는 '왜 이렇게 배열했을까'에 대한 의문이 생겨서 조사하던 중 현재 우리가 사용하는 한글 자판은 '한글'이라는 우수한 글자를 표현하는 중요한 도구임에도 불구하고, 그 제작 원리가 분명하지 않은, 단순한 서양 문물 수용의 산물이라 판단했습니다. 그래서 제작 원리가 뚜렷한 **Task** 청소년들을 위한 스마트폰 자판을 설계하는 논문을 작성하였습니다. **Action 1** 설문조사를 통해서 중요한 자판 요소를 선정하여 정확하고(exactly), 빠르고(expeditiously), 쉽게(easily) 타이핑할 수 있는 일명 'three-E' 자판을 만들기로 하였습니다. **Action 2** 설계와 보완을 거듭하여 가운데 줄의 위치적 이점을 활용한 육각형 모양의 자판에 사용량이 압도적으로 많은 'ㅋ'을 양쪽 끝에 배치하여 웃긴 감정을 효과적으로 표현할 수 있도록 하였습니다. **Action 3** 조장으로서 팀원인 동생들이 부족하더라도 이끌어주고 격려하면서 능동적으로 참여할 수 있도록 편한 분위기를 조성했기에 각자의 역량을 발휘할 수 있었다고 생각합니다. 같이 밤도 새면서 열정적으로 임한 결과, **Result 1** 논문 대회에서 1등을 수상했습니다. **Result 2** 과학 선생님들께서 "공모전이나 스마트폰 회사에 제안해도 될 것 같은데?" 하시며 신선한 아이디어로 창의성을 인정받아 도전에 대한 자신감이 더욱 상승하는 계기가 되었습니다.

지구과학 노트정리

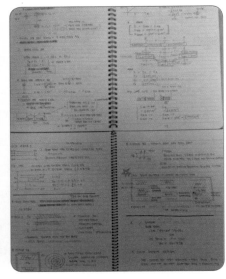

물리 노트정리

논문준비

면접형식	면접시간	약 6분(정확하지는 않음)
	면접위원 수	3명(3분 모두 남자 분)
	면접절차	인성면접
	면접장 분위기	면접장 들어갔는데 모두 엄숙한 분위기에서 자기 할 일만 하고 있었습니다. 자신만의 스크랩북을 만들어서 속독하는 친구도 있었고, 실험들은 B4용지에 프린트해서 읽고 있는 친구 등 많은 학생이 열성적으로 준비하고 있었습니다.
	유의사항	1. 면접시간이 구체적으로 공지되어 있지 않아서 할 말을 다 못 할까 봐 걱정했는데, 면접고사장 들어가자마자 초시계를 눌러 심리적으로 더욱 불안해져서 말을 좀 빨리한 것 같습니다. 이 점 유의하면 도움이 될 듯합니다. 2. 생활기록부를 빠짐없이 메모하면서 준비했는데, 면접을 보고 나서 허무한 느낌이 들 정도로 어려운 질문은 없었습니다. 부담을 많이 느낄 필요는 없을 것 같습니다.

면접질문

Q1 자기소개 좀 짧게 해주세요.

A1 안녕하세요. 이화여자대학교 휴먼기계바이오공학부에 지원한 조은별입니다. 옛 조상님들은 별을 보고 미래를 예측했다고 합니다. 그 기운을 물려받아 저 역시 사람들의 건강을 예측하고 관리함으로써 복지를 실현하고, 의공학 분야를 빛낼 수 있는 좋은 별이 되고 싶습니다.

꼬리질문

Q1-1 자기 이름을 매우 좋아하나 봐요?(웃으심) 누가 지어주셨어요?

A1-1 네! 어머니가 지어주셨습니다.

Q2 이화여자대학교에 입학해서, 자기가 가지고 있는 어떠한 면모 때문에 학교생활에 어려움을 주거나 힘들 것 같다, 이런 것에 대해 생각해본 적 있나요?

A2 네, 있습니다. 공부할 때나 생활할 때 부분적인 것에 치우쳐서 전체를 못 보는 경우가 있습니다. 숲을 못 본다고 하죠. 그래서 3학년 올라와서 안 쓰던 일기를 쓰면서 좀 차분히, 멀리서 바라보는 연습을 하고 있고, 앞으로도 고쳐나갈 생각입니다.

Q3 바이올렛? 이게 뭐 하는 동아리이죠? 동아리에 대해 간략히 설명 좀 해줄래요?

A3 바이올렛은 Bio+let으로 생명의학동아리입니다. 매주 토요일마다 생명의학과 관련된 PPT를 발표하고 토론하고, 해부를 비롯한 생물 관련 실험을 하는 동아리입니다.

Q4 바이올렛 동아리 활동을 보니, 토끼 해부를 했었네요. 살아있는 토끼였나요? 어떻게 했나요?

A4 살아있는 토끼도 있고 죽어있는 토끼도 있었는데 저희 조는 살아있는 토끼로 했습니다. 토끼를 에탄올로 마취시켜서 팔 다리를 고정한 다음 해부를 진행했습니다.

꼬리질문

Q4-1 무엇이 인상 깊었나요?

A4-1 해부를 깔끔하게 해서 그런지, 생각보다 장기들의 위치를 파악하기 쉬워서 진행하는데 수월했습니다. 저는 토끼 눈의 각막에서 수정체를 분리해서 볼록렌즈효과를 봤던 것이 인상 깊었습니다.

Q4-2 해부할 때 징그럽거나 무섭지는 않았나요?

A4-2 그런 생각을 하면 오히려 해부를 그르칠 수 있기 때문에 그런 생각은 최대한 배제하고 했습니다. 물론 생명을 앗아가는 행위여서 안타까웠습니다. 그래서 더욱 철저한 준비와 조사를 하고 한 번에 진행하였습니다.

Q5 취미가 3년 내내 바둑이네요? 바둑 잘 두세요?

A5 한국기원으로 1단이지만, 인터넷 바둑으로는 4~5단 정도 둡니다.

Q6 바둑 두느라 공부하는 데 방해가 됐을 것 같은데?

(질문하신 분은 웃고 계신데 옆 교수님이 질문하셨음.)

A6 고등학교 올라와서는 그렇게 자주 두지 않았습니다. 또한, 바둑은 생각하는 스포츠입니다. 집중력과 사고력을 기를 수 있었고, 복기를 통해 기억력에도 많은 도움이 되었습니다.

(교수님이 그 다음 질문을 하려 했는데 시간이 다 돼서 알람이 울렸음.)

05 2017 수시전형 지원 대학 합불 결과

대학명	전형명	모집단위	수능최저학력기준	합불여부
이화여자대학교	고교추천전형	휴먼기계바이오공학부	×	합격
경희대학교	학교생활충실자전형	생체의공학과	×	합격
경희대학교	네오르네상스전형	생체의공학과	×	합격
건국대학교	KU학교추천전형	의생명공학과	×	합격
고려대학교	학교장추천전형	바이오의공학부	○	불합격
성균관대학교	성균인재전형	자연과학계열	×	불합격

06 최종합격 대학 전형 분석 (이화여대 2017 vs 2018)

① 이화여대 2017학년도 수시모집요강(P.12~P.13)

전형명	모집단위	모집인원	전형방법 및 특징	수능최저학력기준	제출서류
고교추천전형	휴먼기계바이오공학부	20	1) 학생부(교과)80+ 서류20(3배수 내외) 2) 1단계80+면접20	없음	• 학교생활가록부 • 추천서 • 추천명단확인서

	• 2016년 2월 이후 국내 고등학교 졸업자(2017년 2월 졸업예정자 포함)
지원 자격	• 학교장의 추천을 받은 자(추천인원은 6명 이내)

② 이화여대 2018학년도 전형계획안

전형명	모집단위	모집인원	전형방법 및 특징	수능최저학력기준	제출서류
고교추천 전형	휴먼 기계바이오 공학부	30	1) 학생부(교과)80+ 서류20(3배수 내외) 2) 1단계80+면접20	없음	• 학교생활기록부 • 추천서
지원 자격			• 2017년 2월 이후 국내 고등학교 졸업자(2018년 2월 졸업예정자 포함) • 학교장의 추천을 받은 자(추천인원은 제한 있음)		

※ 2018학년도 최종 수시요강에서 변동사항 확인바람.

07 합격자 인터뷰

Q1 고려대학교 학교장 추천전형을 선택하게 된 이유는 무엇이었나요?

A1 이화여자대학교 고교추천전형과 미래인재전형 중에 어떤 전형이 저에게 적합할까? 고민했었습니다. 1학년 때부터 의공학과를 바라보고 꾸준히 관련된 스펙을 쌓아온 것이 아니기 때문에, 활동 면에서 상대적으로 부족할 것이라고 생각했습니다. 또한, 과학 관련된 활동을 꾸준히 해왔지만 아무래도 지방 학생이다 보니 활동에 한계가 있어, 생활기록부가 자신이 없었고 오히려 교과 성적이 좀 더 자신이 있었습니다. 그래서 서류를 100% 보는 '미래인재전형'이 아닌 교과 비중이 높은 '고교추천전형'에 지원했습니다. 그리고 저희 학교에 이화여자대학교 입학사정관님이 방문하셔서 설명회를 하셨는데, 끝나고 따로 조언을 구했습니다. 이분 역시 고교추천 전형을 추천해주셨습니다. 그래서 제 결정을 의심치 않고 지원했습니다.

Q2 본인의 학교생활기록부 관리 비결이 있다면 후배들에게 소개 부탁합니다.

A2 사실 저는 고등학교 2학년 때까지 진로가 뚜렷하지 않았습니다. 그렇지만 과학을 좋아했기 때문에 3년 내내 과학 동아리뿐만 아니라 과학과 관련된 행사, 체험은 가리지 않고 참여했습니다. 예를 들어, 1학년 때 심화과학반 캠프에 참여하였고, 2학년 때에는 논문대회에 참가하여 최우수상을 받아 창의성을 인정받았고, 3학년 때는 과학 논술대회에서 1등을 하는 등 꾸준한 노력을 하다 보니 생활기록부에 '과학에 대한 역량'이 드러날 수 있었던 것 같습니다. 학과와 직접적으로 관련되어 있는 활동은 없지만 이런 활동들이 밑바탕이 되었습니다.

또한, 요령은 아니지만 평소에 수업이 끝나면 질문을 많이 하는 편이라서 선생님들과 이야기를 나눌 수 있는 기회가 많았습니다. 세부특기사항을 써 주실 때 조금의 도움이 되지 않았을까 싶습니다.

Q3 본인에게 가장 영향을 준 책과 그 이유는 무엇이었나요?

A3  마이클 센델 교수님의 『생명의 윤리를 말하다』입니다. 이 책을 주제로 친한 친구와 자율적으로 첫 독서토론을 하게 되어 더욱 뜻 깊었는데, 배아줄기세포 찬반과 유전공학의 개입이라는 두 가지 논점을 가지고 열띤 토론을 했었습니다.

배아줄기세포의 윤리적 문제점은 역분화줄기세포, 유도만능줄기세포 등 다양한 과학기술의 발전으로 점차 해결하고 있습니다. 과학기술이 윤리적 문제를 100% 해결할 수는 없겠지만, 저 또한 이렇게 해결해 보고 싶은 소망이 생겼습니다.

이 책을 읽고 나서 윤리적 문제에 관심을 가지게 되었습니다. 예를 들어, 옥시 사건 발생을 통해 연구자의 양심과 예견적 책임에 대해 고민해보았습니다.

이 책은 예비 공학도로서 윤리의식을 확고히 할 것이라는 다짐을 하게 한 책입니다.

Q4 의공학자의 진로를 희망하면서 휴먼기계바이오공학부에 지원하게 된 특별한 이유가 있었나요 ?

A4 중요하게 여긴 점들은 많지만, 그 중 하나를 꼽으라면 저는 '의공학의 가치' 가 가장 중요했습니다.

일상생활이 불가했던 사람들을 정상생활로 복귀시킬 수 있는, 그런 의공학 분야만이 할 수 있는 것에 매력을 느꼈습니다. 불의의 사고로 다리를 잃은 한 소녀가 의족을 제공받고 tap dance를 추는 영상을 봤던 게 떠오르네요. 많은 사람에게 그런 가치를 선물할 수 있으면 좋겠습니다.

그리고 제가 합격한 대학들의 의공학과가 각기 특성이 조금씩 달랐습니다. 그때는 교과과정을 보면서, 더 배우고 싶은 교과과정이 있는 학교를 선택했 습니다. 예를 들어, 어떤 학교는 화학 분야를 좀 더 많이 다루는 반면, 다른 학교는 물리 분야를 많이 다루는 식 말이죠. 저는 후자를 택했습니다.

Q5 학생부종합전형을 준비하면서 가장 어려웠던 점은 무엇이며 어떻게 극복하였나요?

A5 학생부종합전형은 자기소개서, 생활기록부 등 관리할 게 많은 힘든 전형이 라고 생각합니다. 비교과도 매우 중요하지만, 내신이나 수능을 위한 공부의 흐름을 놓치지 않고 자기관리를 철저히 해서 두 마리의 토끼를 다 잡았으면 좋겠습니다.

대학은 인생에서 어쩌면 삶의 방향을 결정할지도 모르는 아주 중요한 관문 이라고 생각합니다. 그렇기 때문에 대학을 끊임없이 알아보고, 탐색하는 과정을 소홀히 하지 않았으면 좋겠습니다.

08 전문가 의견

전미숙
S&E 컨설턴트
울림코칭연구소 대표

조은별 학생이 지원한 전형은 450명을 선발하는 이화여자대학교 고교추천전형입니다.

엘텍공과대학은 2017년 휴먼기계바이오공학은 PRIME사업 선정되었으며 '휴먼기계바이오공학부', '소프트웨어학부'(컴퓨터공학, 사이버보안), '차세대기술공학부'(전자전기공학, 화학신소재공학, 식품공학), '미래사회공학부'(기후에너지시스템공학, 환경공학, 건축도시시스템공학, 건축학)' 등 총 4개 학부, 9개 전공으로 신설·개편되었습니다. 디자인, 콘텐츠, 인문학적 소양을 함양하는 교과영역을 운영하며, ICT 디자인, 인문테크놀로지, 바이오신소재융합 등의 전공 간 융합전공은 물론 산업계 및 의료기관과 연계하는 산업수요 맞춤 특화교육, 창업(Start-up)·특허(Patent)·시작품(Product) 중 하나를 졸업 성과물로 제출하는 졸업인증제를 시행합니다.

전형단계는 1단계 학생부 80%, 2단계 면접 20%로 진행됩니다. 전국 고교추천전형이고 자기소개서와 수능최저가 없고 1단계의 학생부가 80%를 차지하므로 특히 학교생활기록부의 관리가 중요함을 볼 수 있습니다.

조은별 학생의 학교생활기록부를 살펴보면, 한마디로 '과학의 역량을 융합학습으로 잘 활용하는 학생'이라는 표현을 하고 싶습니다. 융합의 활동은 학교 교과 과정 안에서 학습한 내용을 스스로 확장시키고 융합하려는 노력이 보입니다.

국어수업지문-무채혈기 혈당기-주제선정-강의 청강-청소년들을 위한 스마트폰 자판을 설계하는 논문으로 1등의 수상을 하는 결과를 보였습니다.

2개의 동아리 활동을 하면서도 벡터라는 동아리를 새로 만들어 생명윤리와 독서 찬반토론으로 이어졌습니다. 그리고 독서 활동을 보면 다독보다는 깊이 있는 독서를 통해 전공에 대한 심화를 했습니다. 이러한 활동을 통해 전공을 찾아가는 모습이 엿보입니다.

1학년 교사, 2학년 생명공학자, 3학년 의공학자로 진로를 탐색하는 과정입니다. 3년 동안의 동아리 활동과 봉사활동 꾸준히 하는 성실성과 전공을 탐색하기 위한 활동으로 진로성숙의 기회를 통해 의공학자로 진로를 결정했습니다. 진로탐색과 활동, 내신을 소홀히 하지 않았으며, 수학과학 분야의 교과 및 활동에 탐구를 통한 진로의 확고한 의지를 엿볼 수 있습니다.

이화여자대학교 고교추천전형의 서류 및 면접 평가요소로 살펴보면, 학업역량으로는 전 교과의 고른 학업우수성을 보이고, 수학과 과학의 성적향상을 보입니다. 학교 활동의 우수성은 교내체육대회, 동아리, 봉사활동 등 다양한 학교 활동에 3년 동안 지속적으로 참여하였습니다. 발전가능성은 '양보다는 질'이라는 말처럼 독서를 깊이 있게 탐구하면서 사고의 확장과 자신의 진로와 전공적합성에 연계하는 모습을 보였습니다.

인성은 3개 지역아동센터에서 수학 영어의 학습도우미 역할을 스토리텔링으로 이해력을 돕고 어려움을 들어주는 공감대 형성을 하는 봉사 활동을 하였습니다. 자기 주도성은 동아리를 2개 운영하면서도 벡터라는 동아리를 만들어 생명윤리와 독서토론 활동까지 진행하였습니다. 전공 잠재력은 학습과 진로를 연계하며 끊임없는 호기심과 탐구력으로 논술대회 및 동아리, 그리고 논문으로 전공에 대한 심화학습을 하였습니다.

학업역량과 심층적인 진로탐색으로 의공학자로 결정하였으며, 학교생활기록부에 과학의 대한 역량으로 전공적합성, 융합형 인재로써 호기심과 열정, 끈기, 그리고 다른 분야로 연계 확대하는 한결같은 모습이 전공적합도와 발전가능성이 과학기술 발달 기여와 세계 최고의 여성엔지니어 양성이라는 목표를 가진 이화여자대학교의 엘텍공과대학 인재상과 평가요소 6가지에 부합된 점이 합격 비결로 볼 수 있습니다.

미래 인재의 조건인 '융합의 달인' 조은별 학생의 꿈인 의공학자 가치를 이화여자대학교에서 맘껏 펼치길 응원합니다.

성균관대_과학인재전형

연구중심 영재고에서 경험한 깊이 있는 탐구로
인류 생명에 기여하는 공학자를 바라다

성균융합원 글로벌바이오메디컬학과 / 영재고 강성준 학생

학 생 합 격 인 터 뷰

"합격 비결이라는 건 따로 있는 게 아니라고 생각합니다. 평소 목표가 세워져 있고, 그 목표를 이루기 위해 학교 공부 외에 심화된 내용을 찾아가면서 공부하고, 공부하면서 그에 관한 연구를 하는 것이 중요합니다. 진행해보고 싶었던 프로젝트를 한다면 그것이 바로 '자기주도적학습'이 되는 것이죠. 꿈을 갖고 평소에도 그것을 이루기 위해 노력하며 실천하는 것이 중요합니다. 자신이 해야 할 일이 무엇인지 알고, 작은 목표를 정해 이뤄나가고 천천히 한 걸음 한 걸음 나아간다면 큰 목표를 이뤄나갈 수 있을 것입니다."

01 고교3년 열정 STORY

진로희망사항

구분	1학년	2학년	3학년 1학기
진로희망	물리연구원	엔지니어	엔지니어
희망사유	물리 심화 학습을 하면서 인류에 도움을 주는 학자를 꿈꾸게 됨.	기계의 작동 원리에 대한 호기심과 탐구활동이 우수함.	다양한 메커니즘에 대한 연구를 해보고 싶어 함.

과학, 수학 학력이 매우 우수해서 영재고에 입학을 했음. 이후 영재고의 인재상에 부합하는 다양한 연구활동으로 엔지니어의 꿈을 키움. 물리 연구원에서 엔지니어로 진로 성숙도가 높아지면서, 고 3 때 기계 및 인체 시스템에 대해 연구를 하고자 함. 지속적으로 전공적합도를 높이면서 진로를 구체화시키고 있음.

창의적 체험활동 상황

구분		1학년	2학년	3학년 1학기
창의적 체험활동 상황	자율 활동	• 게임 셧 다운제 토론 • 인공강우 필요성 토론 • 기숙사 활동 교육	• 인성 관련 강의 • 〈한의학은 과학이다〉, 〈과고생의 의대 진학을 제한해야 한다〉 등 토론활동	• 인성 및 인권 교육
	동아리 활동	• [전산동아리] 활동 • 알고리즘 관련 독서 토론 • 고려대 정보보안대학 견학 및 학습	• 전산동아리 활동 • 또래 상담 자율 동아리 • 오카리나 연주 동아리	• 전산 동아리 활동 [다양한 AI(인공지능) 관련 활동] • 또래 상담 자율동아리
	봉사 활동	• 고아원 봉사 • 학교봉사	• 고아원봉사 • 학교봉사	• 고아원봉사 • 학교봉사
		총 40시간	총 50시간	총 52시간
	진로 활동	• 진로 탐색을 위한 다수의 전문가 초청 강연 • 진로교육 이수 • 선배와 함께하는 진로 교실	• 선배와 함께하는 진로교실 • 다수의 전문가 강연	• 수학과 생물학의 만남 강연 • 데이터 기반의 5차 산업 혁명 강연 • 과학고 출신의 사업가 강연 • 선배와 함께하는 진로탐색

전산 및 보안에 관련된 동아리 활동을 하면서 프로그램의 이해도가 높아지고, 이후 자기주도적으로 하드웨어와 소프트웨어를 활용하여 여러 시스템을 구현함. 다양한 전문가 강연 및 교육을 통해서

AI, 4/5차 산업혁명 등으로 시야를 넓히면서 진로에 대한 고민을 함. 또한 실리콘밸리의 다양한 과학자 이면서 사업가들에 대한 강연을 듣게 되면서, 인류의 긍정적인 미래를 위한 사업가의 모습도 생각을 함. 이러한 활동으로 진로 성숙도가 높아지면서 기계와 생체 시스템에 관심을 가지게 되었고 진로를 결정하게 됨.

연구활동

연구활동	• 다중성 금속의 수명연장 및 재사용에 관한 연구 • Computational problem solving physics.	• 토양에 자기장을 걸어줄 때 토양의 성분변화 측정과 개선방안 탐색 • 윈도우 챔버를 이용한 피부조직에 생체광학 영상화와 분석에 대한 연구	• 유리창에 붙이는 종이의 양과 종류에 따른 내구성 비교

물리, 수학의 해를 구하기 위한 알고리즘에 대한 연구는(Computational problem solving physics) 심층적인 물리, 수학 학력에 많은 도움이 됨. 또한 알고리즘을 구현할 수 있는 코딩능력을 갖추게 됨. 생체 광학 영상화 분석 연구에서는 고등학생으로서 한계성을 자기 주도성과 도전적인 사고, 친구들과의 협력으로 극복하고, 만족할 만큼의 연구 결과를 도출할 수 있었음. 연구자로서의 도전 정신과 생물, 물리, 수학, 코딩의 융합적인 사고를 할 수 있게 됨.

02 자기소개서 분석

1단계 자기소개서 작성을 위한 소재 찾기

	학업역량	전공적합성	발전가능성	인성
진로	–	• 고1 물리연구자 • 고2, 3 엔지니어	–	
창체	• 과학탐구대회(물리 부분) 입상 및 우수한 활동	• 알고리즘 관련 독서 토론 • 전산동아리 활동 • 학교특별교육활동을 통한 프로그램 학습	• 다수의 전문가들의 과학에 대한 강연 및 교육 • AI 관련 이론 활동 • 학급별 다양한 주제에 대한 토론	• 학급별 다양한 주제로 토론 과정에서 리더십
교과	• 수학, 과학 관련 학점 A0 이상	• 수학 과학 심화교과 학습 및 토론		• 다양한 교과 모둠활동에서 공동체 의식

	학업역량	전공적합성	발전가능성	인성
연구 활동	–	• 다중성 금속의 수명연장 및 재사용에 관한 연구 • Computational problem solving physics • 토양에 자기장을 걸어줄 때 토양의 성분변화 측정과 개선방안 탐색 • 윈도우 챔버를 이용한 피부조직에 생체광학 영상화와 분석에 대한 연구 • 유리창에 붙이는 종이의 양과 종류에 따른 내구성 비교		–

2단계 자기소개서 개요정리

STAR 방식 분석		학생부 연계활용분석	지원대학 평가요소 분석(인재상)
구분	내용		
Situation (상황, 배경)	2학년 R&E 활동으로 생체 물리 분야인 'Window 챔버를 이용한 피부 및 Primo System의 생체 광학 영상화와 분석에 대한 연구'를 진행	연구활동	교양인 + 전문가 + 리더
Task (목표, 역할)	• 직접 Window를 제작하고 Rat을 해부하여 혈관 속 Primo관을 염색하여 관찰함. • 하지만 2~3주에 한 번씩 방문 하여 실험을 진행할 수밖에 없다 보니 실험에 대한 이해와 숙련도가 떨어질 수밖에 없었음. 그래서 Primo관을 지속적으로 관찰하는 것이 어려웠고 이를 해결하고자 Window System을 제작하여 문제를 해결하는 것이 목표		
Action (구체적인 행동)	Window System을 활용하여 Primo관을 관찰하는 기존에 선행 연구된 내용을 검증할 수 있었음.		
Result (결과)	생물 연구의 한계를 물리적인 시스템을 활용하여 연구를 더욱 발전시켜 나갈 수 있다는 점에서 융합연구의 필요성을 느낌.		

3단계 자기소개서 완성

2. 고등학교 재학기간 중 본인이 의미를 두고 노력했던 교내 활동을 배우고 느낀 점을 중심으로 3개 이내로 기술하세요. 단, 교외활동 중 학교장의 허락을 받고 참여한 활동은 포함됩니다(1,500자 이내).

활동 1

Situation 2학년 R&E 활동으로 생체 물리 분야인 'window 챔버를 이용한 피부 및 Primo System의 생체 광학 영상화와 분석에 대한 연구'를 진행하였습니다. 저는 이 활동을 하면서 다양한 학문들 간의 연계를 통해 무궁무진한 발전을 할 수 있다는 것을 느꼈습니다.

Task 저희가 한 활동은 직접 Window를 제작하고 Rat을 해부하여 혈관 속 Primo관을 염색하여 관찰해보는 것이었습니다. 이 R&E 활동이 이미 진행되고 있는 연구에 참가하는 것이고, 대학원생과는 달리 저희는 2~3주에 한 번씩 방문하여 실험을 진행할 수밖에 없다 보니 실험에 대한 이해와 숙련도가 떨어질 수밖에 없었습니다. 이 연구의 한계였던 부분은 Primo관을 지속적으로 관찰하는 것이 어렵다는 것이었습니다. 이것을 해결하고자 Window System을 제작하여 문제를 해결하는 것이 목표였습니다. **Action** 그리하여 Window System을 활용하여 Primo관을 관찰하는 기존에 선행 연구된 내용을 검증할 수 있었습니다.

Result R&E 활동을 진행하면서 Primo관의 지속적인 관찰이 어렵다는 것을 알고 Window System을 이용하여 문제를 해결하는 것이 인상 깊었고 생물 연구의 한계를 물리적인 시스템을 활용하여 연구를 더욱 발전시켜 나갈 수 있다는 점에서 저는 각 분야의 전문성을 가지고 학문을 연구함과 동시에 융합연구를 위해 폭넓은 시야를 갖고 사고방식을 확장한다면 미래의 과학은 상상을 현실로 이룰 수 있겠다는 생각에 설렘과 열심히 실력을 갖춰야겠다는 각오가 생겼습니다.

STAR 방식 분석		학생부연 계활용분석	지원대학 평가요소 분석(인재상)
구분	내용		
Situation (상황, 배경)	정보 분야에 관심이 많아 Rurple과 Arduino 과정을 이수함. 이 수업을 통하여 정보 분야에서 단순히 C 언어로 코딩하여 프로그램을 만드는 것뿐만이 아니라 하드웨어와 연결시켜서 다양한 활동을 진행하는 방법을 익힐 수 있었음.	연구활동 + 동아리 활동	교양인 + 전문가 + 리더
Task (목표, 역할)	학교 축제 기간에 동아리 발표를 위하여 Arduino 과정에서 배운 내용을 응용		
Action (구체적인 행동)	코딩을 하고 브래드보드에 바퀴와 집게를 연결하여 신호를 주어 바퀴를 이용하여 앞뒤로 움직이고 모터를 돌려서 집게를 조였다 풀었다 할 수 있는 집게 로봇을 제작함.		
Result (결과)	정보 분야에 좀 더 관심을 가질 수 있게 해 주었음. 복잡한 코딩을 하고 과학상자 키트, 브레드보드 등을 활용하여 지금은 간단한 집게로봇이지만 성공적으로 완성시킬 수 있었음.		

2. 고등학교 재학기간 중 본인이 의미를 두고 노력했던 교내 활동을 배우고 느낀 점을 중심으로 3개 이내로 기술하세요. 단, 교외활동 중 학교장의 허락을 받고 참여한 활동은 포함됩니다(1,500자 이내).

활동 2

Situation 정보 분야에 관심이 많았던 저는 학교 특별교육 활동으로 기업에서 주관하는 Rurple과 Arduino 과정을 이수하였습니다. 이 수업은 코딩을 하여 컴퓨터 속 로봇을 이용하여 과제를 수행하는 Rurple 과정과 브레드보드를 이용하여 다양한 도구 및 로봇을 제작하는 Arduino 과정을 배울 수 있었습니다. 이 수업을 통하여 정보 분야에서 단순히 c 언어로 코딩하여 프로그램을 만드는 것뿐만이 아니라 하드웨어와 연결시켜서 다양한 활동을 진행하는 방법을 익혀 나갔습니다.

Task 그 뒤 학교 축제 기간에 동아리 발표를 위하여 Arduino 과정에서 배운 내용을 응용하여 보았습니다. **Action** 코딩을 하고 브래드보드에 바퀴와 집계를 연결하여 신호를 주어 바퀴를 이용하여 앞뒤로 움직이고 모터를 돌려서 집게를 조였다 풀었다 할 수 있는 집게 로봇을 제작하였습니다. 처음 제작하였을 때는 여러 가지 문제점으로 잘 작동하지 않았지만, 조원들과 같이 코딩의 문제점을 찾아내고 수정 하여 성공적으로 완성시킬 수 있었습니다.

Result 이 제작 활동은 제가 노력하여 이룬 일에 대한 뿌듯함을 느끼게 해주었고 정보 분야에 좀 더 관심을 가질 수 있게 해주었습니다. 1학년 때는 단순한 구조물을 제작하는데 그쳤지만 좀 더 복잡한 코딩을 하고 과학상자 키트, 브레드보드 등을 활용하여 지금은 간단한 집게로봇이지만 성공적으로 완성시켰을 때 그 성취감은 제가 포기하지 않고 계속해서 도전할 수 있는 계기가 되었습니다.

참고 **활동증빙자료**

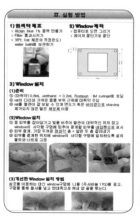

R&E 실험 방법

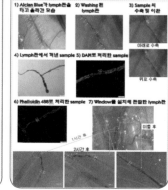

R&E 탐구 결과

03 면접 후기

본 면접 후기는 강성준 학생이 GIST 면접 후기를 작성한 것입니다. 성균관대 과학인재전형은 면접이 없기 때문입니다.

면접형식	면접시간	15분
	면접위원 수	3분
	면접절차	구술면접
	면접장 분위기	
	유의사항	

면접질문

Q1 수학–벡터의 정의, 3차원 직선의 방정식에 관한 간단한 문제

A1 문제가 정확하게는 기억나지 않지만 3차원 벡터, 직선의 방정식 연습문제 수준의 문제가 나와서 간단한 계산으로 해결

Q2 물리–반구 위의 물체가 반구를 따라 낙하할 때 떨어지는 각도 계산, 진자운동의 간단한 개념

A2 물체가 반구에서 떨어지기 위해 필요한 속도를 구해주고, 역학적 에너지 보존법칙을 이용하여 어느 위치에서 그 속도를 가지는지를 계산.
진자가 운동할 때 받는 힘의 방향 등 개념적인 부분을 질문하여 배운 대로 답함.

Q3 자기소개서, 지원동기 및 진로

A3 학교를 지원하게 된 계기 및 학교에 입학하고 어떤 일을 하고 싶은지에 관

해 질문을 받아 입시를 준비하면서 알게 된 점, 그동안 내가 꿈꾸고 살아왔던 목표, 대학교에 진학하고 하고 싶은 것 등에 관해 말함.

전반적인 면접 자체는 크게 어려움은 없었던 것 같습니다. 영재고를 준비하면서 꽤 높은 수준의 수학, 과학 공부를 해왔기에 익숙했던 문제들이라 잘 풀어나간 것도 있는 것 같습니다. 개념만 알고 있으면 즉석에서도 바로 풀어나갈 수 있는 정도의 난이도였습니다.

면접 방식은 면접장에 들어가서 칠판의 큰 화면을 통해 문제를 받고, 면접위원 앞에서 바로 그 문제를 풀어나가는 방식입니다. 풀이를 생각하면서 중요하다고 생각되는 부분에 관해 언급을 하면서 간단한 풀이과정을 칠판에 적으면서 해결하였습니다.

자기소개서에 관한 질문은 잘 기억이 나지는 않지만 자신이 사실대로 작성하였다면 막힘없이 대답할 수 있다고 생각합니다. 지원 동기 및 진로에 관한 질문은 '단순히 남들이 좋다고 하는 학교라서가 아니라 입시를 준비하면서 여러 학교의 다양한 과를 자세히 조사해보고, 각 학교, 학과의 장점들을 찾아보고, 이런 부분이 좋은 것 같고, 이 학교에 진학한다면 내 큰 목표를 이루는데 한 걸음 다가갈 수 있을 것이라 생각한다' 등 자신이 학교를 선택하고, 학과를 선택한 이유를 소신껏 대답하면 됩니다.

04 2017 수시전형 6개 대학 합불결과

대학명	전형명	모집단위	수능최저학력기준	합불여부
성균관대학교	과학인재	글로벌바이오메디컬	×	합격
Gist	일반전형	무학과	×	합격
서울대학교	일반전형	기계공학과	×	불합격
카이스트	일반전형	무학과	×	불합격

05 최종합격 대학 전형 분석
(성균관대 과학인재전형 2017 vs 2018)

① 성균관대 2017학년도 수시모집요강(P.21)

전형명	모집단위	모집인원	전형방법 및 특징	수능최저학력기준	제출서류
과학인재	글로벌바이오 메디컬공학	10	서류40 + 논술60	없음	• 학생부 • 자기소개서
지원자격	• 고교졸업(예정)자 또는 관련 법령에 의하여 이와 동등 이상의 학력이 있다고 인정된 자				

② 성균관대 2018학년도 전형계획안

2017학년도 과학인재 전형 10명이 2018학년도에는 글로벌인재 전형으로 흡수됩니다.

06 합격자 인터뷰

Q1 성균관대학교 과학인재 전형을 선택하게 된 이유 무엇이었나요?

A1 처음 성균관대학교에 지원을 할 때 전형이 많아서 어떤 것을 선택해야 할지 고민이 되었습니다. 하지만 다니고 있는 학교가 영재고등학교이다 보니 수학과 과학에 집중해서 깊이 있는 내용을 배울 수 있었습니다. 이런 부분을 잘 살릴 수 있는 전형이 과학인재 전형이라고 생각해서 과학인재 전형을 선택하였습니다. 수학, 물리 분야를 선택해서 문제를 풀고, 풀이를 서술형으로 적어나가는 것은 2년 반 동안 학교에서 해왔던 것이므로 잘 할 수 있을 것이라 판단했기 때문입니다.

Q2 본인의 학교생활기록부 관리 비결이 있다면 후배들에게 소개 부탁합니다.

A2 생활기록부에 들어가는 내용에는 내신, 연구 활동, 동아리 활동, 독서 활동, 봉사 활동 등이 있습니다. 내신은 다들 자신만의 방법으로 잘 관리하고 있을 것이라 생각합니다. 저 같은 경우는 학교 정규 수업시간에 과제연구, R&E 활동 등이 포함되어 있습니다. 스스로 연구 주제를 정하고, 계획하고, 진행합니다. 주어진 연구 활동 시간 외에도 여가시간 등 남는 시간을 투자하여 연구를 진행하기도 합니다. 이런 활동이 한 학기, 학년 단위로 계속 진행되기 때문에 생활기록부의 내용이 많아지게 됩니다. 동아리 활동에서도 저는 정보 동아리에 가입해서 친구들과 조를 짜서 프로젝트를 진행하였고, 이를 학교 축제에서 발표하였습니다. 이런 식으로 학교 공부 외에 다양한 활동들을 진행하다 보면, 자연스럽게 생활기록부에 작성할 내용들이 많아지게 됩니다.

Q3 본인에게 가장 큰 영향을 준 책과 그 이유는 무엇이었나요?

A3

이 책의 전반적인 내용은 여러 분야에 있는 26명의 교수님들이 우리가 처한 상황에 대한 인식, 앞으로의 미래를 발전시키기 위해 배워야 할 것, 기술 발전의 방향, 필요한 인재상에 관한 이야기를 하고 있습니다.

제가 이 책을 읽은 시기가 2학년 때 성적이 떨어져서 약간 방황하고 있을 때였습니다. 내가 앞으로 뭘 해야 될지 막막해질 때 이 책을 읽었습니다. 책을 읽으면서 다양한 분야의 교수님들이 생각하는 각 분야의 문제점, 부족한 점, 나아갈 점 등을 알아갔습니다. 기초과학이 다른 선진국들에 비해 많은 격차가 벌어지고, 창의적으로 새로운 개념을 제시하는 역량이 부족하다는 것을 느끼고, 엔지니어가 꿈이었던 저에게 이러한 문제를 해결하고 싶다는 생각이 들게 해주었습니다. 방황하고 있던 저의 마음을 다잡고 다시 한 번 제 꿈을 향해 달려 나갈 수 있게 많은 것을 알게 해 준 책인 거 같습니다.

Q4 학과를 선택하는 데 가장 중요하게 여긴 점은 무엇인가요?

A4 학과를 선택할 때 가장 중요하게 보는 건 아무래도 내가 어렸을 때부터 하고 싶었던 일과 학교에 진학하고 어떤 일을 하는지가 가장 중요한 것 같습니다. 저는 엔지니어를 꿈꿔왔기 때문에 공대 쪽에 진학을 희망하였고, 여러 학과를 알아보았습니다. 기계공학과도 가고 싶었고, IT분야로도 가보고 싶었습니다. 다양한 학교의 학과에 대해 홈페이지를 들어가 보고, 입시설명회도 다니면서 조사하면서 진학 후 배우는 내용, 졸업 후 진로방향 등이 제가 좋아하는 것인지, 정말 즐기면서 할 수 있는 일인지를 판단하여 선택하였습니다.

Q5 대학입시를 준비하는 후배들에게 가장 하고 싶은 이야기는 무엇인가요?

A5 진로를 선택하는 계기는 사람에 따라 다를 거라고 생각합니다. 저의 경우는 어릴 때부터 과학자라는 꿈을 가지고 있었습니다. 막연하지만 목표를 잡고 공부해서 원하는 고등학교에 진학했습니다. 처음 고등학교에 진학했을 땐 졸업하고 뭐하지? 라는 생각이 별로 없었습니다. 근데 막상 2학년 말 3학년이 되고 입시가 코앞에 다가오자 그냥 막연한 목표를 가지고 앞으로 달려가기만 했다는 생각이 들었습니다. 정작 제가 원하는 목표를 찾지 않고 주변에서 시키는 일만 했던 것 같았습니다.

그래서 제가 뭘 원하는지 찾기 위해 다양한 학교의 입시설명회를 다녀왔습니다. 학교에 입사관이 방문하는 경우도 있고, 각 학교에서 진행하는 설명회 등 잘 찾아보면 많은 설명회가 열립니다. 꿈이 있고, 목표가 있다면 자기가 원하는 것을 찾아나가기 때문에 큰 문제가 되지 않을 것이라고 생각하지만 저처럼 구체적인 목표가 없는 경우는 이런 입시설명회를 가보는 것도 좋을 것입니다. 남들이 말하는 좋은 대학교, 그런 곳을 가고 싶어 할 것입니다. 하지만 정작 그 학교에서 어떤 활동을 하고, 졸업 후 어떤 일을 하는지 정확하게 아는 것이 중요합니다. 저도 처음에는 단순히 공학이 좋다고 생각해서 기계공학과를 가고 싶었지만, 성대 글로벌바이오메디컬학과 알게 되었을 땐 기계공학과와는 다른 재밌을 것 같다는 생각이 들어서 지원했습니다.

남들이 가라는 학교에 지원하지 말고 내가 꿈꾸는 학과를 선택하세요. 학교 홈페이지에 들어가서 여러 가지 정보를 찾아보세요. 그러다가 '아! 난 이 분야로 진학해서 이런 연구를 해보고 싶다.' 이런 생각이 드는 과를 정하는 게 좋을 것 같아요. 진로를 정할 때는 학교 이름만 보고 정하는 게 아닌 그 학과에서 무엇을 하는지를 보고 가라는 말을 해주고 싶습니다.

07 전문가 의견

황교일
S&E 컨설턴트
(주)케이스이앤씨 대표

강성준 학생이 지원한 성균관대학교 글로벌바이오메디컬학과(이하 BME)는 뇌 과학 및 다양한 의료장비에 대해 연구하는 융합학과입니다. 이 학과에 과학인재전형(특기자 전형)으로 지원했습니다. 논술전형에 가까운 전형으로 서류(40%) + 논술(60%) 로 선발을 하여 논술의 비중이 높은 편입니다. 영재고, 과학고 등 과학, 수학에 우수한 실력을 갖춘 학생들이 지원하는 전형이었으나 2017학년도에는 일반고에도 지원자격을 부여한 특징이 있어 일반고 우수한 학생과 자사고에서 논술을 준비한 학생들에게 좋은 기회가 된 전형입니다.

2018학년도에는 과학인재전형은 없어지고 글로벌인재 전형으로 선발하게 됩니다.

BME는 의공학의 중점 분야(뇌과학, 생체재료, 첨단의료기기) 개척을 통한 세계최고 수준의 글로벌 바이오 분야 전문인력 양성을 목표로 하고 있습니다. 이 목표를 위해서 교육과정 트랙, 사회진출 트랙 2가지로 구분하고 있습니다. 교육과정 트랙은 첨단의료트랙, 생체재료트랙, 뇌과학 트랙으로 구분하고, 사회진출 트랙은 글로블 HME 트랙, 연구 트랙으로 구분합니다. 각 트랙은 1학년 2학기에 신청하고 2학년 1학기부터 진행됩니다. 해당 트랙 전공을 20학점 이상 이수하면 졸업장에 기재되어 우수한 인재로 인정받습니다. 국제적 경쟁력을 위해 전공 수업은 영어로 진행이 됩니다. 무엇보다 졸업을 위해서 SCI급 논문을 1편 이상 써야 하는 요건이 있습니다. 졸업 요건이 비교적 까다롭고 연구 활동이 매우 많기 때문에 졸업 이후 국제적 경쟁력이 우수할 것으로 판단됩니다. 이러한 정보를 정확히 알고 지원해야 합니다.

강성준 학생은 영재고 특성상 내신 관리가 쉽지 않았지만 비교적 우수하게 관리(학점 3.7 이상/4.3)를 하였고, 특히 수학, 과학의 경우 4.0 수준을 꾸준히 유지하여 계열 교과의 우수한 학업 능력을 보여주고 있습니다. 학교의 특성상 교내 수상을 남발하지 않아 수상 실적이 많이 없지만 수학 과학 심화 학습을 통하여 탄탄한 수학적 사고와 과학적 탐구력으로 논술시험에서 우수한 성적을 얻었습니다. 또한 깊이 있는 연구 활동을 다양한 교내 활동으로 수행한 내용이 학교생활기록부와 자기소개서에 충분히 기록되어 있습니다.

강성준 학생은 학교에서 다양한 연구 활동과 전문가 교육을 받았습니다. 특히 〈Window 챔버를 이용한 피부 및 Primo System의 생체 광학 영상화와 분석에 대한 연구〉 연구 과정에서 발생한 문제점을 극복한 부분은 창의적인 사고 능력과 포기하지 않는 도전 정신이 우수함을 알 수 있습니다. 또한 연구 결과를 위해서 물리, 생물, 수학, 소프트웨어를 융합하는 창의적인 사고능력이 우수함을 알 수 있습니다.

이후 졸업논문을 위한 연구, 다양한 전문가 강의를 듣고 미래 인재상인 융합, 창의 인재가 될 수 있는 기반을 마련하였습니다. 이러한 것을 볼 때 성균관대 BME에서 원하는 인재상인 교양인, 전문가, 리더의 모습에 적합하여 합격을 한 것으로 생각됩니다. 미래 우리나라 성장을 이끌어 갈 강성준 학생의 밝은 미래를 기원합니다.

동국대학교_Do Dream학교장추천전형

유전자 치료로 뇌졸중환자 회복에 대한
관심과 탐구하는 생명과학 연구원!

생명과학과 / 일반고(과학중점고) 정상훈 학생

학 생 합 격 인 터 뷰

"학생부종합전형은 무엇보다도 교과뿐만 아니라 비교과 활동까지 균형 있게 고교 3년 동안 꾸준히 활동하는 것이 무엇보다 중요해요. 주위 많은 친구들이 내신 혹은 비교과에만 편중되어 활동하는 경우 실제 결과에 있어서 어려움을 겪게 되는 경우가 있었습니다. 특히 더 좋은 대학을 지원하기 위해서 학생부의 진로와 관련 없는 학과를 지원하는 친구들이 많지만, 저는 학생부의 진로와 연관성 있는 학과에 지원한 전형은 전부 합격을 하게 되었습니다.

결국, 진로와 연관된 학생부 기록과 학과 선택이 합격 비결이었습니다."

고교3년 열정 STORY

진로희망사항

구분	1학년	2학년	3학년 1학기
진로희망	의사	제약사	생명과학연구원
희망사유	장애우 의료봉사기관 활동과 의학서적 독서활동을 통한 의사 진로 수립	메르스 등의 전염병 예방 및 치료를 통한 신약개발 제약사의 진로 수정	생명과학 시간 '유전자 치료로 뇌졸중 환자 운동기능 회복기능'에 대한 관심과 관련 신문기사 스크랩과 동아리 활동을 통해서 생명과학연구원으로 진로 최종 확정

3년 동안 진로희망사항이 변경되었지만, 진로희망 관련해서 관련 교과수업, 동아리 활동, 시사 이슈에 관심을 가짐으로써 진로 수정에 대한 충분한 소명과 경험을 보여줌.

수상경력

구분		1학년	2학년	3학년 1학기
수상경력	학업 역량	• 2학기 교과우수상(한국사)		• 나를 찾는 여행프로젝트(역경극복, 은상)
	전공 적합 역량	• 동아리 활동우수상(동상) • 2014크라운 진로동아리발표대회(은상)		• 나를 찾는 여행프로젝트(진로 부분, 금상)
	경험 다양	• 교내수학독서독후감쓰기대회(은상) • 창의 과학캠프(금상) • 충남정보올림피아드 교내예선 대회(은상) • 과학의 달 행사대회(동상) • 교내항공우주과학경진대회(금상) • 2014교내우주과학창의력대회(은상)	• 제5회 독서골든벨대회(우수상) • 창의융합의 달 대회(동상) • 미래 직업인명함 만들기 대회(은상) • 현장체험학습보고서발표대회(최우수상) • 공부사랑동아리발표대회(동상) • 바인더제작대회(동상)	
	인성 역량		• 모범상(우정 부문)	• 표창장(봉사 부문) • 효 실천 사례보고대회

수학 및 과학 관련 교내 수상실적 이외에도 가능한 한 참여 가능한 모든 대회를 지원하여 모집단위 전공과 관련이 없어도 적극적인 참여가 평소의 지적 호기심을 바탕으로 한 경험과 잠재능력을 보여줌.

구분		1학년	2학년	3학년 1학기
창의적 체험활동 상황	자율활동	• 과학의 날 행사 • 과학 분야 명사 초청강연 • 수학 분야 명사 초청강연 • 교내 정보 올림피아드 글짓기부문 참여	• 2학기 학급반장 • 창의 융합의 날 행사 • 체육대회 축구선수 참여 • 천맥축제 부스 운영	• 1학기 학급 부반장 • 창의융합의 날 • 진로계획발표의 날
	동아리활동	• 생물과학동아리 ECO • 진로동아리 CROWNS 굿닥터 의학	• 생명과학동아리 ECO • 자율동아리 꿈닥터 • 자율동아리 황금비	• 전공독서R&D공학A • 자율동아리 (MEDIFOOD)
	봉사활동	• 교내학교 주변 정화활동 • 꽃동네가족 돌보기 활동 • 과학경진대회정화활동	• 어르신 돕기 봉사활동 • RCY주변 환경정화활동 • 학교 급식실 정리 질서활동 • 인근중학교 과학지도활동	• 천안 세인트요양병원
		총 68시간	총 78시간	총 59시간
	진로활동	• 학교 특색사업 J-VIPS • G-적자생존 학습플래너	• Dr(의학)CROWNS 진로스터디 • 대학교수. 동문선배 강연 • 진로독서발표대회 • 학교 역점사업 학습플래너	• 생명과학기사스크랩 • 나를 찾는 여행 프로젝트 • CROWNS진로스터디

3년 동안 비교과 활동이 핵심이라고 할 수 있는 자율, 동아리, 봉사, 진로활동을 하나도 빠짐없이 충실하게 참여했으며 특히 생명과학동아리와 진로 관련 봉사기관 참여 경험 사례가 진로 변경에도 불구하고 진로설정을 구체화하는 데 어려움이 없었음.

구분		1학년	2학년	3학년 1학기
	독서활동 상황	• 하리하라의 생물학 카페_이은희 • 이기적 유전자_리처드 도킨스 • 내 몸 사용 설명서_메멧 오즈. 마이클 로이젠	• 게놈_맷트 리들리 • 복제양 돌리_지나 콜라타 • 유전자와 생명복제에 대한 100문 100답_아마가사 케이스케 • 이중나선_제임스D왓슨 • 미생물의 힘_버나드 딕슨 • 작지만 위대한 미생물 세상_이상엽 • 약에게 살해당하지 않는 47가지 방법_곤토 마코토	• 내가 유전자 쇼핑으로 태어난 아이라면_정혜경 • 하리하라의 바이오 사이언스_이은희 • 과학 읽어주는 여자_이은희 • 길에서 만난 세상_박영희

구분	1학년	2학년	3학년 1학기
	국어 4권/수학 2권/사회 4권/한국사 1권/과학 4권/공통 4권 = 총 19권	국어 11권/수학 6권/영어 8권/한국사 2권/과학 12권/미술 1권/공통 9권 = 총 49권	국어 2권/수학 2권/과학 4권/공통 3권 = 총 11권

3년 동안 생명과학과 관련된 다양한 독서활동을 통해서 생명과학 교과수업과 생명과학 동아리에서 토론 및 발표에 도움이 되는 배경지식을 지속해서 함양하는 데 도움을 줌.

02 나의 성적

교과	학년 전체
국어	2.82
수학	2.46
영어	1.86
사회	2.00
과학	2.60

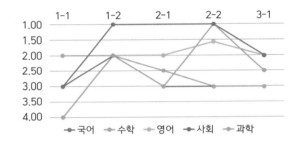

교과	학년 전체
전 교과	2.40
계열 교과	2.42

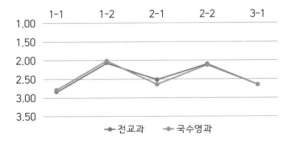

03 자기소개서 분석

1단계 자기소개서 작성을 위한 소재 찾기

	학업역량	전공적합성	발전가능성	인성
4. 수상경력	–	2학년 • 현장체험학습보고서 • 공부 사랑동아리발표대회 3학년 • 나를 찾는 여행 프로젝트(진로 부문)		• 3학년 표창장(봉사 부문)
6. 진로	–	2학년 • 제약사 3학년 • 생명과학연구원		–
7. 창의적 체험활동	–	(자율활동) 2학년 • 창의 융합의 날 행사 • 천맥축제 부스운영 3학년 • 창의 융합의 날 행사 (동아리 활동) 1학년/2학년 • 생명과학동아리 ECO • 3학년 • 전공독서 R&D공학 • 자율동아리 MEDIFOOD (진로활동) 2학년/3학년 • Dr. Crowns 진로스터디 • 생명과학기사스크랩		(봉사활동) 2학년 • 어르신 돕기 봉사활동 • 인근 중학교 과학지도활동(총78시간) 3학년 • 천안 세인트 요양병원(총59시간)
8. 교과 세부능력 특기사항	–	• (생명과학I) 인근 대학 선배들과 캠바이오활동 통한 교과서 이론을 직접 실험을 통한 확장된 지식을 습득 • (과제연구자율활동) 블루라이트의 생물에 미치는 영향 주제로 탐구활동		–
9. 독서	–	(물리I) • 재미있어서 밤새 읽는 물리 이야기_사마키 다케오 • 한 권의 물리학_클리퍼드 A. 픽오버 (생명과학 I) • 이중나선_제임스D왓슨		–

STAR 방식 분석		학생부 연계 활용분석	지원대학 평가요소 분석
구분	내용		
Situation (상황, 배경)	단국대 생명과학부 대학생 선배들과 'CAMBIO'멘토 학습 프로그램 참여	수상실적 + 동아리 활동 + 교과세특 (생명과학 I) + 독서활동	전공적합도 + 자기 주도적 학습능력
Task (목표, 역할)	'EM발효액의 황산화 작용 실험'에서 EM원액을 EM발효액으로 제조		
Action (구체적인 행동)	EM원액 실험실에서 관찰했지만, 실험 실패 원인에 대한 대학생 멘토선배의 조언을 통해 실험주의 사항 인식		
Result (결과)	실험 관련 철저한 사전 준비 중요성의 인식과 사후 '바나나, 브로콜리 DNA 추출', '무즙 효소 실험' 등을 진행하게 됨.		

3단계 자기소개서 완성

2. 고등학교 재학기간 중 본인이 의미를 두고 노력했던 교내 활동(교과 및 비교과 포함)을 3개 이내로 기술하세요. 단, 교외 활동 중 학교장의 허락을 받고 참여한 활동은 포함됩니다(1,500자 이내).

Situation 2학년 때, 단국대 생명과학부 대학생들과의 'CAMBIO' 멘토 학습 프로그램에 참여했습니다. 학교 공부에 대한 부담이 있었지만 전문적인 지식을 배울 수 있다는 점과 첨단 장비를 이용한 여러 실험을 해볼 수 있다는 생각에 20여 명의 학생과 함께 참여했습니다.

첫 실험은 'EM발효액의 항산화 작용 실험'이었습니다. **Task** 제가 맡은 역할은 EM원액을 EM발효액으로 제조하는 것이었습니다. **Action** 처음에 간단한 실험으로 판단했기 때문에 따로 주의사항을 읽어보지 않은 채, 여러 물질과 혼합한 EM원액을 실험실에 4일간 놓아두고 이후 확인하려 했습니다.

하지만 4일 후 실험실에서 EM원액이 든 병이 터져있는 것을 발견했습니다. 원인을 파악하기 위해 실험 과정과 재료를 철저히 점검했지만 문제점을 찾을 수가 없었습니다. 결국, EM발효액 제조과정에서 폭발을 막기 위해 반드시 주기적으로 가스를 빼주어야 한다는 사실을 대학생 멘토에게 듣게 되었습니다. 실험의 가장 기본적인 요소인 주의사항을 간과한 것이 실수였습니다.

Result 간단하고 쉽게 보이더라도 과학 실험에서는 과정에 대한 철저한 숙지 및 재료 이용 방법 그리고 실험 시 주의 사항에 대한 사전 준비가 완벽해야 한다는 것을 깨달았습니다. 이후 철저한 사전준비를 통해 '바나나, 브로콜리 DNA추출', '무즙 효소 실험' 등은 실수 없이 진행할 수 있었습니다.

2단계 자기소개서 개요정리

STAR 방식 분석		학생부 연계 활용분석	지원대학 평가요소 분석
구분	**내용**		
Situation (상황, 배경)	물리1 교과수업내용과 연계된 블루라이트의 인체 유해성에 대한 관심	수상경력 + 교과세특 + 동아리 활동 + 독서활동	전공적합도 + 자기 주도적 학습능력
Task (목표, 역할)	교내 자율 과제 연구 대회에 '블루라이트가 생물에 미치는 영향'이라는 주제로 참여		
Action (구체적인 행동)	블루라이트 노출을 통한 6개월 간 실험집단과 대조군 집단의 성장 속도를 비교하고 성장 과정상의 특이사항을 관찰 기록		
Result (결과)	블루라이트가 생물의 성장과 행동에 유의미한 영향을 미치며 연구결과를 홍보하여 급우들의 경각심을 일깨움		

3단계 자기소개서 완성

2. 고등학교 재학기간 중 본인이 의미를 두고 노력했던 교내 활동(교과 및 비교과 포함)을 3개 이내로 기술하세요. 단, 교외 활동 중 학교장의 허락을 받고 참여한 활동은 포함됩니다(1,500자 이내).

Situation 2학년 때 전자기기에서 발생하는 블루라이트라는 빛이 인체에 악영향을 끼친다는 뉴스를 보았습니다. 당시 물리 I 교과에서 가시광선의 한 영역인 블루라이트에 대해 배우고 있어서 그 뉴스에 관심을 두게 되었습니다. 약간의 호기심과 교과와의 연계성 때문에 블루라이트에 대한 보도자료 및 문헌을 조사해보았고, 그 유해성에 대해서 확정적인 결론이 없다는 것을 알게 되었습니다.

Task 이후 블루라이트가 인체에 어떤 영향을 끼칠 수 있는가에 대해 생물실험을 통해 직접 확인해보고 싶어서 교내 자율 과제연구 대회에 〈블루라이트가 생물에 미치는 영향〉이라는 주제로 참여했습니다. **Action** 실험 대상은 햄스터와 강낭콩이며, 블루라이트 노출 유무 및 시간 그리고 자연 빛 노출 시간 등을 주요 변인으로 하여 6개월간 실험집단과 대조군 집단의 성장 속도를 비교하고 성장 과정상의 특이사항을 관찰 기록하였습니다. 연구 계획 수립, 실험 대상 선정, 실험 조건 설정 그리고 변인 통제 등에서 많은 어려움을 겪었지만 과학적 탐구의 흥미진진함을 느낄 수 있었고 생명과학 및 물리에 대한 직접적인 경험 및 지식을 얻을 수 있었습니다.

Result 실험 결과, 두 집단 간 성장 속도에서 유의미한 정도의 차이가 있었고 실험 집단의 성장부진 뿐만 아니라 햄스터에게서는 비정상 행동 유형을 관찰할 수 있었습니다. 즉 블루라이트가 생물의 성장과 행동에 중대한 영향을 끼칠 수 있다는 것입니다. 좀 더 장기적이고 철저한 실험 조건하에서의 연구가 필요하겠지만, 나름 유의미한 결과를 얻은 것 또한 기뻤습니다. 이 연구 결과는 학내 게시판과 전단지 등을 통해 블루라이트의 유해성에 대한 학생들의 경각심을 일깨우는 활동에 계기가 되기도 했습니다.

단국대CAMBIO멘토 선배들과 활동사진

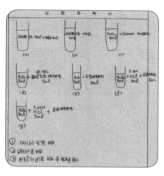

단국대CAMBIO 실험기록 보고서

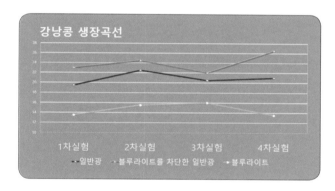

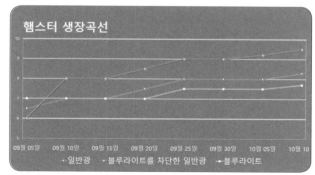

블루라이트 유해성 발표자료(식물 분야 / 동물 분야)

04 면접 후기

면접형식	면접시간	10분
	면접위원 수	2명
	면접절차	인성면접
	면접장 분위기	조용하고 차분했음.
	유의사항	동국대학교가 다른 학교에 비해 유독 교과 관련 질문을 많이 함. 내가 한 활동이 있으면 그것과 교과를 연관 지어 물어보는 것이 많음. 또한 면접 준비를 할 때 자소서를 토대로 준비하는 것이 좋음. 생기부를 토대로 면접을 준비하는 것도 좋지만 면접관들이 생기부에 있는 모든 내용을 볼 시간도 없고 보지도 않음. 따라서 중요했던 사건 위주로 철저히 준비하는 것이 좋음. 괜히 이상한 것들까지 준비할 필요는 없음

면접질문

Q1 EM발효액의 항산화 작용실험을 진행했었는데 EM은 무엇이며 항산화작용실험은 무엇인지 설명해주세요.

A1 EM은 Effective Organisms의 약자로 유용 미생물군을 의미합니다. 유용 미생물군은 효모균, 유산균 등 5가지 정도가 있습니다. 저는 유용 미생물군이 철의 녹슨 부분을 없애주는 항산화 작용을 한다는 것을 사전에 알고 있었고, 이것을 실험을 통해 직접 눈으로 확인하고자 EM 발효액을 직접 만들어 녹슨 철을 발효액에 담가 두었고 직접 철의 녹슨 부분이 없어지는 것을 알 수 있었습니다.

Q2 실험 과정에서 발효액의 폭발이 있었다고 했는데 그것이 무엇 때문인지 확인했나요?

A2 네. EM발효액을 만드는 과정에서 발효시킬 때 무산소 호흡이 일어나는데 무산소 호흡과정에서 CO_2, ATP 등이 발생하는데 이 과정에서 생긴 CO_2 기체가 모여서 폭발한 것으로 알고 있습니다.

Q3 그렇다면 여기서 발생한 CO2, ATP는 명반응, 암반응과 무슨 연관이 있는지 설명해보세요.

A3 대답하지 못함.

Q4 블루라이트 실험을 진행했었는데 이 실험에 관해서 설명해주세요.

A4 블루라이트는 고에너지의 가시광선으로 시력저하, 불면증 등의 영향을 인체에 미친다고 알고 있었습니다. 저는 블루라이트가 실제로 이러한 영향을 끼치는지에 대하여 직접 확인해보기 위하여 동물과 식물을 통해 실험해보기로 했습니다. 동물과 식물을 각각 3개의 통에 나누어 담은 후 블루라이트, 블루라이트를 없앤 햇빛, 햇빛 이렇게 3종류의 빛을 각각 씌어준 후 3달 동안 매주 동물의 행동 변화 및 신체 변화를 체크했으며, 식물 또한 성장 속도를 체크했습니다. 실험 결과 블루라이트가 동물과 식물에 악영향을 끼친다는 사실을 알 수 있었기에 블루라이트가 인체에도 악영향을 미친다고 결론지었습니다.

Q5 마지막으로 하고 싶은 말이 있나요?

A5 네. 저는 동국대학교 생명과학과에 입학하기 위해 요양병원에서의 봉사활동, 생명과학 동아리 활동 및 R&E 등의 활동을 하였습니다. 동국대학교 생명과학과에 입학하여 저의 미래 꿈인 노벨생리의학상도 타고 재미있는 학교 생활도 하고 싶습니다.

05 2017 수시전형 지원 대학 합불 결과

대학명	전형명	모집단위	수능최저	합불여부
동국대학교	학교장추천전형	생명과학과	×	합격
인하대학교	학생부종합전형	생명과학과	×	합격
세종대학교	창의인재전형	생명시스템학부	×	합격
건국대학교	KU자기추천전형	줄기세포재생공학과	×	불합
숭실대학교	SSU미래인재전형	의생명시스템학부	×	불합
충남대학교	일반(교과)전형	메카트로닉스공학과	○	불합

06 최종합격 대학 전형 분석 (동국대 학교장 추천전형 2017 vs 2018)

① 동국대 2017학년도 수시모집 요강(P.10~11)

전형명	모집단위	모집인원	전형방법 및 특징	수능최저학력기준	제출서류
학교장 추천전형	생명과학	5	1) 서류100(3배수 내외) 2) 1단계70+면접30	미적용	• 학교생활기록부 • 자기소개서 • 학교장추천서
지원 자격			2015년 2월 이후 국내 고등학교 졸업(예정)자로서 소속(졸업) 고등학교장의 추천을 받은 자이며 성실한 고교생활을 바탕으로 학업역량과 공동체 의식을 보유한 자 (※ 고등학교별로 인문/자연 계열 구분 없이 3명까지 추천 가능)		

② 동국대 2018학년도 전형계획안(P.9)

전형명	모집단위	모집인원	전형방법 및 특징	수능최저학력기준	제출서류
학교장 추천전형	생명과학	7	서류100(3배수 내외)	미적용	• 학교생활기록부 • 자기소개서 • 학교장추천서
지원 자격			2016년 2월 이후 국내 고등학교, 또는 2016년 2월 이후 대한민국 교육부 인가 재외한국학교 졸업(예정)자로서 소속(졸업) 고등학교장의 추천을 받은 자 ※ 고교 추천인원 : 우리대학 모집단위 계열별 2명 이내		

※ 2018학년도 최종 수시요강에서 변동사항 확인바람.

07 합격자 인터뷰

Q1 동국대학교 학교장 추천전형을 선택하게 된 이유는 무엇이었나요?

A1 저는 동국대학교의 학생부종합전형 중 학교장추천전형을 지원해 자연계열 생명과학과에 합격하였습니다. 일반고를 진학하여 1학년 때부터 꾸준히 내신과 비교과를 관리하려고 노력하였습니다. 생명과학 동아리, 봉사활동, 수학 교과학습 동아리, 학급 반장 및 부반장 등을 하였고, 교내 대회는 모두 참가하며 고등학교 생활을 함에 있어 열정적으로 생활을 하려고 노력하였습니다. 봉사활동을 할 때 한 곳에서 장기간 봉사했으며, 생명과학 동아리에서는 주로 이론 지식보다는 실험을 위주로 진행했습니다. 또한, 내신 시험 기간에는 전 과목 교과를 공부하여 전 교과의 성적을 고르고 높게 유지하였습니다. 동국대학교 학교장추천전형은 학과와 연관된 활동을 중점적으로 평가하는 일반적인 학생부종합전형과 달리 교과 성적의 고른 향상과 성실한 학교생활과 학과 연계 활동을 중점적으로 평가합니다. 따라서 학과 관련 다양한 활동과 성실한 학교생활 및 전 교과의 고른 내신 분포를 가진 저는 동국대학교 학교장추천전형에 지원하게 되었습니다.

Q2 본인의 학교생활기록부 관리 비결이 있다면 후배들에게 소개 부탁합니다.

A2 저는 우선 교내 대회는 무엇이든 참여하는 것이 학생부 관리의 첫 번째라고 생각합니다. 이과라 해서 독서 대회에 참가하지 않는 것이 아니라 교내에 있는 모든 대회에 참가하는 것이 중요하다고 생각합니다. 나중에 꿈이 바뀔지도 모르고 활동은 많을수록 좋다고 생각합니다. 또한 교내대회, R&E, 독서, 봉사활동 등의 활동을 한 후에는 활동 기록지를 만드는 것이 좋다고 생각됩니다. 아무리 좋은 활동이라도 막상 자소서나 생기부에 기재하려고 할

때 기억이 나지 않는다면 소용이 없습니다. 그렇기에 활동한 후 활동 기록지를 만드는 것이 좋다고 생각됩니다.

일반고에서는 특목고, 자사고 등에 비해 활동이 그리 많지 않다고 생각합니다. 하지만 활동이 없다고 해서 가만히 있으면 다른 사람과 똑같이 되는 것에 불과합니다. 활동이 없다면 내가 직접 만들어내야 하고 어떤 활동을 해야 할지 감이 오지 않는다면 진로 선생님과의 대화를 통한 조언을 얻길 바랍니다. 고등학교 1, 2학년 때 넋 놓고 있으면 어느 누구도 자신의 생기부에 글을 써주지 않습니다. R&E, R&D, 봉사 등 모든 활동이 학교에서 챙겨주지 않는다면 스스로 찾아가서 해야 합니다.

Q3 본인에게 가장 큰 영향을 준 책과 그 이유는 무엇인가요?

A3  『내가 유전자 쇼핑으로 태어난 아이라면』이라는 책을 추천합니다. 생명과학에 다양한 분야 중에서도 유전자를 이용한 질병 치료 및 예방에 관심이 있었습니다. 유전자를 이용한 질병 치료를 하기 위해서는 그 전에 충분한 연구가 필요한데 연구를 하는 과정에서 많은 실험동물이 사용됩니다. 실험동물을 이용하여 연구할 때 무자비하게 실험동물을 사용하는 것이 아니라 최소한으로 사용해야 하고 또한 연구할 때 생명을 소중히 여기는 생명 존중 의식 및 생명윤리의식이 있다고 생각합니다.

이 책을 읽으면서 우리가 연구할 때 무엇보다도 생명에 대한 존중과 윤리의식이 중요하다는 것을 깨달을 수 있게 해주는 좋은 책이라고 생각합니다. 생명과학에 관심이 많은 학생은 꼭 한 번 읽어 보아야 하는 훌륭한 책이라고 생각합니다.

Q4 진로가 3년 연속 변경되었는데 진로 변경에 따른 교내 활동은 어떻게 했나요?

A4 의사, 제약사, 생명과학연구원 이 세 가지의 진로는 모두 다른 직업이지만, 생명과학이라는 큰 틀 안에 있습니다. 저는 생명과학이라는 큰 틀 안에서 생명과 관련된 활동을 하며 바뀐 진로에 맞는 세부적인 내용들을 채워갔습니다. 진로가 바뀐 이유에 대해서는 자소서나 진로 희망사유에 기재하였습니다. 많은 학생이 학창생활을 하는 동안 다양한 이유로 진로가 바뀌고 또 이것을 당연하다고 생각합니다. 중요한 것은 단지 성적으로 인해 강제로 정해지듯 결정된 진로 변경이 아니라, 분명한 이유가 있어야 하고 변경된 진로가 자신이 원하는 진로여야 한다는 것입니다. 단지 점수에 맞춰서가 아닌 정말로 하고 싶어서 진로가 바뀐 것이라면, 바뀔 때마다 그에 맞는 활동을 하면 됩니다.

Q5 학생부종합전형을 준비하는 후배들에게 가장 하고 싶은 말은 무엇인가요?

A5 학생부종합전형은 공부 실력 즉 내신이나 수능등급이 주가 아니라 학교생활과 자신이 희망하는 학과에 대한 관심과 흥미를 주로 하는 것으로 알고 있습니다. 그렇다고 해서 내신이나 수능을 소홀히 하면 안 됩니다. 아무리 학생부종합전형이라도 해도 대학을 결정짓는 것은 내신등급입니다. 내신등급에 따라 내가 지원할 수 있는 대학이 나누어지게 됩니다. 절대로 수능을 포기하면 안 됩니다.

수시를 쓸 때는 자신의 내신점수보다 높은 대학에 지원하는 일명 상향지원을 하게 됩니다. 이 경우 자신이 얼마나 자신이 있는지 또한 수능점수가 어느 정도 나오는지에 따라 수시카드 중 몇 개를 상향으로 쓸지 정하게 됩니다. 수능점수가 잘 나오지 않는다면 재수를 생각하지 않는 이상 상향은 쓸 수도 없고 자신의 내신점수보다 낮은 대학에 지원하여 결국 자신이 생각했던 것보다 더 낮은 대학에 가야 하는 상황이 발생합니다. 따라서 꼭 학생부종합전형을 준비하는 학생이라면, 수능과 내신 모두 잘해야 성공합니다.

08 전문가 의견

전용준
S&E 수석컨설턴트
강남메가스터디
입시전략연구 소장

정상훈 학생이 합격한 동국대학교 학교장추천전형은 작년 지역우수인재전형 폐지 후 새롭게 신설된 전형으로 전형 명칭의 변경과 함께 작년에 수도권 지원이 제한되었지만, 2017학년도 수시전형부터는 전국고교에서 지원 가능하며 대신에 고교별 추천 인원을 5명에서 3명으로 축소하게 된 전형입니다.

지원자격은 2015년 2월 이후 졸업(예정)자로서 학교장의 추천을 받아야 하며 성실한 고교생활을 바탕으로 학업역량과 공동체 의식을 보유한 인재를 선발하며, 고교에서 추천 시 인문/자연 계열 구분 없이 3명까지 추천이 가능한 전형입니다. 1단계 서류100으로 학생부, 자소서, 추천서를 바탕으로 3배수 선발하여 2단계 면접에서 1단계 성적70+면접30으로 수능 최저 없이 최종선발했습니다.

정상훈 학생은 동국대학교의 대표적인 학생부종합전형인 전공적합성과 자기 주도성이 강한 Do Dream전형보다는 학교생활에 기본이 되는 성실함과 교과 활동과 비교과 활동에 있어 상호균형 있는 활동을 통한 지원자들을 선호하는 학교장추천전형을 선택한 점이 합격에 결정적인 영향을 주었습니다. 또한, 3년동안 진로가 변경되었지만, 관련 진로활동과 독서활동 특히 자율동아리를 통해서 충분히 활동한 상황들을 학생부와 자기소개서에 본인의 활동중심으로 잘 기록되어 있으며 이러한 변화와 성장의 경험사례를 면접을 통해서 적극적으로 면접관들에게 본인의 특장점을 호소한 점이 최종적으로 합격하게 되었다고 평가할 수 있습니다.

경희대학교_네오르네상스전형
충실한 학교생활과 자연탐구활동으로
인간을 치유하는 산림환경연구원을 꿈꾸다

식물·환경신소재공학과 / 일반고 지용성 학생

학 생 합 격 인 터 뷰

"저는 3년 동안 학생부종합전형을 준비하면서 내신과 비교과 활동을 골고루 챙기기 위해 많은 노력을 했습니다. 학교에서 이루어지는 교과 관련 경시대회에 꾸준히 참여하여 다양한 대회에서 입상하여 교과에 대한 열의를 보였습니다. 봉사활동은 학교 내에서 이루어지는 봉사뿐 아니라 3년 동안 충북대학교 병원 봉사활동 및 지역아동센터 과학실험 교육봉사 활동을 하였습니다.
봉사활동을 하면서 겪었던 문제들을 해결해가는 과정, 봉사활동 후 느낀 점을 자기소개서에 잘 풀어내서 학교생활에서의 적극성을 인정받을 수 있었습니다. 또한, 교과별 세부능력 특기사항에서도 수업시간에 열심히 참여했던 내용들을 잘 기록하여 열정을 보일 수 있었습니다."

01 고교3년 열정 STORY

구분	1학년	2학년	3학년 1학기
진로희망	뇌신경외과 전문의	산림환경연구원	산림환경연구원
희망사유	어려서부터 뇌질환으로 고통받는 사람들을 보며 도움을 주고자 뇌과학에 관심을 갖고 뇌신경외과 전문의를 꿈꾸게 됨.	사람들에게 덕을 베푸는 숲을 연구하여 오랫동안 우리의 숲을 보전하고자 장래 희망으로 정함.	숲에서 아토피를 치유한 경험을 계기로 숲의 중요성과 보전의 필요성을 깨닫고 미래 산림환경연구원이 되어 산림생태보호와 산림치유를 연구하고자 함.

> 1학년에서 2학년 진급시 진로 목표가 변경되었으나, 진로가 변경된 이후에도 관련 교과 성적, 동아리, 독서 등 전공적합성과 일관성이 돋보임.

수상경력

구분		1학년	2학년	3학년 1학기
수상경력	학업역량	• 학력상(음악과진로) • 학력상(한국사) • 여름방학 과제물 우수상(수학, 장려상 3위)	• 학력상(국어Ⅱ, 수학Ⅱ) • 교내 경시대회 페스티벌 탐구논술대회(물리, 장려상 3위) • 제6회 교내경시대회 페스티벌 탐구논술대회(화학, 최우수상 1위) • 학력상(한문Ⅰ)	• 학력상(독서와 문법, 한문Ⅰ) • 탐구논술대회(생명해석 부문 우수상 2위) • 교과우수상(사회문화, 화학Ⅱ)
	전공적합역량	• 교내탐구과학대회(과학, 우수상 2위)	• 교내창의력한마당(생명자연탐구 장려상 3위) • 교내 진로동아리 탐구 보고서 발표대회(자연 공동수상 4인) • 나의 꿈 발표대회(최우수상 1위)	• 창의사고력 한마당대회(생명자연탐구대회 우수상 2위)
	경험다양	• 교내 통일골든벨대회(장려상 3위) • 독도과거대회 교내예선대회(동상 3위) • 교내경시대회페스티벌 우리말 겨루기 대회(장려상 3위)	• 천안함 용사 추모5주기 글짓기 대회(장려상 3위) • 1학기 교과별 게시판 퀴즈왕대회(기술가정, 우수상 2위) • 1학기 교과별 게시판 퀴즈왕대회(수학, 우수상 2위)	• ThinkPlus논술대회(우수상 2위)

262

구분		1학년	2학년	3학년 1학기
	경험 다양	• 1학기교과별 게시판 퀴즈왕 대회(미술, 2위) • 1학기교과별 게시판 퀴즈왕 대회(체육, 2위)	• 1학기 교과별 게시판 퀴즈 왕대회(중국어 우수상 2위) • 여름방학 과제물 우수상(수 학, 장려상 3위)	
	인성 영역	• 봉사상	• 1년 개근상 • 봉사상	• 선행상 • 1년 개근상

고교3년 동안 학교의 각종 행사에 참여하여 학업역량 뿐만 아니라, 지원학과와 관련된 진로 탐색 및 심화 과정을 경험하였으며, 3년 내내 봉사상, 선행상을 받음으로써 인성적으로도 잘 준비되어 있음.

창의적 체험활동 상황

구분		1학년	2학년	3학년 1학기
창 의 적 체 험 활 동 상 황	자율 활동	• 자살예방교육 • 학교폭력 예방교육 • 사이버범죄 예방교육 • 남북통일교육 • 장애이해교육 • 독도사랑교육	• 학교폭력예방교육 • 통일 골든벨 대회 • 교과별 퀴즈왕 • 금연교육	• 학급환경봉사부장 • 양성평등교육 • 바른말 고은말 교육 • 학교폭력 예방교육 • 직업안전교육 • 교내체육한마당
	동아리 활동	• 대성과학탐구반 • 더하기(자율동아리)	• 대성과학탐구반(식물도감) • Insight(자율동아리) • STN(자율동아리)	• 대성과학탐구반
	봉사 활동	• 개인52시간(충북대병원 의 료수발 및 호스피스)+학교 46시간	• 개인63시간(과학실험교육봉사, 의료 수발)+학교64시간	• 학교13시간
		총 98시간	총 127시간	총 13시간
	진로 활동		• 교내동아리탐구보고서 발표 대회 • 나의꿈 발표대회	• 직업가치관검사 • 과학자초청강연

산림환경에 대한 관심이 동아리 또는 탐구보고서 발표대회에 잘 드러나 있으며, 3년간 봉사 활동 과학실험교육 및 의료수발 부문이 총79시간으로써 진로에 대한 명확성과 구체성을 볼 수 있음.

독서활동 상황

구분	1학년	2학년	3학년 1학기

독서
활동
상황
	• 뇌과학여행자_김종성
	• 청소년을 위한 뇌과학
	  _니콜라우스뉘첸
	• 뇌, 인간을 읽다
	  _마이클코벌리스
	• 뇌 1.4킬로그램의 사용법
	  _존레이티
		• 숲에서 만나다_최창남
		• 오래된 미래
		  _헬레나 노르베리호지
		• 공기를 팝니다_케빈스미스
		• 숲에서 우주를 보다
		  _데이비스 조지 해스컬
		• 식물은 왜 바흐를 좋아할까
		  _차윤정
		• 자연에는 이야기가 있다
		  _조홍섭
			• 역사가 새겨진 나무이야기
			  _박상진
			• 궁궐의 우리나무_박상진
			• 탄소문명_사토겐타로
			• 어느지구주의자의 시선
			  _안병옥
			• 거의 모든 것의 탄소 발자국
			  _마이크버너스리
			• 나는 매일 숲으로 출근한다
			  _남효창
			• 숲생태학강의_차윤정
			• 숲으로 떠나는 건강여행
			  _신원섭
			• 종이로 사라지는 숲이야기
			  _맨디하기스
			• 나를 살리는 숲, 숲으로 가자
			  _윤동혁

	국어 3권/수학 5권/사회 2권/과학 3권/공통 3권 = 총 13권	국어 3권/과학 4권/수학 2권 = 총 9권	국어 2권/사회문화 4권/과학 6권 = 총 12권

> 진로 변경 전 또는 변경 후에서도 목표에 대한 일관성과 실천력이 뚜렷하고, 생명과학에 지대한 관심을 보이는 학생으로서 전공 분야의 독서와 더불어 미래를 준비하는 자세와 노력이 매우 뛰어남.

02 나의 성적

교과	학년 전체
국어	1.47
수학	2.31
영어	2.61
사회	1.54
과학	1.94

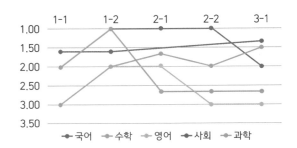

교과	학년 전체
전 교과	2.09
계열 교과	2.10

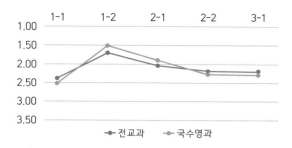

03 자기소개서 분석

자기소개서 작성을 위한 소재 찾기

	학업역량	전공적합성	발전가능성	인성
4. 수상 경력	• 교내 경시대회 페스티벌 탐구 논술대회(물리, 장려상 3위) • 제6회 교내경시대회 페스티벌 탐구논술대회(화학, 최우수상 1위) • 탐구논술대회(생명해석부문 우수상 2위) • 교과우수상(사회문화, 화학Ⅱ)	• 2학년 : 교내창의력한마당(생명자연탐구) • 교내 진로동아리 탐구보고서(자연) • 3학년 : 창의사고력 한마당대회(생명자연탐구대회)	• ThinkPlus논술대회(우수상 2위)	• 1학년 : 봉사상 • 2학년 : 봉사상 • 3학년 : 선행상
6. 진로		• 1학년 : 뇌신경외과 전문의 • 2학년 : 산림환경연구원 • 3학년 : 산림환경연구원		
7. 창의적 체험활동	• (자율활동) 2학년교과별 퀴즈왕	(동아리 활동) • 1학년 : 대성과학탐구반 • 2학년 : 대성과학탐구반, Insight(자율), STN(자율) • 3학년 : 대성과학탐구반(봉사활동) • 2학년 : 과학실험교육봉사(15시간)	(진로활동) • 2학년 : 교내동아리 탐구보고서 발표 대회	(봉사활동) • 1학년 : 충북대학교 의료수발 및 호스피스 • 2학년 : 청주시 자원봉사센터(의료수발 및 환자돌봄)

	학업역량	전공적합성	발전가능성	인성
8. 교과 세부능력 특기사항	(생명과학I, 2학년) • 방과후학교 14시간	(생명과학I, 2학년) • 식물생태와 생물 다양성 및 환경분야에 대해 관심 (생명과학II, 3학년) • 교정에 심은 나무와 초본 식물들을 조사하여 체계적으로 분류, 직접 계통수를 그려서 수업시간에 발표		
9. 독서		(생명과학I, 2학년) • 숲에서 우주를 보다 _데이비스 조지 해스컬 • 식물은 왜 바흐를 좋아할까_차윤정 (생명과학II, 3학년) • 나는 매일 숲으로 출근한다_남효창		

2단계 자기소개서 개요정리

STAR 방식 분석		학생부 연계 활용분석	지원대학 평가요소 분석
구분	**내용**		
Situation (상황, 배경)	북향화라고 불리는 백목련은 햇빛을 많이 받는 남쪽 꽃잎에 비해 늦게 열리는 북쪽 꽃잎 때문에 수그러진다는 설명을 듣고 학교 주변 식물에 호기심이 생김.	동아리 + 세부능력특기사항 + 독서활동	전공적합성 + 학업역량 우수 + 발전가능성 + 팀워크와 협력 + 성실성, 나눔
Task (목표, 역할)	관찰한 식물을 한눈에 볼 수 있는 식물도감을 만들기로 함.		
Action (구체적인 행동)	Action1 : 식물을 날마다 관찰하여 사진 촬영 Action2 : 선생님의 설명을 바탕으로 인터넷과 여러 식물도감을 참고 Action3 : 수업시간에 배운 내용에서 추가 보완		
Result (결과)	개념을 더 쉽게 이해할 수 있어 교과공부에 도움. 바이오매스생리학을 더 깊게 연구하고 싶다는 결심이 생김.		

1. 고등학교 재학기간 중 학업에 기울인 노력과 학습 경험에 대해, 배우고 느낀 점을 중심으로 기술해주시기 바랍니다(1,000자 이내).

Situation 생명과학시간에 교정의 백목련이 꽃을 피우려 할 때 꽃봉오리들이 일제히 북쪽을 향해 있다는 이야기를 들었습니다. '북향화'라고 불리는 백목련은 햇볕을 많이 받는 남쪽 꽃잎에 비해 늦게 열리는 북쪽 꽃잎 때문에 수그러들게 된다는 설명을 듣고 학교 주변 식물에 대한 호기심이 생겼습니다. 그래서 동아리 부원들과 함께 점심시간을 활용해 생명과학 선생님과 교정을 거닐며 식물을 관찰했습니다. 관찰활동을 하며 소나무의 수분과정, 철쭉의 유도선의 역할과 같은 설명을 듣고 수첩에 정리했습니다.

하지만 수첩에 정리한 내용들은 휘갈겨 쓴 글씨 때문에 알아보기 힘들었고 정리한 식물들이 어떻게 생겼는지조차 헷갈렸습니다. **Task** 그래서 고심한 끝에 관찰한 식물을 한눈에 볼 수 있는 교내 식물도감을 제작하기로 했습니다. **Action** 관찰한 날은 꼭 식물사진을 찍고, 선생님의 설명을 바탕으로 인터넷과 여러 식물도감을 참고하여 내용을 채워갔습니다. 또한 수업시간에 배운 겉씨와 속씨식물의 비교, 양수와 음수의 구분과 같은 식물 생태에 관한 내용을 보충해 식물도감의 완성도를 높였습니다.

Result 식물에 관심을 갖고 직접 조사하며 식물도감을 만들어보니 자연히 교과공부에도 도움이 되었습니다. 수업시간에 배운 계통수를 활용하여 교내 식물 계통수를 만들어보면서 식물을 유연관계에 따라 분류하니 개념을 더 쉽게 이해할 수 있었습니다. 생물의 계통과 분류체계 개념을 암기하려고만 했던 제게 이 활동은 마치 연구원이 되어 유연관계를 밝혀나가는 것 같은 희열을 느끼게 했습니다. 또한 주목을 관찰하면서 암꽃 끝에 물방울 같은 점액이 수분을 돕기 위해 맺혀 있는 것을 보고, 미선나무를 관찰하면서 부채모양의 열매가 멀리 날아가는 것을 본 경험은 바이오매스생리학을 더 깊게 연구하고 싶다는 결심을 갖게 했습니다.

생명과학의 개념을 식물도감에 적용해보면서 흥미를 느꼈고, 교과서를 넘어 다양한 활동을 통해 능동적으로 배움으로써 학문을 폭넓게 배우고 싶은 의지를 갖게 되었습니다. 이 의지는 제가 연구하고 싶은 바이오매스신소재학을 수행하는 데 큰 역할을 할 것입니다.

참고 **활동증빙자료**

04 면접 후기

면접형식	면접시간	10분
	면접위원 수	2명
	면접절차	제시문과 더불어 10분 생각할 시간 주고, 면접고사실 입장 면접관 중 한 분은 제시문에 대한 질문하고, 다른 분은 학생부, 자소서 담당하여 10분 동안 면접 진행함.
	면접장 분위기	차분
	유의사항	말끝 흐리지 말기

경희대학교 식물환경신소재공학과에 네오르네상스전형으로 1차 합격하게 되어 면접을 준비하게 되었습니다.

이 전형으로 합격한 학교 선배를 통해 미리 알아보니 제시문과 자기소개서에 있는 내용만 물어보니 자기소개서만 준비해 가라는 것이었습니다. 제 생각에도 10분이라는 면접시간 동안 제시문에 대한 답변을 하고, 자기소개서와 생활기록부에 있는 내용까지 물어본다는 것은 불가능하다고 생각되어 자기소개서에서 중요하다고 생각되는 부분을 중점적으로 준비하였습니다.

면접날이 되어 면접 장소에 가서 대기시간에 무엇을 볼까 고민하던 중, 챙겨갔던 자기소개서와 학과소개자료, 질문대비자료 그리고 생활기록부를 차례로 훑어보았습니다. 제 차례가 되자 10분간 제시문 준비 시간을 갖게 되었습니다. 제시문은 자연계열 공통으로 화석연료의 사용 규제에 관한 찬반의견을 요구했습니다.

저는 과의 특성 및 자기소개서의 내용이 기후변화와 관련해 있어서 자기소개서 질문 대비를 위해 읽었던 『e솔루션 그린 f』라는 책의 내용을 참고해서 답변을 준비했습니다. 이 책에 나오는 목재 바이오매스가 제가 지원한 학과와 연관이 있는 것을 파악한 후, 제시문을 답변할 때 목재 바이오매스에 대해서도 언급하면서 화석연료 규제에 찬성한다는 의견을 내놓았습니다. 그랬더니 교수님께서는 그러면 반대 측 의견도 말해보라고 하셨습니다. 저는 그때 당황할 수도 있었지만, 잠시 생각할 시간을 달라고 말씀드리고 곧바로 책에서 봤던 내용을 대답했습니다. 책에서는 목재 바이오매스에 대해서 장점뿐만 아니라 단점도 언급해 놓았기에 그런 단점들을 활용하여 반대 측의 의견을 말하는 것은 쉬웠습니다.

제시문 면접을 마친 후에 바로 인성면접이 시작되었습니다. 인성면접에서 당연히 자기소개서에 관한 내용을 물어볼 줄 알았던 저에게 첫 질문은 생활기록부에서 제 꿈이 바뀐 이유에 대해서 설명하라는 것이었습니다. 면접에서 장래희망이 변경된 것은 중요한 질문 요소가 될 것이라 생각하여 준비를 해간대로 대답을 했습니다.

그 후 생기부 자율활동란에 있는 나의 꿈 발표대회를 산림환경연구원의 꿈으로 최우수상을 수상한 것에 대해 어떤 내용으로 발표했는지를 물어보셨습니다. 이런 생활기록부를 꼼꼼히 읽어봐야 물어볼 수 있는 질문들을 두 개 정도 더 한 후 면접은 끝났습니다. 저는 면접 바로 전에 생활기록부를 한번 다 훑고 들어갔기에 10분의 면접시간동안 떨지 않고 막힘없이 대답할 수 있었습니다.

면접에서 중요한 건 만반의 준비를 하는 것이라고 생각합니다. 어떤 주제에 대해서 찬반의견을 말하는 연습에서 찬성 측의 의견을 말했다면 반박질문으로 나올 수 있는 반대의견들도 파악을 해놓아야 합니다. 또한, 학과와 관련된 책들을 많이 읽어 지식을 쌓아가는 것도 중요하다고 생각합니다.

면접을 많이 준비하면 준비할수록 면접을 임하는 태도가 달라지게 됩니다. 면접에서 떨지 않게 되고, 질문에 떠오르는 것들이 많으니 대답도 막힘없이 잘 할 수 있게 됩니다. 면접을 최선의 자세로 임하는 것이 최종합격의 지름길이라고 생각합니다.

05 2017 수시전형 지원 대학 합불 결과

대학명	전형명	모집단위	수능최저학력기준	합불여부
경희대학교	네오르네상스	식물환경신소재공학	×	합격
경희대학교	고교대학연계	식물·환경공학과	×	합격
고려대학교	학교장추천	환경생태공학부	○	불합격
서울대학교	일반전형	산림과학부	×	불합격
서울시립대학교	학생부종합	환경원예학과	×	불합격
중앙대학교	다빈치	생명과학과	×	불합격

06 최종합격 대학 전형 분석
(경희대 네오르네상스전형 2017 vs 2018)

① 경희대 2017학년도 수시모집 요강

전형명	모집단위	모집인원	전형방법 및 특징	수능최저	제출서류
네오르네상스전형	식물·환경신소재공학과	6	1) 서류종합평가100(3배수내외) 2) 1단계 70+인성면접30	없음	• 학교생활기록부 • 자기소개서 • 교사추천서(선택)
지원자격	국내·외 고등학교 졸업(예정)자로서 본교의 인재상인 "문화인", "세계인", "창조인" 중 하나에 해당해야 합니다. 1) 문화인 : 문화·예술적 소양을 바탕으로 다양한 공동체 안에서 삶을 완성해 나가는 책임 있는 교양인으로 성장할 잠재력을 갖춘 자 2) 세계인 : 외국어 능력을 바탕으로 지구적 차원에서 타인과 함께 평화를 추구하는 세계시민으로 성장할 잠재력을 갖춘 자 3) 창조인 : 수학과 과학에 대한 재능과 탐구력을 바탕으로 학문간 경계를 가로지르며 융·복합 분야를 개척하는 전문인으로 성장할 잠재력을 갖춘 자 ※ 상급학교 조기입학 자격부여자는 졸업예정자로 인정하지 않음. 지원 불가				

② 경희대 2018학년도 전형계획안

전형명	모집단위	모집인원	전형방법 및 특징	수능최저	제출서류
네오르네상스전형	식물·환경신소재공학과	7	1) 서류종합평가100(3배수 내외) 2) 1단계 70+인성면접30	없음	• 학교생활기록부 • 자기소개서 • 교사추천서(선택)

지원 자격	국내·외 고등학교 졸업(예정)자로서 본교의 인재상인 "문화인", "세계인", "창조인" 중 하나에 해당해야 합니다. 1) 문화인 : 문화·예술적 소양을 바탕으로 다양한 공동체 안에서 삶을 완성해 나가는 책임있는 교양인으로 성장할 잠재력을 갖춘 자 2) 세계인 : 외국어 능력을 바탕으로 지구적 차원에서 타인과 함께 평화를 추구하는 세계시민으로 성장할 잠재력을 갖춘 자 3) 창조인 : 수학과 과학에 대한 재능과 탐구력을 바탕으로 학문간 경계를 가로지르며 융·복합 분야를 개척하는 전문인으로 성장할 잠재력을 갖춘 자 ※ 상급학교 조기입학 자격부여자는 졸업예정자가 아닙니다. 지원불가

※ 2018학년도 최종 수시요강에서 변동사항 확인바람.

07 합격자 인터뷰

Q1 경희대학교 네오르네상스전형을 선택하게 된 이유는 무엇이었나요?

A1 경희대학교 네오르네상스전형을 선택한 이유는 '학교생활에서의 충실함'을 내신점수로만 평가하지 않고, 생활기록부와 자기소개서를 통해 종합적으로 평가하여 선발하는 전형이었기 때문입니다.

저는 청주지역에 공부를 잘한다고 알려진 고등학교에 다녔기에 등수에 비해 내신점수가 좋은 편은 아니었습니다. 서울 상위권 대학을 수시로 지원하기에는 부족한 점수였습니다. 하지만 고등학교 3년 동안 학생부종합전형을 준비하면서 저에게 적합한 전형인 경희대학교 네오르네상스전형을 찾게 되었습니다. 저는 내신 성적이 하향세였기 때문에 학생부 준비를 열심히 하여 그 학과에 대한 열정을 보이려 노력했습니다. 입학사정관들께서는 단순히 내신 점수만으로 저를 평가하지 않고, 생활기록부를 통해 제가 적극적인 학교생활을 해왔음을 평가해주셨습니다.

이처럼 경희대학교 네오르네상스전형은 내신 성적이 불리하더라도 학과에 걸맞은 학생부를 잘 관리해온다면 충분히 도전해볼 수 있는 전형입니다.

Q2 본인의 학교생활기록부 관리 비결이 있다면 후배들에게 소개 부탁합니다.

A2 먼저 교과내용을 말씀드리면 수업시간에 최대한 집중하려고 노력했고, 그날 내용은 야간자율학습이 끝나기 30분 전에 중요한 부분을 다시 복습했습니다. 학원을 따로 다니지 않아서 수업시간에 어려웠던 내용들이나 혼자서는 이해가 부족한 내용들을 끊임없이 교무실에 찾아가 선생님께 질문했습니다. 질문한 부분과 선생님이 다시 설명해주신 내용은 까먹지 않기 위해 포스트잇에 정리하여 공부했습니다.

비교과 부분은 외부에서 다른 활동을 찾기보다는 교내에 있는 대회 및 동아리 활동에 적극적으로 참여하려고 노력하였습니다. 교내 대회는 문이과 구분 없이 융합적인 사고를 키우기 위해서 여러 대회(이과에서도 우리말 겨루기 대회, 통일골든벨 등)에 다양하게 참여했습니다.

또한, CA 동아리 부회장을 맡아 동아리 활동을 주도적으로 이끌어나가려 노력했고, 제 진로와 관련한 식물관찰활동, 식물도감 만들기, 교내 텃밭 가꾸기 등 여러 활동을 추진했습니다. 더불어 다른 친구들의 진로와 관련한 활동도 같이 하면서 실험도 진행했고, 과학실험 교육봉사활동도 준비하면서 다양한 비교과 활동을 채워나가려고 많은 노력을 했습니다.

Q3 본인에게 가장 영향을 준 책과 그 이유는 무엇이었나요?

A3  어릴 적부터 아토피로 고생했기에 숲의 치유력에 관한 여러 책을 읽는 과정에 『나를 살리는 숲, 숲으로 가자』라는 이 책을 접하게 되었습니다. 책 속 사례 중 '동네 뒷산에서 발견한 희망'이라는 제목의 아토피에 시달린 아이의 이야기는 마치 저를 떠올리게 했습니다.

저는 어릴 때는 물론, 최근까지도 일상생활이 힘들 정도로 아토피로 고통스러웠던 적이 있었습니다. 그때마다 집 근처 산에 올랐고, 덕분에 아토피가 완화될 수 있었습니다. 그러면서 숲의 치유력에 자연스레 관심을 갖게 되었고, 이 사례는 제게 '산림치유 연구'라는 목표를 심어주었습니다.

이 책을 통해 숲의 치유력에 대한 확신이 들었고, 식물의 화학물질인 '파이토케미컬'과 '피톤치드'를 더 깊이 연구하고 싶다는 의지가 생겼습니다. 또한 일찍이 숲의 중요성을 인식해 산림을 잘 보전하고 연구함으로써 삼림욕을 통해 자연치료의 선진국이 된 독일의 사례를 보았습니다. 저는 그들의 환경의식을 배워 우리나라가 생태적 산림관리와 복지에 앞장서는 국가가 될 수 있도록 기여하겠다고 다짐했습니다.

Q4 최종합격에 결정적인 영향을 준 것은 무엇이라고 생각하나요?

A4 생활기록부와 자기소개서에 드러난 진로에 대한 관심과 열정이라고 생각합니다. 저는 자기소개서를 쓸 때 학과에서 배우는 교과목을 직접적으로 기록하였고(예를 들면 바이오매스신소재학), 학과와 교수님에 관한 뉴스기사를 통해 제가 전공하고자 하는 진로와 어떻게 연관시킬 수 있을지를 많이 고민했습니다. 또한, 학과와 관련된 독서활동을 생활기록부에 기록하고 동아리및 진로활동도 학과와 연관시킴으로써, 그 학과에 맞는 인재임을 드러냈습니다. 그 결과 열심히 관리한 생활기록부와 열정을 드러낸 자기소개서 덕분에 합격할 수 있었다고 생각합니다.

Q5 학습법, 시간관리법, 스트레스 대처법 등 자신만이 갖고 있는 노하우 중 몇 가지를 후배를 위해 알려주세요.

A5 저는 제 학습법 중 가장 좋았던 것이 질문하는 것이었습니다. 저는 학원을 따로 다니지 않아서 교과내용 중 이해가 되지 않는 부분이 있다면 항상 교

무실에 계신 선생님께 달려가 질문을 했습니다. 거의 모든 과목 선생님들께 한 번씩은 찾아가서 모르는 교과내용을 질문했던 것 같습니다.

내신시험은 학교 선생님들께서 출제하시기 때문에 선생님들의 설명이 가장 중요하다고 생각합니다. 그래서 저는 수업을 들을 때 이해가 되지 않는 부분들은 따로 포스트잇에 정리하여 질문을 기록해두었습니다. 그리고 수업이 끝나면 바로 선생님께 달려가 선생님의 설명을 들었습니다. 다른 친구들은 쉬는 시간만 되면 친구들과 수다를 떨거나 잠에 빠져들기 바빴는데, 저는 매번 교무실을 찾아가 질문을 하니 훨씬 효과적인 공부방법이었습니다. 덕분에 선생님들께서도 제 열정을 알아주셔서 교과별 세부능력 특기사항을 잘 써주셨습니다. 또한 저에게 대회 및 장학금에 관한 정보도 알려주시면서 많은 도움을 주셨습니다. 그래서 저는 선생님들께 질문하는 공부방법을 가장 추천합니다.

Q6 후배들에게 해주고 싶은 이야기가 있나요?

A6 고등학교 3년간의 입시를 끝마친 뒤, 만감이 교차했습니다. 그동안 열심히 공부했던 책들을 정리하면서 기쁘기도 하면서 아쉽기도 했습니다. 저는 학생부종합전형을 준비하면서 내신 점수 때문에 많이 시달렸습니다. 1점 차이로 1등급을 놓치게 될까 불안했던 경험도 있고, 실제로 그렇게 1등급을 놓치게 되었을 때는 망했다는 생각과 함께 좌절하기도 했습니다. 내신을 준비하면서 후배들도 그런 경험들이 많을 것입니다. 1점 때문에 희비가 엇갈리는 경우도 있었을 것이고, 사소한 것을 가지고 불안해했을 때도 있었을 것입니다. 하지만 돌이켜보면 별 것 아니었던 걱정들이 더 많았습니다. 저는 고등학교 시절 동안 기우가 참 많았던 것 같습니다. 그게 저는 많은 아쉬움으로 남습니다. 후배들은 그런 쓸데없는 걱정은 줄였으면 좋겠습니다.

지금 당장은 '아무것도 안 될 것 같다', '불가능하다', '큰일 났다' 등의 생각이 자주 떠오를지 모릅니다. 하지만 앞으로의 일은 어떻게 될지 아무도 모릅니다. 불행이었다고 생각했던 것이 오히려 기회가 될 수 있습니다. 너무 걱정 속에서만 살지 말고 즐겼으면 좋겠습니다. 다시는 돌아오지 않을 고등학교 3년간 걱정 속에서만 살기보다는 최선을 다하면서도 즐거운 학창시절을 보내기를 바랍니다.

08 전문가 의견

강왕식
S&E 컨설턴트
진로진학 1급 상담사

경희대의 네오르네상스전형은 수시전형 중 가장 많은 인원을 선발하는 전형으로 2단계로 진행됩니다. 1단계에서는 학생부 등 서류 종합평가 성적으로 3배수 내외를 선발하고, 2단계에서는 1단계 성적(70%)과 인성면접(30%)을 합산하여 총점 순으로 수능최저 없이 최종 선발하며 2018학년도에도 전형의 변화 없이 동일한 방법으로 진행됩니다.

지용성 학생은 경희대의 인재상 중 "수학과 과학에 대한 재능과 탐구력을 바탕으로 학문간 경계를 가로지르며 융·복합 분야를 개척하는 전문인으로 성장할 잠재력을 갖춘 자" 즉, 창조인에 해당됩니다. 교과 성적 2점대 초반으로 우수한 성적을 보유하고 있으며, 특히 과학에서 뛰어난 역량을 보이고 있습니다.

1학년 때 과학 탐구반 수강(60시간), 2학년 때 생물Ⅰ(14시간)을 수강하는 등 교과심화활동에도 남다른 노력을 보였습니다. 수학, 과학부문의 교과 우수상은 지원전공에 대한 관심을 넘어 본인의 열정과 학업의 깊이를 알 수 있으며, 전 교과에 걸친 30여 권의 독서와 그 중 지원학과에 대한 집중적인 전공 독서는 학생의 진로 탐색과정 및 지적 호기심이 우수하고 향후 발전 가능성이 높다는 것을 보여줍니다.

대성과학탐구반 동아리에서 동료들과 제작한 식물도감과 교내 텃밭 가꾸기 활동 등은 전공에 대한 관심과 이해도가 매우 뛰어나다고 볼 수 있습니다. 탄소발자국을 주제로 한 탐구보고서 발표대회에서 탄소량을 측정하고 환경의식을 고취한 부분은 수업시간에 배운 내용을 실제 탐구활동으로 연계시킴으로써, 전공에 대한 적합성과 확장성을 높여주고 있습니다.

이렇게 과학 교과에 대한 우수성과 이에 따른 다양한 경험 및 활동들은 학생의 자기 주도성이 뛰어나다는 것을 의미하는 것이며, 식물도감을 제작할 당시에 제작과정에서 발휘했던 정보 습득 능력과 탐색과정, 분석 능력 및 문제해결 능력은 향후 지원학과에서 본인의 능력을 충분히 발휘하여 이 분야의 유능한 연구원으로 성장할 수 있는 발판이 되어줄 것으로 봅니다.

고교 3년 동안 봉사상과 선행상을 지속적으로 수상하였으며, 봉사활동시간이 총 138시간이 될 정도로 타인에 대한 배려와 나눔의 정신이 투철하다는 것을 알 수 있습니다. 여기서 인상적인 것은 지속적이고 정기적인 봉사활동 시간이 많았다는 것이며, 이것은 봉사활동을 통해 본인의 학습과 전공에 영향을 끼쳤다고 볼 수 있습니다.

특히 초등학생을 대상으로 한 과학교육 봉사활동은 본인의 강점을 봉사활동으로 승화시킨 것이고, 충북대학교 및 청주시 자원봉사센터의 의료봉사활동에서 학생의 자발성과 성실성을 확인 할 수 있습니다.

친구들과 역할을 나누어 사전 모의 면접을 충실하게 준비하였고, 실제 면접과정에서 지원학과와 관련하여 본인의 의견을 성실하게 답변함으로써 준비된 학생이라는 점을 충분히 보여주었습니다. 2학년 때 진로가 바뀐 이유에 대한 소명과 진로 변경 후 지원학과에 충실했던 학교활동들을 제시함으로써, 경희대학교 식물환경 신소재공학과에 당당히 합격하였습니다.

PART. 3

13명 합격자
자기소개서

자기소개서
서울대/박소정/지역균형선발전형/자유전공학부

---

1. 고등학교 재학기간 중 학업에 기울인 노력과 학습 경험에 대해, 배우고 느낀 점을 중심으로 기술해 주시기 바랍니다(1,000자 이내).

비록 인문계를 선택했지만 수학 과학에 대한 탐구 역시 계속하고 싶던 제가 '박경미의 수학N'을 읽으며 알게 된 '72의 법칙' 유도과정에서는 이공계 내용인 자연로그 개념이 이용되어 끝까지 이해할 수가 없었습니다. 꼭 직접 유도해보고 싶다는 생각에 선생님께 여쭤봤지만 '이과수학이라 알 필요 없어.'라고 하셨고 저는 혼자라도 공부해보고 싶어 이과친구에게 미적분2 교과서와 문제집을 빌렸습니다. 모르는 용어는 인터넷을 찾아봤고 따로 노트정리하면서 개념을 익히려고 노력한 결과 마침내 터득할 수 있었습니다. 몰랐던 개념을 끝까지 다양한 방식으로 공부하여 알게 될 때 느낌은 정말 짜릿했고, 더 나아가 아무리 어려운 개념이라도 포기하지 않고 오히려 호기심을 키우며 공부하는 계기가 되었습니다.

3학년 때 경제과목 개설희망학생수가 적어 수업을 듣지 못하는 후배를 만나 제가 만든 교과서로 함께 공부했습니다. 심도있는 경제공부를 위해 K-MOOC '경제학 들어가기' 강의를 들었을 때 '로렌츠 곡선'을 바로 이해할 수 없었는데 후배가 정적분을 이용하여 설명해주니 접근하기가 편했습니다. 후배는 가격탄력성 공부를 힘들어했는데, 앞서 수학적 개념과 경제를 접목시켜 쉽게 이해했던 경험을 떠올리며 경제와 예술을 연상시켜 설명했습니다. '성전에서 상인과 환전상을 몰아내는 그리스도' 작품에서 성직자들이 비탄력적인 제물에 대한 수요를 이용하여 가격담합을 했던 내용을 알려 주었더니 후배가 잘 이해하는 것이었습니다.

이후 융합적으로 접근했을 때 내용의 이해도나 흥미가 높아짐을 깨닫고, 제가 좋아하는 화가 모네의 작품에서 산업혁명에 의한 근대 자본주의와 스펙트럼 분광학의 양상을 발견하며 어떤 주제이든 그 속에서 또 다른 학문을 발견하는 재미에 빠지게 되었습니다.

경제학을 간학문적으로 공부하면서 느낀 융합의 새로운 매력 덕분에 매사에 다양한 영역의 관점에서 해석하며 사고의 깊이를 더해나갔고, 경제학뿐 아니라 다른 학문들 간 통섭과 상호작용에 대해 더 깊이 있게 탐구해보고 싶은 생각도 함께 커졌습니다.

2. 고등학교 재학기간 중 본인이 의미를 두고 노력했던 교내 활동을 배우고 느낀 점을 중심으로 3개 이내로 기술해 주시기 바랍니다. 단, 교외 활동 중 학교장의 허락을 받고 참여한 활동은 포함됩니다(1,500자 이내).

[빛으로 해낸 성장 '핫이슈 토론대회']

2학년 9월, 과학실에 붙어있는 '빛이 현대사회에 활용되는 사례와 개선방안'을 주제로 한 과학탐구대회의 안내장을 봤습니다. 자연계 학생들을 중심으로 이뤄지는 대회에 인문학적인 과학을 보여주고 싶어 친구 2명을 설득해 참가했습니다. 다른 팀들이 전부 공학적으로만 접근하는 것에 반해 저희는 인간의 미의식과 감성을 좌우하는 소통의 매개에서 조형예술과 테크놀로지 미술인 '라이트아트'까지 이어지는 빛과 그것의 기계적 상호작용에 주목했습니다. 또한 전명조명 없는 3차원적인 무대장치와, '비움'으로 공간을 풍요롭게 하는 구조적, 미학적 디자인으로의 발전방향을 제시했습니다. 빛을 다각도로 바라보고 그 개념의 확장을 탐구하면서 '빛의 세계'가 세상 전체를 상징한다는 생각이 들었습니다. 그리고 마치 '빛'처럼 전체를 바라보며 깊게 공부하는 것이 진짜 학문하는 것이라는 걸 깨달은 계기가 되었습니다.

[영어논문을 통해 통계학을 처음 접하며 느낀 설렘]

'인문사회 학술연구회반'을 통해 3명의 친구들과 한 팀이 되어 영어교육법에 관한 장기프로젝트 논문을 썼는데 저는 주로 질문지법과 면접법을 이용하여 수집한 자료를 분석하는 역할을 맡았습니다. 처음 써보는 논문인데다가 자료해석방법을 고민하던 중 통계 관련 전문가 선생님을 통해 제가 코딩한 설문에 따른 분석결과를 얻을 수 있었습니다. 그런데 가설과 대비된 결과에다가 맨-휘트니 검정과 같은 생소한 용어가 많아 거의 이해가 되지 않았습니다. 궁금하면서도 제대로 알아야 결론을 낼 수 있겠다는 생각에 도서관에서 '통계학개론' '사회과학도를 위한 기초통계' 등 통계학서적들을 펼쳐보니 그게 바로 비모수통계학이었다는 것을 알았습니다. 어려운 내용으로 가득 차있어 이해할 순 없었지만 잘못 설정된 표본집단 때문에 결론이 가설과 어긋난 것이라는 결과는 얻을 수 있었습니다. 이를 계기로 저는 통계학을 제대로 배워 조사목적에 부합한 자료 수집을 해야겠다고 다짐했습니다. 다소 무의미한 설문지였지만 제겐 아주 유의미한 경험이었습니다.

[학업생활의 에너지! 탁구부(GuahmTaTe)]

중학교 때부터 탁구를 좋아했던 저는 고등학교에 탁구부가 없다는 게 너무 아쉬워 2학년 때 친구들과 후배들을 모아 '스포츠클럽 탁구부'를 만들었습니다. 강당이 좁아 무대를 이용하며 탁구대를 피고 접는 일이 반복됐지만 주3회 점심시간 30분을 최대한 활용했습니다. 많은 학생들이 몰리자 체육선생님과 교장선생님께서도 관심을 가지시며 탁구기계로봇과 탁구대 4대를 지원해주셨습니다. 또 안 쓰는 교실을 탁구장으로 이용할 수 있도록 해주셔서 저희는 요일별로 조를 나눠 탁구부만의 시간표와 이용규칙 및 관리시스템을 도입하여 전교생이 공평하게 탁구를 즐길 수 있도록 했습니다. 모두가 함께하여 활성화된 탁구부를 보며 이것이 학교의 전통이 되어 계속 이어졌으면 좋겠다는 생각을 했습니다. 신설학교에 학업으로 지친 후배들을 위한 청소년문화를 만들어준 탁구는 제게 벅찬 감동을 남겨주며 생활에 큰 활력소가 되어준 의미 있는 활동이었습니다.

3. 학교 생활 중 배려, 나눔, 협력, 갈등 관리 등을 실천한 사례를 들고, 그 과정을 통해 배우고 느낀 점을 기술해 주시기 바랍니다(1,000자 이내).

학창시절에 항상 장애인 친구가 학급에 있어 그 친구들을 보며 장애인이 도움도 필요하지만 함께 하는 것으로도 행복해 한다는 것을 알았습니다. 2학년 화학 시간에 금속 반응을 알아보기 위해 불을 이용하는 위험한 실험을 하게 됐는데 저는 모두가 꺼려하는 지적장애 친구 두 명과 함께하는 모둠을 자원했습니다.

처음엔 혼자서 다 해야 한다는 책임감에 두려웠지만 혼자 여기저기 눌러보면서 스마트폰 사용법을 터득해나가던 중학교 때 장애인 친구를 떠올리며 알기 쉽게 설명했습니다. 저희는 금속을 자르고, 이를 시험관에 넣어보고, 시험관에 불 붙이는 일을 분담했습니다. 다행히도 친구들은 굉장히 재미있어했고 안전하게 실험에 성공한 후 보고서까지 작성하며 모두가 큰 성취감을 느꼈습니다.

장애인 친구들을 통해 그들도 궁금한 게 많고 구성원으로서 함께할 수 있는 부분이 있다는 것을 다시 한 번 깨닫게 되었습니다. 그리고 장애를 가졌다는 이유로 많은 경험을 하지 못해 작은 활동에도 너무나 좋아하던 모습은 안타까움으로 남았습니다.

1학년 때 지역아동센터에서 중국에서 온 초등 1학년 아이를 매주 수요일마다 만나 학습지도를 했습니다. 아이는 특히 책 읽기나 받아쓰기를 매우 힘들어 했고, 처음에는 연습을 많이 해도 받아쓰기 점수가 나오지 않아 실망하고 슬퍼했습니다.

저는 그 아이에게 지금까지 만났던 학급의 장애인 친구 중 앉아만 있던 친구가 9개월 동안 피나는 연습 끝에 현재는 자유롭게 걸어 다닌다는 말을 해 주었습니다. 아이는 자기도 도전하겠다고 했고 저는 아이가 단어의 받침부분에서 약하다는 것을 발견한 후 헷갈려하는 겹받침을 이용하여 단어와 예문을 만들어 함께 발음 연습을 했습니다. 또, 일주일에 한 권씩 책읽기를 숙제로 내준 후 책 내용에 대해 같이 얘기했습니다. 아이는 점점 더 정확하게 듣게 되고 마침내 4개월 만에 받아쓰기 100점을 받아왔습니다.

그 날 시험지를 휘날리며 껑충껑충 뛰어다니던 아이의 모습은 큰 감동이었습니다. 아이뿐만 아니라 저 자신에게도 꾸준히 끝까지 노력하면 안 될 게 없다는 것을 깨닫게 해주는 뿌듯한 일이었습니다.

4. 고등학교 재학 기간(또는 최근 3년간) 읽었던 책 중 자신에게 가장 큰 영향을 준 책을 3권 이내로 선정하고 그 이유를 기술하여 주십시오.

[선정도서 1]
- **도서명** : 내 안에서 나를 만드는 것들
- **저자/역자** : 러셀 로버츠
- **출판사** : 세계사

[선정이유]
    경제의 다른 세상을 볼 수 있을 거라는 경제 선생님의 추천으로 읽게 되었습니다. 이 책은 자본주의와 인생철학을 엮어 '행복하고 좋은 삶을 사는 방법'을 가르쳐주었습니다. 경제학이 돈을 목적으로 존재하는 학문이 아니라, 인생에서 유일한 가치가 돈이 아니라는 것을 이해하도록 이끄는 학문이라는 것은 정말 새로웠습니다. 경제학이 돈보다는 개인행동들의 복잡한 상호관계를 잘 이해하는 것에 본질을 두고 있다는 것을 깨닫고, 저는 사람들을, 경제학을, 그리고 스스로를 바라보는 방식에 대해 돌이켜봤습니다. 사실 행복을 얻기 위해 돈을 따르는 것이라고 생각했었지만 이러한 삶은 결국 덧없다는 것을 알게 되었고, 재산이나 명예로 관심을 추구하는 대신 지혜롭고 도덕적인 사람이 되어 타인과 조화를 이루기로 다짐했습니다. 이제는 '경제학'이라고 하면 '돈'이 아니라 '소통과 교류'를 먼저 떠올립니다. 심리학과 철학 속에서 도덕과 인간의 심리적 본성을 다루는 이 책을 통해 새로운 경제를 발견할 수 있었습니다.

[선정도서 2]
- **도서명** : 통계 속 숫자의 거짓말
- **저자/역자** : 게르트 보스바흐, 옌스 위르겐 코르프
- **출판사** : 작은책방

[선정이유]
    수학에 관심이 많은 친구들끼리 모여 만든 '독서 클럽'에서 직접 선정한 책입니다. 지식 사회에 속도를 더해주는 동력 중 하나가 통계이지만, 우리가 쉽게 믿는 객관적인 숫자들이 알고 보면 교묘히 조작되었다는 게 꽤 충격이었습니다. 하지만 '통계 자체가 사악한 것은 아니며 문제는 통계 기법에 대한 이해가 부족하다는 데 있다.'라는 구절을 읽고, 자료를 조작한 주체뿐 아니라, 우리의 숫자에 대한 맹신이 오히려 함정을 만들어낸 것이라는 생각이 들었습니다. 그래프 모양이나 상대적 수치만 보고 성급한 판단을 했던 경험을 조원들과 공유하고 반성하며 통계를 대하는 자세에 대

해 토의를 하니, 자료가 어떤 방식으로 주어지든 비판적인 시각으로 숫자를 올바르게 활용할 방법에 관해 끊임없이 고민해야 한다는 것을 깨달았습니다. 또한, 사회문화와 경제를 공부하다 보면 표와 그래프를 자주 접하는데, 이 책을 떠올리며 함정을 파놓거나 응용된 부분을 잘 찾아내서 이면을 제대로 읽어내려는 태도를 기르게 되었습니다.

[선정도서 3]
- **도서명** : 스포츠 사이언스
- **저자/역자** : TV조선 스포츠부
- **출판사** : 북클라우드

[선정이유]
평소 스포츠 경기를 즐겨보면서 궁금한 점이 많았는데 이 책을 통해 과학적 원리를 토대로 스포츠의 주요 변인을 이해하고 예측할 수 있는 재미를 맛볼 수 있었습니다. 특히, 야구공과 방망이의 충돌 전후의 상대 속도 비인 '반발계수'와 비거리 간 관계를, 저는 선수들이 일본에서 우리나라에 돌아왔을 때 홈런을 더 잘 치는 이유에 적용해보았습니다. 우리나라 공인구의 반발계수가 더 크기 때문에 발생하는 최대 10m의 비거리 차이가 경기 결과를 바꾸고 있었습니다. 그리고 책에는 탁구가 등장하지 않았지만, 고지대 생활에 스스로 적응한 케냐 선수가 심폐기능이 향상되어 피로를 덜 느끼기 때문에 마라톤에 강하듯이, 탁구도 똑같은 이치라는 것을 깨달았습니다. 점심시간 꾸준한 운동으로 우리 몸의 장기가 신진대사를 촉진시키는 방향으로 적응하여 원래 활동범위를 넘어서는 일을 하더라도 힘들지 않았던 것이었습니다. 운동 후 5교시에 집중이 잘 되었던 원인도 더 원활해진 혈액순환이었다는 것을 느끼게 되었습니다.

자기소개서
고려대/신민정/학교장추천전형/사회학과

1. 고등학교 재학기간 중 학업에 기울인 노력과 학습 경험에 대해, 배우고 느낀 점을 중심으로 기술해 주시기 바랍니다(1,000자 이내).

ESD 토요 프로젝트 활동을 통해 정확한 통계의 중요성과 사회 변화가 작은 노력에서부터 시작된다는 것을 알게 되었습니다. 학교의 변화를 이끌어 낼 수 있는 프로젝트 주제를 찾던 중, 교내에서 종이컵이 많이 사용되는 것을 보고 '학교 내 종이컵 사용량 조사 및 절약 운동을 통한 자원 재사용의 경제적 효과 측정'이라는 주제를 선정했습니다. 1차로 1567개의 종이컵을 수거 후, 이 개수를 종이컵 구매비용, 종이컵 제작 과정에서의 탄소발자국, 종이컵제조에 필요한 나무의 양과 펄프 비용 등으로 환산하여 연구 자료로 사용했습니다. 하지만 종이컵이 크기마다 가격이 다르고, 묶음에 따라 가격이 달라 종이컵 1개의 정확한 가격을 아는 데 문제가 있어, 종이컵 제조회사에 문의하였지만 영업상의 문제로 알 수 없었습니다. 차선책으로 자주 이용하는 학교 앞 편의점을 찾아가 여쭈어, 대략의 가격을 알아내어 이를 기준으로 삼았습니다. 연구를 마친 후, 종이컵을 주로 사용하는 대상이 선생님임을 알고 결과를 알리고 선생님을 대상으로 종이컵 절약 운동을 하였습니다. 그 후 1차 때와 같은 방법으로 종이컵을 수거한 후, 종이컵의 개수를 확인했더니 632개로 줄었습니다. 그리고 이 절약 운동은 종이컵 홀더가 각 교무실마다 설치되는 결과로 이어졌습니다. 더운 여름에 종이컵 수거를 위해 쓰레기통을 뒤지며 노력한 결과를 얻어 보람을 느낄 수 있었습니다. 이 프로젝트 활동을 통해 잘못된 사회현상을 변화시키기 위해서는 정확한 데이터가 필요하다는 것을 알게 되었고, 사람들의 인식을 바꾸기 위해서는 문제의 원인 분석이 중요하고 정확한 통계자료가 인식 개선에 큰 도움이 된다는 것을 깨달았습니다. 논문을 작성하며 논문이 만들어지는 과정을 경험할 수 있었고, 정확한 통계를 기본으로 한 논문이 사회 변화를 이끌어 내는데 설득력이 있음을 알게 되었습니다. 그리고 학생들의 활동 결과가 학교의 변화를 만들어낸 것을 보며, 사회의 변화가 사람들의 작은 관심, 노력과 실천에서부터 이루어진다는 사실을 깨닫게 되었습니다.

2. 고등학교 재학기간 중 본인이 의미를 두고 노력했던 교내 활동을 배우고 느낀 점을 중심으로 3개 이내로 기술해 주시기 바랍니다. 단, 교외 활동 중 학교장의 허락을 받고 참여한 활동은 포함됩니다(1,500자 이내).

  3번에 걸쳐 상록토론대회에 참가하면서 저는 경청의 중요성을 깨달았습니다. '토론 대회'인 만큼 상대편을 이겨야 한다는 생각에 저는 제 입장을 상대에게 효율적으로 전하기 위해 노력했습니다. 하지만 토론에서 단순히 제 입장을 상대에게 전할 수 있는 입론의 시간은 길지 않았습니다. 토론은 대부분이 반론과 재반론의 시간으로 구성되었습니다. 그렇기에 제 입장만을 고수하기보다는, 상대의 주장을 경청한 후, 제 주장의 관점에서 상대 의견에 대해 반박하는 것이 효율적인 입장 전달 방식이었습니다. 군 가산점제 찬반 토론 때, 제가 해야 할 말을 정리하다 상대의 반론을 잘 듣지 못하여 토론의 흐름이 원활하지 못했던 적이 있었습니다. 그 토론을 마치고 돌아보니, 상대의 의견을 경청하지 못한 채, 제 주장만을 전달하려 한 저 자신을 볼 수 있었고 그 이후로는 상대의 의견을 경청하면서 서로 간의 뜻이 원활하게 전달 될 수 있도록 노력하게 되었습니다. 상대의 의견을 경청하니 더 효율적으로 반론할 수 있었고, 토론 대회를 마치고 나서도 다른 이의 말을 경청하는 습관을 지니게 되었습니다.

  학교 자율 활동 시간에 '신문 사설 읽기' 활동을 하며 아동 학대, 인공지능 등을 주제로 한 다양한 신문 사설을 읽고 난 후, 이에 대한 저의 생각을 정리하였습니다. 사회 문제를 심층적으로 분석한 사설을 읽고 나니, '과연 이 문제에 대해 일반적으로 알려진 원인이 사실일까?'라는 의문이 들어 사회 문제의 원인을 다른 시각을 가지고 한 번 더 생각해 보게 되었습니다. 이후 자연스럽게 다른 사설이나 뉴스를 볼 때 한 번 더 생각하며, 제시되지 않은 다른 원인을 생각해보는 습관을 지니게 되었습니다. 그리고 아동학대를 주제로 한 신문 사설이 가장 기억에 남습니다. 이 사설을 읽고 아이들의 인권이 심각하게 유린당하고 있다는 사실을 알게 되었습니다. 이를 계기로 인권 신장에 더욱 관심을 가지게 되었고, 기본적인 권리를 존중받지 못해 고통받는 전 세계의 사람들이 인간다운 삶을 살 수 있도록 체계적인 인권 정책을 만들겠다는 저의 목표를 다시 한 번 마음에 새길 수 있었습니다.

  'UN 국제기구 진출의 길'이라는 특강을 듣고, 개발도상국의 발전을 돕는 정책을 만드는 국제공무원이 되기 위한 구체적인 계획을 세울 수 있었습니다. 특강 내용 중 국제기구 진출을 목표로 하는 학생들에게 다양한 국제기구 인턴십 활동들이 열려 있다는 사실이 가장 기억에 남습니다. 국제기구 인턴십은 국제기구의 분위기를 파악하고 주요 업무를 현장에서 직접 해볼 수 있는 가장 좋은 기회이기에 대학생이 되어 꼭 참여해야겠다는 생각이 들었습니다. 특강을 들은 후 조사해보니, 고려대학교를 비롯한 많은 기관에서 인턴십에 참가할 수 있는 제도를 제공하고 있었습니다. 이를 알게 된 후, 인권기구에서의 인턴십을 통해 다양한 나라의 사람들과 함께 세계 인권과 빈곤에 대해 논의하며, UNDP에서 인권 보장과 빈곤 해결에 효과적인 정책을 만들기 위한 예습을 하겠다는 좀 더 구체적인 목표를 세우게 되었습니다.

3. 학교 생활 중 배려, 나눔, 협력, 갈등 관리 등을 실천한 사례를 들고, 그 과정을 통해 배 우고 느낀 점을 기술해 주시기 바랍니다(1,000자 이내).

'둘 다섯 해누리' 봉사는 장애인분들을 이해하고, 제 삶에 대해 감사하는 마음을 갖게 해주었습니다. 장애인분들이 계신 이곳에서 청소와 빨래, 이동 도우미, 말동무 역할을 해드렸습니다. 제가 자주 함께했던 분은 지체 장애인이셨는데, 무척 예민하여 다가갈 수가 없었고 나이는 많으셨지만 어린아이의 정신연령을 갖고 계셨습니다. 처음 만났을 때 소리를 지르고 화를 표출하는 모습에서 공포감을 느꼈지만, 관계 개선을 위해 노력하였더니 저를 기다려주시는 것을 보고 반가움과 안도감을 느꼈습니다. 봉사를 하며 건강한 사람들이 할 수 있는 사소한 일상의 일들이 장애인분들께는 힘들고 어려운 것임을 깨닫고, 머무는 시간만큼은 그분들의 손발이 되어드리고자 했습니다. 이 봉사를 통해 저의 신체적 건강함이 얼마나 감사한 것인지 깨달았고, 공부가 힘들 때도 이를 떠올리며 스스로 공부할 수 있다는 사실에 감사함을 느끼는 사람이 되자고 다짐하며 긍정적으로 생활하게 되었습니다.

2학년 때 저희 반은 빵 봉지, 귤껍질, 달걀껍질 등 쓰레기가 교실 바닥과 쓰레기통 주변에 넘쳐났습니다. 이런 상황에서도 수업이 끝나면 친구들은 귀가하기 바빠 뒷정리를 하지 않았습니다. 저는 기숙사 생활을 했기에 시간적 여유가 있었고, 쾌적한 환경에서 공부하고 싶다는 마음이 커 청소를 시작했습니다. 하지만 매일 혼자 청소를 하기엔 한계가 있었고, 시험 기간이면 공부 시간이 부족해지는 것 같아 그만둘까 생각하다가도 누군가는 해야 할 일이었기에 계속하였습니다. 결론적으로 이 청소는 교실이 깨끗해서 좋다는 친구들의 반응과 혼자 청소하고 있는 저의 모습을 본 친구가 도와주기 시작하여 반 친구들이 함께 청소하는 결과를 이끌어냈습니다. 교실 청소는 스스로 선택한 일이었지만 짜증도 나고 힘들 때도 있었습니다. 하지만 이 경험을 통해 먼저 실천하는 모습을 보여줌으로써 다른 친구들의 행동 변화를 끌어내는 솔선수범의 힘을 알게 되었습니다. 그리고 누군가가 힘든 일을 하고 있으면 먼저 도와주는 좋은 습관도 지니게 되었습니다.

4. 해당 모집단위 지원 동기를 포함하여 고려대학교가 지원자를 선발해야 하는 이유를 기술해 주시기 바랍니다(1,000자 이내).

빈곤 해결을 위한 정책을 만들어 개발도상국의 미래를 긍정적으로 바꾸는 국제공무원이 되고 싶습니다. 고등학교 2학년 때, 모의 유엔 프로그램에 참여한 후 빈곤 해결을 위한 정책을 개발하는 국제공무원이 되겠다는 결심을 했습니다. 프로그램 교육 중 빈곤 때문에 인간이 살아가는 데 기본적으로 필요한 것을 갖추지 못하고 사는 이들이 세계 곳곳에 무척 많다는 강의 내용은 큰 어려움 없이 살아온 저에게 놀랍게 다가왔습니다. 이후 저는 모든 사람이 인간다운 삶을 살 수 있는 환경과 권리를 가지는 것에 관심을 갖게 되었습니다. 그래서 강의를 들은 후, 빈곤으로 고통 받는 사람들이 인간다운 삶을 살 수 있도록 힘을 보태겠다는 다짐을 했습니다. 빈곤은 한 나라의 정치, 경제, 환경, 인권 등 여러 분야의 문제가 복잡하게 연결되어 발생한다고 합니다. 그러므로 빈곤 해결을 위해서 여러 분야들이 어떻게 연관되어 구조화 되고 그 과정에서 어떤 문제로 빈곤이 발생하는지 알아야 하기에 저에게는 다양한 분야의 사회학 공부가 필요합니다. 그리고 모의 유엔 회의에서 한 나라의 대표로서 국제 문제의 해결방법을 찾아보려 노력해 본 저는 꿈이 더욱 구체화되었고 제 삶의 비전을 제시해주었습니다. 국제공무원이라는 꿈을 위해 신문 사설 읽기를 통하여 제시되지 않은 사회현상의 원인을 생각해보며 세상을 바라보는 객관적이고 비판적인 시각과 통찰력 키우려 노력하고 있습니다. 국제적 이해와 교류능력 함양을 통해 국제 사회에 기여하는 인재를 양성하는 고려대학교의 교육 목표는 제가 추구하는 삶의 목표에 큰 밑거름이 될 것이고 구심점이 되어 저를 성장시키고 성숙시켜주기에 충분한 요소입니다. 이런 이유로 고려대학교 문과대학 사회학과에 지원하였습니다. 개발도상국과 인류의 미래가 밝고 긍정적이도록, 사회가 좀 더 건강하고 밝게 변할 수 있도록 노력하는 국제공무원이 되는 제 꿈을 고려대학교 문과대학 사회학과에서 꼭 시작하고 싶습니다.

자기소개서

경인교대/조세현/교직적성잠재능력우수자전형/초등교육학과

---

1. 고등학교 재학기간 중 학업에 기울인 노력과 학습 경험에 대해, 배우고 느낀 점을 중심으로 기술해 주시기 바랍니다(1,000자 이내).

저는 상위권의 성적을 유지하여 교육대학에 가려는 목표를 세웠습니다. 그래서 효과적인 저만의 학습법을 찾았고, 그 중 '색깔 펜 학습법'과 '토론식 학습법'으로 꾸준하게 공부했습니다.

색깔 펜 학습법은 색깔 있는 필기구를 활용하여 학습 내용의 중요성의 차이를 색깔로 인식하게 하는 방법입니다. 생명과학이나 한국지리, 윤리와 사상 등을 공부할 때 다른 사람에게 설명하듯이 흰 종이를 펴두고 기억나는 부분을 다 적었습니다. 이 종이에 형광펜으로는 중요한 부분을, 빨간 펜으로는 기억하지 못한 부분을, 파란 펜으로는 의문이 드는 부분을 표시해 들고 다니며 틈틈이 복습할 때 빨간색을 중점적으로 학습했습니다. 휴대가 간편하니 반복하여 학습할 수 있었으며 학습시간을 충분하게 확보할 수 있었고 나머지 시간을 수행평가에 할애했습니다. 쉬는 시간, 보행중, 급식 기다리는 중, 버스 등에서 이 색깔 메모지를 들고 다니며 계속 공부하다 보니 색깔 차이로 중요성을 인식하게 되어 내용정리가 저절로 되었습니다. 이를 통해 적은 시간이라도 헛되이 보내지 않고 효율적으로 활용하다 보면 그것이 쌓여서 좋은 결과가 온다는 것을 알았고 또한 반복 학습이 기억을 더욱 선명하게 해주어 효과적 학습법이 된다는 것을 알았습니다.

토론식 학습법은 가르치고 배우며 서로 성장할 수 있는 '하브루타'라는 학습법입니다. 친구와 이 방법으로 어려운 부분을 서로 설명했습니다. 그 과정에서 잘못 이해한 부분이 있다면 바로 고쳐줌으로써 틀린 부분을 바로 잡을 수 있었습니다. 모르는 부분은 친구와 함께 계속 토론하며 자료를 찾고 선생님께 질문하면서 의문이 해소될 때까지 노력했습니다. 스스로 탐구하고 이를 바탕으로 친구 그리고 후배와 교학상장(敎學相長) 하는 것이 학습뿐만 아니라 생각을 키우는 것에도 중요하다는 것을 깨달았습니다. 또 설명을 듣게 되는 입장에서 경청의 태도를, 설명하는 입장에서 가르치는 즐거움을 얻을 수 있었습니다. 혼자 공부하는 것에 더불어 친구와 함께 지식을 공유하는 방법도 효과적이라는 것을 느꼈습니다.

2. 고등학교 재학기간 중 본인이 의미를 두고 노력했던 교내 활동을 배우고 느낀 점을 중심으로 3개 이내로 기술해 주시기 바랍니다(1,500자 이내).

교육봉사는 저에게 사람 사이에 소통과 이해가 얼마나 중요한 일인지 알게 해준 소중한 시간이었습니다. 1학년 때부터 계속해서 학교 인근 수암지역아동센터에서 초등학생에게 공부를 가르치는 교육봉사 활동을 했습니다. 교육봉사를 갔을 때 수업내용을 잘 모르면서도 아는 것처럼 단지 앉아만 있는 아이가 있었습니다. 그 아이를 도와준다는 생각에 계속해서 설명을 해주었습니다. 조금만 더 공부하자고 하자 그 아이는 저에게 "지가 뭔데"라는 말을 하며 거부감을 드러냈습니다. 그 상황에서 예상치 못했던 아이의 행동 때문에 저는 당황했고 차가운 분위기 속에서 공부는 끝나버렸습니다. 그 이후 아이는 오지 않았고 저는 이 일로 심한 자책감이 들었습니다. 저의 부족한 점이 무엇이었는지 반성하며, 어머니께 조언을 구했습니다. 어머니는 아이들에게 가르쳐 주는 것도 중요하지만, 아이들과 먼저 친해지는 것이 좋지 않겠냐고 조언해주셨습니다. 돌이켜서 생각해보니 집중할 수 있는 시간이 짧은 초등학생의 특성을 고려하지 않고 저의 기준으로만 아이를 대했고, 아이의 마음을 잘 헤아리지 못했던 것입니다. 이후 교육봉사에서 지식전달보다는 아이들과 관계를 형성하는데 주안점을 두었고 먼저 인사를 하고 이름을 불러주었습니다. 아이들에게 관심을 가지고 작은 변화라도 찾아 얘기해주었습니다. 그러다보니 차츰 아이들이 제 말을 따라주었습니다. 교육봉사를 통해서 타인을 가르친다는 것이 지식을 가르칠 수 있는 능력만으로 되는 것이 아니라, 정서적으로 교감하고 소통하며 긍정적인 인간관계의 형성이 중요하다는 것을 알았습니다. 교육봉사는 제가 인간을 이해할 소중한 경험이었습니다.

토론대회는 경청의 중요성과 말 한 마디의 소중함을 알게 해주었습니다. 다른 사람들 앞에서 의견을 이야기해 볼 수 있는 경험을 쌓기 위해 1학년 때 교내토론대회에 출전했습니다. 토론대회 전에는 토론에서 가장 중요한 것이 말을 논리적으로 하는 것으로 생각했습니다. 그러나 첫 번째 토론이 끝이 나고 심사위원께서 양측 모두 상대방의 의견에 귀 기울이지 않았기에 좋은 토론이 이루어지지 못했다고 평가하셨습니다. 경청하는 태도는 주장이 대립하는 상황에서도 상대를 인정하려는 태도로부터 비롯된다는 것을 알게 되었습니다. 경청의 중요성을 깨달은 뒤에는 저의 의견을 먼저 말하기보다는 상대방의 견해를 들으려는 자세를 갖게 되었습니다. 2학년 때에도 토론대회에 출전했습니다. 원자력 발전소 건립 찬성 측 주장을 하던 중 저는 원자력 발전소는 이산화탄소가 배출되지 않는다고 실수를 하였고, 이 때문에 결승에서 지고 말았습니다. 한마디의 말이 상황을 바꾸어 놓을 정도로 매우 큰 의미가 있다는 것을 토론대회를 통해서 깨달았습니다. 이처럼 토론대회는 저에게 큰 의미가 있었습니다. 논리적으로 말하는 능력이 키워졌으며 상대방의 말을 세심하게 경청할 줄도 알게 되었습니다. 말 한 마디도 놓치지 않고 의미를 되새기면서 순발력 있게 대응하는 능력도 키울 수 있었습니다. 또 사회현상에 대해 관심을 가지고 사고의 폭을 넓게 되었으며 지적으로 크게 성장하게 되었습니다.

3. 학교생활 중 배려, 나눔, 협력, 갈등 관리 등을 실천한 사례를 들고, 그 과정을 통해 배우고 느낀 점을 기술해 주시기 바랍니다(1,000자 이내).

교대에 진학하고자하는 친구들과 함께 교육 관련 논점을 토론하는 '톡톡'이라는 자율동아리를 만들었습니다. 열정을 가지고 시작했지만, 동아리 운영이 잘 되지 못했습니다. 만나는 날인데도 "오늘 하는 날이야?," "몰라"라는 분위기가 형성되면서 몇몇 친구들이 집에 가버리곤 했습니다. 토의 시간에도 잡담하는 모습을 보고 한 친구가 짜증을 내며 자리를 박차고 나갔습니다. 다른 동아리인 유스호스텔에서는 자율적으로도 운영이 잘 되었던 것 같은데 왜 '톡톡'은 잘 안 될까 생각해 보았습니다. 유스호스텔에서는 각자 맡은 바를 성실하게 수행했고 역할이 골고루 분배되기 때문에 서로의 힘든 점을 이해하며 힘을 합쳤습니다. 하지만 톡톡의 경우 대부분의 역할과 책임이 부장에게만 있었고 '부장이 알아서 하겠지'라는 생각이 지배적인 듯했습니다. 동아리 운영 규칙도 부장이 정하여 통보하듯이 알려주어 각자의 상황은 고려되지 않았습니다. 부원인 자신들도 동아리를 이끌어나가는 사람임을 인식하지 못했습니다. 구성원 모두의 협력이 없으면 아무것도 할 수 없다는 것을 알았습니다. 동아리 활동에 변화와 발전을 위하여 규칙을 새롭게 만들고 주인의식을 높이고자 고정적이던 사회자를 돌아가면서 하는 방식으로 바꾸자고 제안했습니다. 저의 제안은 받아들여졌지만, 규칙을 제정하는 과정이 쉽지만은 않았습니다. 각자 자신의 주장을 했고 상대 입장을 부정하기만 했습니다. 어떻게 하면 좋은지 자신의 의견을 말해보자고 했고 한 사람 한 사람 의견을 신중하게 경청하고 의견을 주고받으며 다수결을 통해 규칙을 정했습니다. 의견 제시, 협의, 동의의 과정을 거친 규칙은 모두 인정했습니다. 이런 과정을 거치고 난 후 부원들은 주인의식이 생겼고 적극적으로 동아리 활동에 참여하게 되었습니다. 이를 통해 공동체 조직은 상대방의 처지를 생각해주고 힘을 합쳐 다 함께 만들어 가는 것임을 느끼게 되었습니다. 개인 간, 집단 간 갈등을 해결할 수 있는 해결책은 서로의 생각과 처지가 다름을 인정해주고 조금씩 양보하는 것임을 깨닫게 되었습니다.

4. 초등 교사에게 필요한 자질이 무엇이라고 생각하는지 쓰고, 그 자질을 갖추기 위해 어떤 노력을 해왔는지를 구체적으로 기술해주시기 바랍니다(1,500자) 춘천, 경인, 진주 제출

초등교사가 되는 데 필요한 가장 우선시 되는 자질은 인간에 대한 애정이라고 생각합니다. 왜냐하면 모든 아이를 평등하게 대우하는 것, 이야기를 들어주는 것, 용기를 주는 것, 모두 아이들에 대한 애정이 있어야 가능한 일이기 때문입니다. 저는 지체장애인 돕기 해누리 봉사와 체험학습 조별 활동을 통해서 인간에 대한 애정을 키울 수 있었습니다. 해누리 봉사활동을 하면서 육체적 노력도 했지만 그분들과 진심으로 소통하고 공감하면서 가까워졌고 봉사의 참뜻을 깨달으며 그들에게 애정을 가지고 대할 수 있게 되었습니다. 1학년 때 야외로 체험학습을 갔을 때 어울리지 못하는 두 친구가 있었습니다. 그 친구에게 다가가 먼저 말을 걸어주며 같이 어울릴 수 있도록 도와주었고 친구가 밝게 변화하는 모습을 보면서 관심과 애정의 힘을 느꼈습니다. 자식을 기르는 엄마의 마음으로 소외된 아이가 하나도 없이 아이를 가르치는 따뜻한 교사의 자질을 갖추고자 노력하고 있습니다.

다음에 필요한 자질은 전문 분야에 대한 지식을 갖추는 일이라고 생각합니다. 여기에서 전문 분야란 교사의 역할에 대한 교직이론, 각 교과목에 대한 이해, 학생의 심리에 관한 이론 등을 의미합니다. 저는 선생님들과 대화하고 교육 관련 서적을 탐독하며 선생님들의 수업방식을 주의 깊게 관찰했습니다. 교사가 되는 데 필요한 지식을 쌓으려했고 그 지식을 효과적으로 표현할 수 있는 능력을 간접적으로 키웠습니다. 특히 기숙사 생활을 하면서 학교에서 많은 시간을 보냈습니다. 자연스럽게 여러 선생님과 방과 후에도 대화하는 시간을 가졌습니다. 수업 내용은 물론 교직에 관련된 조언도 구했습니다. 한 선생님은 조언과 함께 '교사와 학생 사이(하임 G. 기너트)'라는 책을 추천해주셨습니다. 이 책을 통해 교사에게는 상황에 대응할 수 있는 특별한 기술이 필요하다는 것을 알게 되었습니다.

또한, 전개되는 상황에 대처하는 적합한 순발력이 필요하고 수업 중 다양한 표현능력으로 학생들에게 쉽고 흥미롭게 지식을 전달해 줄 수 있는 그런 능력이 필요하다고 생각합니다. 재미있게 가르치는 능력이 중요한 시대라는 이야기를 들었고 능력을 키우기 위해 용기를 냈습니다. 지속가능발전 발표대회에서는 마치 TV에 나오는 연예인처럼 '안산뉴스'의 앵커가 되어 발표하니 저도 재미있었고 관객도 무척 즐거워했습니다. 또 동아리 발표대회에서는 여행상품을 소개하는 '유스홈쇼핑'의 쇼핑호스트가 되어 복장까지 갖추고 행사를 진행하니 모두 저의 의외의 모습에 환호해주었습니다. 두 번의 행사에서 반응이 좋았고 점차 다른 사람들 앞에 서는 것에 자신감이 생겼습니다. 백제 문화 체험학습을 갔을 때는 장기자랑 조장과 사회자 역할을 자진해서 맡았습니다. 이후 남들은 어떻게 행사를 진행하는지 유심히 살펴서 참고하였고 기회가 있을 때마다 용기를 내어 진행자로 나서며 자신감과 연예인적 감각을 키워갔습니다.

이처럼 아이들에 대한 애정을 갖고 교과목에 대한 해박한 지식을 사랑으로 가르치면서 연예인적 기질을 발휘하는 실력 있고 재미있는 교사가 되려고 끊임없이 배우고 노력하고 있습니다.

자기소개서
한국외대/장희영/학생부종합전형/미디어커뮤니케이션학부

1. 고등학교 재학기간 중 학업에 기울인 노력과 학습 경험에 대해, 배우고 느낀 점을 중심으로 기술해 주시기 바랍니다.

 첫 국어시험에서 예상 밖의 저의 실력에 충격을 받고 무엇이 문제인지 고민하다가 작품의 배경과 사건 등 전반적인 이해가 부족하다는 것을 깨달았습니다. 이를 보완하고자 문학작품의 전문을 찾아 읽었습니다. 오상원의 '유예'라는 소설은 의식의 흐름 기법으로 서술되었기에 발췌된 부분만으로는 내용을 알 수 없었는데 전문을 읽으니 전체적인 흐름과 주인공의 내적 갈등과 의식을 명확하게 파악할 수 있어 줄거리에 빠져들어가는 재미도 느꼈습니다. 더 나아가 전쟁이라는 배경 속에서 피폐해진 민중들의 삶을 구체적으로 엿보고자 박완서의 '엄마의 말뚝2'을 함께 연관 지어 학습했습니다. 같은 6.25사건을 바탕으로 한 작품을 묶어 공부해보니 궁금했던 시대적 상황을 알 수 있었을 뿐만 아니라 문체, 수사법 등 표현방식의 공통점과 차이점을 비교하는 역량도 키울 수 있었습니다. 그리고 작가의 의도나 창작된 배경, 독자의 경험을 적용하여 문학 작품을 다양한 관점에서 분석해보며 중의적인 해석이 가능하다는 것을 깨달았습니다. 이후 이러한 학습 경험을 토대로 국어 공부에 흥미를 갖게 되었고 문학작품을 더 주체적으로 감상하는 자세를 키울 수 있었습니다.

 문학 공부를 하면서 주인공의 행동에 대한 공감 혹은 비판을 하며 읽기 시작했고 올바른 인간상이 무엇인지, 어떤 가치관을 가지고 살아갈 것인지에 대한 고민을 하게 되었습니다. 이를 계기로 현대사회에 필요한 인물상을 주제로 한 논술 대회에 참가해 '황만근은 이렇게 말했다'라는 소설 속 등장인물들의 기회주의적인 모습과 이기적인 현대사회의 문제점을 연결 지어 서술하였습니다. 소설 주인공 황만근과 같이 자신의 형편이 어려워도 나눔을 실천하는 인간상이 필요하다는 당위성을 빌딩 청소를 하시는 할머니가 어린이 재단에 5000만원을 기부한 실제 사례를 들어 제시했습니다. 이 과정을 통해 문학작품에는 사회 문제를 해결할 수 있는 방법이 담겨 있다는 것을 알았습니다. 작품 분석에서 끝내지 않고 현대 사회상과 결합하며 교훈과 삶의 방향성까지도 얻을 수 있었습니다.

2. 고등학교 재학기간 중 본인이 의미를 두고 노력했던 교내 활동을 배우고 느낀 점을 중심으로 3 개 이내로 기술해 주시기 바랍니다. 단, 교외활동 중 학교장의 허락을 받고 참여한 활동은 포함됩니다.

1학년 때 창의학술논문대회에 '현재 각광받고 있는 방송형태에 대한 연구'라는 주제로 참여했습니다. 어떤 방송이 인기 있는지 10대부터 50대를 표본 집단으로 설정해 설문조사하고, 각 세대간 2명씩 심층 인터뷰를 실시했습니다. 그 결과 육아방송과 인터넷 방송형태가 인기 있다는 결론을 도출했습니다. 이러한 과정을 통해 육아방송은 가족 구성원간의 연대의식이 약해지는 현대사회에서 가족의 따뜻함 전달할 수 있다는 점을 파악할 수 있었고, 사회적 문제점을 보완해주는 방송형태가 사람들에게 정서적으로 안정감을 준다는 것을 알게 되었습니다. 또한 인터넷 방송은 채팅창으로 방송에 참여가 가능하며 주 시청자인 10대, 20대 연령층이 주로 사용하는 인터넷용어나 은어를 지상파방송보다 자유롭게 구사할 수 있다는 점을 정리할 수 있었습니다. 이를 통해 방송을 기획할 때 주 시청자를 고려해 알맞은 언어와 내용으로 방송을 구성해야 한다는 것을 깨닫고, 소속감을 느낄 수 있는 언어 사용이 중요하다는 것을 느꼈습니다.

2학년에 올라와서 점심방송 DJ로 활동하며 평소의 방송형식인 일방향적인 방송보다는 청취자와 소통하는 방송을 만들어 보고 싶다는 생각이 들었습니다. 그래서 창의학술논문대회에 참여했을 때 도출한 인터넷 방송의 장점을 생각하며 원주시내 고교 연합 방송동아리 '너나들이'를 조직하였습니다. 타 학교 학생들과 채팅창을 통해 고민도 함께 나누고, 전근가신 선생님들께 안부도 전하며 공감하는 실시간 방송은 생동감과 긴장감을 함께 경험할 수 있었습니다. 또한 사연에 관련된 사진을 화면에 띄워 시청자와 함께 보거나 즉석에서 노래를 틀어 들어보며 다양한 콘텐츠의 활용이 가능하다는 것을 알고, 이를 토대로 공감대를 형성하며 소통할 수 있었습니다. 시청자들의 다양한 생각이나 의견을 반영하는 개방적인 방송을 통해 사람들과 소통을 하면서 듣는 이가 공감할 수 있는 수용자 중심의 방송이 중요하다는 것을 알게 되었습니다.

이런 다양한 활동을 하며 PD에 대한 자질을 키워가던 중 'PD가 말하는 PD'를 읽게 되었고 사회를 바라보는 가치관이 확고해야한다는 생각이 들었습니다. 그동안 방송부 활동을 하면서 영상제작에 대한 전반적인 지식은 쌓을 수 있었지만 사회를 바라보는 시선을 확립할 기회는 적었습니다. 그래서 이를 보충하고자 'ATBC' 라는 시사토론 동아리를 만들어 활동했습니다. 필리버스터와 사드배치 등 사회적으로 논란이 된 사건을 다루어 경제, 정치 등 다양한 측면에서 바라보고 의견을 공유하며 사건에 대한 시각을 넓힐 수 있었습니다. 특히 북한의 핵실험에 대해 자료를 수집하기 위해 기사를 찾아보던 중 문제 접근의 시각차를 보이는 두 신문사를 찾아볼 수 있었습니다. 정 반대의 입장에서 핵실험과 정부의 대응에 대한 내용을 접함으로써 두 관점에서 바라볼 수 있었습니다. 이를 통해 언론의 양면성을 느낄 수 있었고, 시사문제를 다룰 때 여러 신문사의 기사를 읽어보고 비판적으로 수용하며 사회에 대한 뚜렷한 가치관을 확립해 나갈 수 있었습니다.

3. 학교생활 중 배려, 나눔, 협력, 갈등 관리 등을 실천한 사례를 들고, 그 과정을 통해 배우고 느낀 점을 기술해 주시기 바랍니다.

2학년 때 '사랑뜰'이라는 장애인 시설에서 봉사를 했습니다. 처음에 아이들이 모든 것을 행동으로 표현해 때리는 등 다가오는 방식이 과격해서 당황스러웠습니다. 하지만 시간이 지나면서 그런 행동들이 애정표현이라는 것을 알았습니다. 함께하는 저도 오해를 하는데, 모르는 사람들은 아이들에게 더 많은 상처를 줄지도 모른다는 걱정이 들었습니다. 그래서 아이들이 행동이 아닌 말로 의사표현을 할 수 있게 도와주기로 했습니다. 먼저 '좋다, 싫다'와 같은 단어를 반복적으로 들려주면서 감정을 표현하도록 유도하고 아이들에게 끊임없이 말을 걸어 주었습니다. 만나는 횟수가 많아질수록 밝아지고 의사표현을 더 명확하게 하는 아이들의 모습을 보면서 기특하고 앞으로는 아이들이 오해받지 않을 거라는 생각에 안심이 되었습니다. 또한 다른 사람들도 장애를 가진 사람들에게 편견을 갖지 않고, 있는 그대로를 바라봐주고 장애인들도 하나의 인격체라는 것을 알아주었으면 좋겠다는 생각이 들었습니다.

1학년 때 방송부 활동을 하면서 강압적인 분위기로 인한 부원들의 수동적인 태도를 보며 영상제작을 위해 필요한 창의성과 능동성이 부족하다는 생각이 들었습니다. 2학년 때 부장을 맡은 저는 이런 문제를 해결하고자 즐겁고 편안한 분위기로 바꿔보고 싶어 의견을 마음껏 낼 수 있는 건의 게시판을 만들었습니다. 한번은 게시판에 "회의에서 나의 의견이 배제되는 것에 자존감이 떨어진다."라는 글이 올라왔습니다. 이후 이러한 문제점을 고치기 위해 축제 영상제작을 위한 회의를 할 때 UCC나 단편영화 제작과 같은 부원들의 의견을 적극적으로 수렴하고 발표를 독려해 자유롭게 생각을 나눌 수 있도록 노력했습니다. 이를 통해 좋은 분위기가 좋은 의견을 만들며, 다 같이 생각을 하나로 모으는 과정 그 자체만으로도 가치 있다는 것을 깨달았습니다. 앞으로도 자유로운 분위기를 바탕으로 프로그램 제작에 참가하는 사람들이 생각을 마음껏 펼치고 개개인의 장점을 이끌어 낼 수 있는 방송제작자가 되고 싶다는 생각이 들었습니다.

4. 해당 모집단위에 지원하게 된 동기와 이를 준비하기 위해 노력한 과정이나 지원자의 교육환경 (가정, 학교, 지역 등)이 성장에 미친 영향 등을 경험을 바탕으로 구체적으로 기술해 주시기 바랍니다(1,500자 이내).

서울 지하철역에서 "안녕하세요. 빅이슈입니다."라고 외치며 잡지를 파시는 분을 봤습니다. 그 모습이 인상 깊어 더 알아보고자 검색을 하다가 노숙인의 자활을 돕기 위해 만들어진 잡지라는 것을 알고, 홈리스들의 삶을 주제로 한 다큐멘터리를 보았습니다. 영상을 보면서 사회적 약자들에 대한 관심이 높아졌고, 빅이슈 프로젝트와 같이 취약계층이 스스로 이겨낼 수 있는 힘을 주고 싶다는 생각을 하게 되었습니다. 저의 모습처럼 영상매체는 대중들의 자발적인 행동과 관심을 유발한다는 것을 깨달았으며 힘들게 사는 사람들에게 희망을 전달할 수 있을 것이라고 생각했습니다. 그래서 고등학교에 올라와 미디어를 활용해 사람들의 감정을 자극하고 동참을 이끌어내는 다양한 영상을 제작하고자 노력했습니다.

그 중 가장 인상 깊은 경험은 단편영화 제작이었습니다. 푸른숲 아동센터에서 봉사를 하면서 생계를 책임지는 아이를 만났던 것을 계기로 소외계층에게 어려움을 극복할 수 있는 용기를 주는 영상을 제작해보고 싶었습니다. '힘을 주는 영상이란 어떤 것일까?'하는 고민에 빠졌습니다. 그 결과 그들과 같은 입장의 사람들이 꿋꿋이 자신의 삶을 개척해나가는 모습을 보여줌으로써 보는 이에게 용기를 줄 수 있는 영상이 아닐까 생각했습니다. 그래서 그런 메시지를 담은 영상을 제작하는 동아리인 '청춘19'를 만들어 교육봉사 때 만났던 아이의 삶을 모티프로 가정 폭력을 일삼는 아버지를 둔 주인공이 꿈을 이루는 과정을 다룬 단편영화를 만들었습니다. 이후 작은 시사회를 열어 부원들과 감상을 교환할 때 주인공과 같은 사람들의 삶에 대한 애환을 공감하며 주변에 대한 관심을 갖고 이를 확대해 사회에 대한 공통체적 의식을 가져야 한다는 걸 느낄 수 있었습니다.

이렇게 영상, 음성콘텐츠를 주로 다루면서 미디어 콘텐츠에 대한 전반적인 이론을 체계적으로 배우고, 더 나아가 미디어와 광고, PR, 방송, 언론을 아우르는 커뮤니케이션 현상을 융합적으로 습득하고 싶다고 생각했습니다. 또한 이중 전공 제도를 통해 아랍어나 터키어 등 언어를 습득해 우리나라뿐만 아니라 아프가니스탄이나 남수단과 같이 생활이 어렵고 문맹자가 많은 나라 사람들의 이야기를 카메라에 담아 삶의 문제점에 공감하고 해결책을 찾아가는 일을 도와주고 싶습니다. 하지만 그들의 일생을 영상으로 찍는다고 도움이 되지 않을 거라 생각합니다. 밝아질 미래를 향한 희망을 프레임에 담아 영상을 보는 사람들이 다른 이들에게 관심을 갖고 도와주고자 하는 자발적인 움직임이 일어나도록 이끌 것입니다. 또한 촬영을 하면서 언어를 가르쳐주거나 음악, 미술 등 문화를 접하게 해줌으로써 마음에 안정을 얻을 수 있도록 도와주고 싶습니다. 이런 생각을 토대로 '나눔을 통해 다함께 행복한 글로벌세계'라는 가치관을 가지고 희망적인 목소리를 전달하고, 보는 사람들도 감화되는 영상을 제작하는 휴먼 다큐멘터리 PD가 될 것입니다. 이러한 저의 생각과 꿈을 한국외국어대학교 미디어 커뮤니케이션학과에서 더 성장시키고자 지원하게 되었습니다.

자기소개서
고려대/조흥진/학교장추천전형/철학과

1. 고등학교 재학기간 중 학업에 기울인 노력과 학습 경험에 대해, 배우고 느낀 점을 중심으로 기술해 주시기 바랍니다.

'앵무새는 사회를 바꿀 수 있을까?' 학교폭력문제에 지속적인 관심을 가졌던 고교입학 당시, 그때 읽었던 '왕따 리포트'가 남긴 이 질문은 초등학생 때부터 해오던 아동권리 옹호 활동을 단순한 관심사에서 인생의 목표로 만들어 주었습니다. 1999년에 출판된 이 책은 현재와 똑같은 사례들과 원인분석, 해결방안 등을 다루고 있었고, 지난 십여 년간 아무것도 바뀌지 않은 이유는 그 누구도 행동으로 옮기지 않았기 때문이라고 생각했습니다. 앵무새처럼 같은 주장을 반복하는 것만으로는 아무것도 바꿀 수 없다는 사실을 깨닫고, 그때부터 어떻게 하면 학교를 변화시켜 학생들의 권리를 보장해줄 수 있을지 고민하기 시작했습니다.

이러한 생각은 학생회를 통해 소수의 의견을 존중하기 위한 건의벽보 설치와 안전한 밤길 귀가를 위한 가로등 점등 건의로, 그리고 교내정책제안 동아리인 '베리타스(VERITAS)'의 창설로 이어졌습니다. 연구활동을 통해 '보충수업'의 문제점을 지적하여 학생들의 학습권을 보장하고자 하였고, 참여권 보장의 활로를 마련하고자 '학급자치활동'에 대한 개선방안을 마련하였습니다. 그리고 이과정에서 깊이 있는 연구를 진행하고자 사회문화 교과의 심화학습을 실시하여, 설문조사와 인터뷰 방법을 체계적으로 익혔습니다. 사회과 선생님들과 통계학과 선배에게 조언을 구했고, 연구방법에 대한 학술자료를 찾아보았습니다. 또한 블로그를 참고해 엑셀프로그램 사용법까지 익혀 통계 결과를 다방면에서 분석하고자 하였습니다. 이러한 노력을 통해, 설문조사에서는 목적에 맞춰 체계적으로 질문지를 작성하는 동시에, 항목간의 배타성과 가치중립성을 유지할 수 있었고, 또한 인터뷰에서는 5why기법을 활용하거나, 질문에 구체적인 기준을 설정하여 답변자의 심리를 이전보다 정확히 파악할 수 있었습니다.

학생권익신장에 대한 관심은 학생들 스스로 권리보장에 앞장서는 사회를 만들기 위한 '교육계열 사회적 기업가'라는 꿈으로 확대되었고, 대학 진학 후에도 이를 실현시킬 다양한 방법들을 모색하겠다는 각오를 다졌습니다.

2. 고등학교 재학기간 중 본인이 의미를 두고 노력했던 교내 활동을 배우고 느낀 점을 중심으로 3개 이내로 기술하세요. 단, 교외활동 중 학교장의 허락을 받고 참여한 활동은 포함됩니다 (1,500자 이내).

학생들의 참여권 보장에 관심이 많았던 저는 각종 학생인권 포럼과 간담회에 참석하며, 어떻게 사람들의 이목을 끌면서도 의견을 쉽게 전달할 수 있을지를 고민했습니다. 그리고 이는 곧 시각자료에 대한 관심으로 이어졌습니다. PPT제작 실력을 키우기 위해 '1 PPT, 1 Idea'라는 자신만의 원칙을 적용하여, 매번 한 가지 이상씩 새로운 시도를 하며 PPT제작을 도맡아했습니다. 그리고 이러한 경험은 여러 분야에서도 빛을 발했습니다. 추상적인 개념을 이미지로 표현하기 위해서는 다른 사람들과 자신의 생각을 비교하며, 청중의 입장에서 슬라이드 내용을 검토할 필요가 있었습니다. 이는 타인에 대한 이해를 높여 설득력 있는 '학생회 부서 개편안'을 작성하는 데 도움이 되었고, 이를 바탕으로 한 사례 제시는 '영어말하기 대회'를 비롯한 각종 발표무대에서 전달력을 향상시켰습니다. 이와 같이 PPT제작은 새로운 분야에 대한 도전정신을 일깨워줬고, 사람들과 소통할 수 있는 새로운 방법을 알려주었습니다. 그리고 이는 한 분야가 다른 분야와 연계될 수 있다는 사실을 깨닫는 의미 있는 경험이 되었습니다.

지난 3년간의 토론경험은 새로운 길을 알려주었습니다. 처음 참가한 '교내토론대회'에서 상대측의 주장을 효과적으로 반론하지 못하며 아쉬움을 느꼈고, 토론에 관심을 가지기 시작했습니다. 토론을 거듭하며 '토론의 의미'에 대해 궁금해졌고 이에 대한 답을 '강원 토론학교'에서 찾을 수 있었습니다. '대입에서 인성평가가 확대되어야 한다.'라는 논제로 토론을 준비하며 팀원들과 수많은 의견을 나눴습니다. 현황 분석, 보편적 도덕가치의 기준, 부정적 낙인 등의 부작용, 행위동기와 결과에 대한 도덕성 등 수일간의 논의 끝에 우리만의 정책을 마련할 수 있었습니다. 이는 학생회 면접기준을 마련하는 데 도움이 되었고, 토론이란 '문제해결의 길'이라는 것을 알게 되었습니다.

하지만 초중학생을 대상으로 한 '아동 총회'에서의 정책토론은 제 역할을 하지 못했습니다. 서로를 비난을 할뿐, 대안을 제시하거나 배려하는 모습은 보이지 않았습니다. 이런 분위기는 주최 측인 월드비전에서 다년간에 걸쳐 토론시간을 축소시키게 했고, 토론의 부족은 '학원 전면폐지'와 같은 극단적인 결론으로 이어졌습니다. 문제를 해결하고자 선배로서 각 팀들을 돌며 아이들에게 문제 상황과 원인에 대해 꼬리에 꼬리를 물며 질문하였고, 자신의 경험담에 대한 생각을 물어보며 분위기를 환기시키기도 하였습니다. 동시에, 직접 PPT를 제작하여 '승패가 아닌 협력을 위한 토론'이 이뤄질 것을 발표했고, 그제야 아이들은 다양한 의견을 내며 토론을 이끌기 시작했습니다. 여기에 생각이 같은 운영진 학생들과 함께 토론교육의 확대를 정식으로 주최 측에 제안하기도 하였습니다.

이러한 일련의 경험들은 말싸움에 불과하다고 여겼던 토론도 여러 관점에서 의견을 검토하는 협력의 과정이라는 것을 알려주었습니다. 또한 자신의 생각을 주변 친구들과 공유하며 토론을 생활화하는 계기가 되었으며, 토론이 다양한 생각을 이해하는 하나의 방법임을 배울 수 있었습니다.

3. 학교 생활 중 배려, 나눔, 협력, 갈등 관리 등을 실천한 사례를 들고, 그 과정을 통해 배우고 느낀 점을 기술해 주시기 바랍니다.

참여권을 보장해줄 수 있는 '진짜 학생회'를 만드는 것은 지난 3년간의 목표였습니다. 이를 위해 학생회를 어떻게 운영해야 할지 항상 고민했고, 오랜 시간 끝에 내린 답은 '동행'이었습니다. 어려운 일들을 떠넘기기만 하는 것은 무책임한 일이라 여겼기에, 함께 어려움을 극복하는 '조력자'가 되고 싶었습니다. 먼저, 임원들과 부서별 활동방향에 대해 의논하며, 옆에서 생각을 정리할 수 있게 도와주거나 새로운 방안을 제안하였습니다. 또한 선도활동이나 담당선생님과의 협상 등에 참여해보며 필요한 사항들을 점검하였고, 문서양식을 제공하거나 방송시설 이용법과 같은 조언을 해주며 곁에서 활동기반을 다지도록 도왔습니다. 이를 통해, 지난해 반별 리그전 구상에 손도 못 대던 체육부가 직접 선생님들과 체육대회 사안들을 협의하고, 계획서까지 작성하는 모습을 볼 수 있었습니다.

이러한 '진짜 학생회'에 대한 열망은 '현재'에서 그치지 않고, '임기 이후'로까지 이어졌습니다. 진정으로 학생들의 참여권이 실현되기 위해서는 현재의 학생회가 끝나도 학생자치의 '문화'가 이어져야 한다는 것에 주목했습니다. 그렇게 지금까지의 경험이 전달될 수 있도록 다양한 노력을 펼쳤습니다. 총무부에서는 부서별로 활동기록 및 문서양식들을 보관할 수 있도록 '학생회 파일'을 마련하도록 하였고, 법무부에서는 차기 학생회와 이후의 자치법정운영에 대해 논의하는 시간을 가졌습니다. 또한, 임원진 회의에서는 모두의 의견을 모아 규칙과 안건처리 절차를 확정지었고, '운영 시스템' 마련함으로써 다음 학생회 운영에 도움이 되고자 하였습니다.

이후 활발히 활동 중인 차기 학생회를 보며, 무언가를 바꾸기 위해서는 '모두의 협력'이 필요함을 깨달았습니다. 서로가 곁에서 관심을 가지고 도와줄 때 지속적인 변화가 이뤄질 수 있으며, 이러한 과정에 있어서 중요한 것은 자신부터 실천하는 것임을 배웠습니다. 또한 이것이 곧 '문화'를 바꾸는 것임을 깨달았고, 다양한 경험과 배움을 통해 문화에 대한 깊이 있는 이해가 필요함을 느낄 수 있었습니다.

4. 해당 모집단위 지원동기를 포함하여 고려대학교가 지원자를 선발해야 하는 이유를 기술해주시기 바랍니다.

학생회 임원과 실장 간의 중임문제는 '철학의 필요성'을 일깨워주었습니다. 학교규칙에 중임에 대한 규정이 없어 임원들 중 일부가 실장과 겸임하는 일이 있었습니다. 처음에는 이러한 행위가 무조건 '잘못됐다'고만 생각했습니다. 이는 부회장도 마찬가지였습니다. 하지만 당사자와 몇몇 임원들은 전혀 다른 생각을 가지고 있었습니다. 상대편에서 '절차상 문제가 없었기에 괜찮다'라는 의견을 들으며 제 생각을 검토할 필요를 느꼈습니다. 그리고 이 상황이 왜 문제라 봤는지 고민해보았습니다. 저는 임원 또는 실장을 역임하는 것 또한 교육의 일환이라고 생각했고, 그렇기에 학생들에게 최대한 많은 기회에 돌아가도록 하는 것이 중요하다고 생각했습니다. 하지만 상대측에서는 오히려 중임을 할 수 있다는 것은 능력이 있다는 것이며, 이는 학생들에게 이익이 되므로 문제가 없다는 입장이었습니다. 학생회장 경험으로 보면, 상대측의 의견도 일리가 있다고 생각했습니다. 이처럼 저는 일상에서 무엇이 옳은 것인지 고민하게 되는 문제들을 많이 마주쳐왔습니다. 그리고 그런 궁금증을 풀어보고자, '철학과'를 희망하게 되었습니다.

철학과에 진학하기 위해 그동안 다양한 노력을 해왔습니다. '윤리와 사상' 수업에서 여러 사상가들의 의견이 도출된 과정과 논쟁들을 집중해서 보았습니다. 또한 '롤스의 복지사상'과 '하버마스의 담론윤리', '콜버그의 도덕발달 단계' 등에 대해 주변 친구들과 의견을 나누며 자신만의 생각을 정리하였습니다. 여기에 '인문사진콘테스트'에서는 3학년들이 학생회장 투표에 관심 없어 하는 모습을 보았고, 이러한 결정을 내린 이유가 한국의 권위주의적, 하향식 의사결정 문화의 영향을 받은 교육문화로 인해 학생들이 자유로운 의견표현에 소극적으로 된 것이라고 생각했습니다. 더 나아가 이것이 학교와 사회에 어떤 영향을 끼치는지 관심을 가지기도 했습니다. 이러한 과정을 통해 철학과 진학에 대한 의지를 확고히 하였고, 철학과에 진학하여 옳고 그름의 기준을 탐구하여 사회적 기업가로서의 꿈을 이루고 싶습니다.

자기소개서

중앙대/이승연/학생부종합전형(다빈치형인재)/유럽문화학부

---

1. 고등학교 재학기간 중 학업에 기울인 노력과 학습 경험에 대해, 배우고 느낀 점을 중심으로 기술해주시기 바랍니다(1,000자 이내).

애니메이션 '알프스 소녀 하이디'에 감명 받아 낙농업계에 종사하고 싶었던 저는 공부에 관해서 만큼은 '하고 싶은 것을, 하고 싶은 만큼만' 하는 것이 나름의 원칙이었습니다.

그러던 중 대학탐방 과제 때문에 방문한 대학의 교수님께 짧은 면담을 부탁드린 일이 있습니다. 그런데 교수님께서는 출신 학교를 물으시더니, 그냥 가버리셨습니다. 사전에 약속이 되어 있지 않았기 때문이었을 수도 있겠지만, 누구나 알 법한 학교 출신이었다면 달랐을까 하는 생각도 들었습니다.

그때부터 다른 사람들에게 인정받기 위해 실력을 키워야 한다는 마음이 생겼습니다. 그러나 배움을 즐기지 못하면 효율성도 떨어진다는 것을 깨닫고 최대한 즐겁게 공부할 수 있는 나름대로의 방법을 찾았습니다. 예를 들면, 수학은 점수에 목을 매기 보다는 사고력을 키우기 위해 공부했습니다. 문제를 해결하는 즐거움 자체에 집중하였더니 오히려 성적이 올라 2학년 2학기 이후의 모의고사에서는 1등급을 놓치지 않을 수 있었습니다.

다른 과목도 선생님께 배운 지식을 심화시키려고 노력했습니다. 역사시간에 실학에 대해 배우면서 문학시간에 배운 허생전과 연계하여 생각의 깊이를 넓혀 보고, 이어 경제교과서에 나오는 매점매석현상을 복습했습니다. 하이디가 소가 아닌 양을 키웠던 이유를 지리시간에 알프스지대의 기후를 배우면서 깨닫기도 했습니다. 덕분에 3학년 때 수리논리력 탐구대회에서 수상할 수 있었습니다.

수학과 내신과목 공부에 성과를 거두면서 이전에 공부가 힘들었던 것은 다른 사람들의 시선을 의식하기만 하고 정작 제 나름대로의 학습법을 찾지 못했기 때문이란 것을 알았습니다. 무엇이든 스스로 즐길 수 있어야 제대로 된 성과를 낼 수 있으며, 즐기기 위해서는 활동 그 자체에 의미와 가치를 부여해야 한다는 것 또한 느꼈습니다. 자율적인 방식으로 심도 있는 공부를 하고, 일정 수준에 오르게 되는 경험을 통해 결과도 중요하지만 과정이 결과를 더욱 가치 있게 한다는 것을 깨닫게 되었습니다.

2. 고등학교 재학기간 중 본인이 의미를 두고 노력했던 교내 활동을 배우고 느낀 점을 중심으로 3개 이내로 기술해 주시기 바랍니다. 단, 교외 활동 중 학교장의 허락을 받고 참여한 활동은 포함됩니다(1,500자 이내).

소수자의 노동인권을 주제로 진행된 모의유엔에 참가했을 때, 아동 노동시간을 제한하고 직업교육을 제공해야 한다는 결의안이 나왔습니다. 그러자 한 대표가 아동들의 생계에 관해서만 논의가 이루어지고 있다며, 그들이 노동을 통해 자아를 실현할 수 있도록 도와야 한다고 주장했습니다. 처음에는 생계가 급급한 상황에서 비현실적인 이야기를 하는 것 같았습니다. 그런데 문득, 어쩌면 이런 근시안적인 태도가 문제의 해결을 막는 근본적인 원인일 수도 있겠다는 생각이 들었습니다.

이를 깨닫고 여러 사회 이슈에 대해 고민해보다가, 한국인의 삶의 만족도가 낮은 이유가 교육에도 있지 않을지 궁금해졌습니다. 이 문제를 알아보기 위해 한국의 교육사를 주제로 탐구대회에 참가했습니다. 한국 성인의 한 달 평균 독서량은 0.8권으로 OECD국가 최하위권인데, 책을 멀리하는 세태가 문제일 수도 있겠다는 생각이 들어 자료를 더 찾아보았습니다. 빌 게이츠, 엘빈 토플러 등 자신의 역량의 원천은 독서였노라고 고백한 사람들이 많았습니다. 독서의 효과를 과학적으로 증명한 매리언울프 교수의 글을 읽으면서 생각은 더욱 확고해졌습니다. 그래서 책 읽는 문화를 되살리는 일을 하고 싶다는 꿈을 갖게 되었습니다.

다음 해 사회과학 동아리를 만들어 신문 기사를 읽고 소개하는 활동을 하면서 이에 관한 관심이 더욱 깊어졌습니다. 동아리의 이름은 '인문사회과학 교류연구회'로, 각각 다른 관심사를 가진 친구들이 모여서 자유롭게 탐구하고 이야기하자는 취지로 만들어졌습니다. 그런데 예상과 달리 다수가 어떤 활동을 해야 할지 몰라 우왕좌왕했고, 일부 친구들은 흥미가 떨어져 그만두겠다고 하였습니다. 뭔가 기폭제가 필요하다는 생각에 제가 나서서 첫 번째 활동을 진행하였습니다. 잡지에 소개된 토론 내용을 복사해 나눠주고, 찬반 토론을 시도했습니다. 관심 있게 읽은 자료들을 왜 스크랩했는지, 어디서 찾았는지, 어떻게 정리했는지 설명했습니다. 직접 보여주자 친구들은 아이디어를 얻어 활동을 시작했고, 얼마 지나지 않아 적극적으로 활동하는 친구도 생겼습니다.

일 년간 동아리 활동을 이어가면서 두 가지를 깨달았습니다. 첫 번째는 무엇을 하던 기본발판이 닦여 있어야 한다는 것이었습니다. 자료를 찾다 논문 포털 사이트를 알게 되었는데, 정보의 양과 질이 방대해 놀랐습니다. '정보사회'를 실감했고, 넘치는 전문지식을 소화하기 위해서는 외국어나 정보원 역시 중요하다는 사실을 깨달았습니다. 또한 사회적 주제로 화학, 통계 등 다양한 측면에서 연구가 진행되는 것을 보고 깊이 있는 이해에는 종합적이고 포괄적인 지식이 전제되어야 함을 느꼈습니다. 두 번째로는 단체 활동에는 구성원들에게 동기를 부여하고 방향을 제시할 이정표가 필요하다는 것이었습니다. 시작은 누구에게나 어려운 법이고, 남들이 주춤거린다고 저까지 망설이면 아무것도 할 수 없다는 것을 알았습니다. 한 발 앞서 걸으며 구성원의 행방과 상태를 파악하고 속도를 조절하는 것, 지친 이들이 다시 한 번 힘을 내도록 하는 것이 리더로서 중요한 자질이라는 지침을 얻을 수 있었습니다.

3. 학교 생활 중 배려, 나눔, 협력, 갈등 관리 등을 실천한 사례를 들고, 그 과정을 통해 배우고 느낀 점을 기술해 주시기 바랍니다(1,000자 이내).

기숙사 생활을 하면서 선배들과 막역하게 지냈던 저는 멘토 모집광고를 보고 설레는 마음으로 지원했습니다. 선배들에게서 받았던 조언과 위로를 누군가에게 주고 싶었기 때문이었습니다. 그런데 막상 멘티들을 만나니 잘 보이고 싶어 저의 단점들을 감추게 되었습니다. 그러다 보니 멘티들도 쭈뼛거리는 느낌이었습니다. 선배들이 저를 스스럼없이 대해주어 저도 편안했다는 사실이 떠올라 그 후로는 저도 솔직하게 다가서려고 노력했습니다. 간식을 가지고 찾아가기도 하고 사담을 나누며 저의 꼴사나웠던 행동들도 기탄없이 말했습니다. 그 후 멘티들에게 '이제 보니 헛똑똑이, 허당이었다'는 농담 섞인 말을 들었을 때 그제야 가까워졌다는 느낌이 들었습니다. 여러 가지로 고민하고 행동하면서, 있는 그대로의 모습으로 타인을 대하는 것이 중요하다는 것을 느꼈습니다.

한 학년 아래 친구들과 사귀면서 친밀감을 공유하기 어려웠다면, 대여섯 살 된 친구들과는 소통 그 자체가 어려움이었습니다. 유치원에 영어봉사를 나갔을 때 아이들이 수업에 집중하게 만들면서도 소외되는 아이가 없도록 하는 것이 어려웠습니다. 그러던 중 '불편해도 괜찮아'라는 책을 읽었습니다. 저자는 장애인을 위한 모금운동 '텔레톤'이 호응을 얻으면서 기금은 많이 모았지만 대신 장애에 대한 왜곡된 인식을 심어주게 되었다고 지적했습니다. 타인에 대한 무지도 폭력일 수 있기에 누군가를 대할 때는 그 사람의 입장에서 생각해야 한다는 것을 깨달았습니다. 이를 계기로 아이들의 발달 상태와 정서를 고려하여 그림카드를 준비해 영어에 대한 거부감을 줄였습니다. 선생님께서 구호를 외치면 아이들이 집중한다는 데 착안해 구호도 만들면서 아이들의 참여를 끌어낼 수 있게 되었습니다.

새로운 관계를 맺어 나가는 과정은 힘들고 답답하기도 했지만 서로 이해하게 되었을 때 얻은 기쁨은 그동안의 어려움보다 컸습니다. 대학이라는 새로운 환경으로 나아가기에 앞서 상대에 대한 이해가 기반이 되어야 누구든 진심으로 대할 수 있다는 기본을 다시금 새기는 좋은 기회였습니다.

4. 해당 모집단위에 지원하게 된 동기와 이를 준비하기 위해 노력한 과정이나, 지원자의 교육환경(가정, 학교, 지역 등)이 성장에 미친 영향 등을 경험을 바탕으로 구체적으로 기술하시오(1,500자 이내).

'무엇이든 좋다. 하고 싶은 공부, 의미 있는 공부를 해라'라는 부모님의 교육관 덕분에 저는 남들이 공부에 대해 당연하게 여기는 것들을 조금 다른 시각에서 바라볼 수 있었습니다.

친구들 사이에서 이런 대화가 오간 적이 있습니다. "야, 근데 여기 멘델이 뭐냐? 브랜드 이름인가?" "바보야, 유전의 법칙! 멘델도 모르냐?" "그걸 내가 알아서 뭐해, 난 문과 갈 건데.' 친구의 대답에 다들 웃으며 수긍했습니다. 그런데 저는 따라 웃을 수가 없었습니다. 문과, 이과로 나눠서 공부해야 할 것과 말아야 할 것을 나눠서는 통합적인 사고력을 기를 수 없다고 생각했기 때문이었습니다. 저는 학교라는 공간을 통해 선생님과 친구들을 통해 많은 것을 배웠고 감사하게 생각합니다. 하지만 통합적 사고력의 측면에서 문과와 이과로 구분된 학교보다, 도서관의 서가에 꽂힌 책들 앞에서 설렘과 기대감을 가지며 읽고 책을 빌리던 그 시간들이 무척 큰 도움이 되었습니다. 어느 시인의 표현을 빌어 지금의 저의 조그마한 사유나 사고를 키운 건 팔 할이 인문학적 독서였다고 말씀드리고 싶습니다. 그러한 저의 독서 편력은 다양한 글쓰기 대회, 도서탐구 대회, 에세이 쓰기 대회 등에서 수상하게 된 밑거름이 되었고, 청소년 문학 독후감 대회에서 최우수상을 수상하게 된 밑바탕이 되었습니다.

그러한 인문학적 사유와 글쓰기는 자연스레 사회 문화에 대한 관심으로 확장되었습니다. 저에게 지구상의 모든 문화와 삶은 호기심과 탐구의 대상이지만 현재 저는 유럽 문화에 대한 관심이 큽니다.

어린시절에는 안데르센의 동화전집을 가장 좋아했고, 중학교에 다니면서는 안나 카레리나, 레미제라블, 위대한 개츠비 같은 영화에 감명 받아 고전 문학을 읽게 되었습니다. 문학의 감초역할을 하는 시대적 의상이나 건축물 등에 관한 흥미는 역사에 대한 관심으로 이어지기도 했습니다. 고교에 진학하고 진로에 대해 고민하면서 이제까지 관심 가져왔던 것들의 공통점을 알게 되었습니다. 첫 번째는 과거의 것이 오늘날까지 그 가치를 인정받거나 재조명되어 새 생명을 얻은 경우라는 것이었고, 두 번째는 유럽을 모태로 하고 있다는 것이었습니다. 시간이 흘러도 그 가치가 바래지 않는 문화에 대한 문제의식을 발전시킨 결과 프랑스문화경시대회에서 최우수상을 수상하게도 되었습니다.

건축, 예술, 문화 등 유럽은 과거의 것을 보존하고 발전적으로 계승하는 양상이 두드러지는 곳입니다. 동시에 여전히 학문의 핵심지로서 제자리를 굳건히 지키고 있는 곳이기도 합니다. 세월에 묻히지 않고 오히려 매번 새로운 모습으로 세계인의 주목을 받는 유럽 문화의 배경에는 유럽만의 사회문화적 배경과 시민의 의식이 있다고 봅니다. 그래서 저는 우선 프랑스 사회와 문학을 공부하고 더 나아가 유럽의 전통과 그 보존에 대한 정책도 연구해보고 싶습니다. 전통을 자랑하는 중앙대학교의 유럽문화학부에서 키운 역량을 바탕으로 문화가 한국인의 삶의 의미와 행복을 주는데 조금이나마 기여를 하고 싶습니다.

자기소개서
서울대/정예지/일반전형/재료공학부

- -

1. 고등학교 재학기간 중 학업에 기울인 노력과 학습 경험에 대해, 배우고 느낀 점을 중심으로 기술하기 바랍니다(1,000자 이내).

　꾸준히 공부를 해왔음에도 불구하고 2학년이 시작되고부터 제자리걸음을 하고 있는 듯한 생각이 들어 답답함을 느꼈습니다. 그동안의 공부는 단순한 이해였을 뿐이었다는 것을 깨닫고, 공부하는 매 순간마다 '물음표'를 붙여가며 완전한 나의 것으로 만들어가는 과정을 거치기로 마음먹었습니다. 수업시간마다 새로 학습하는 내용에 대해 궁금증이 생기는 것들은 빠짐없이 말풍선을 달아놓고 반드시 능동적으로 해결 하려 노력했습니다. 특히 물리 1에서 터빈을 이용한 에너지 발전에 대해 다루며 과연 어느 정도의 증기의 운동에너지가 있어야 얼마만큼의 에너지를 얻을 수 있는지 계산해보고 싶었습니다. 그동안 배운 내용들로 충분히 유도해낼 수 있다는 생각이 들어 유체역학과 운동량 보존을 이용해 공기 입자들이 터빈의 날개에 부딪혔을 때 터빈이 돌아가는 힘을 직접 계산해보기도 했습니다.

　이러한 태도는 더 나아가 '이렇게 하면 어떨까?'라는 탐구적 호기심으로 이어졌습니다. 일례로 물리Ⅰ교과에서 태양전지에 대해 공부하며, 이전에 접했던 고층 건물의 외벽으로부터 반사된 태양빛에 의한 빛 공해를 다룬 기사가 떠올랐습니다. 빛 공해를 일으키는 반사광을 모아 전력으로 사용할 수 있다면 일석이조의 효과를 얻을 수 있을 것이라 생각했습니다. 이에 그치지 않고 직접 실험을 설계하여 진행하며 반사방지막 제품을 만드는 회사에 직접 연락하거나 한국산업기술원 견학을 통해 태양전지 개발 연구원과 면담하기도 하였습니다. 이 주제로 교내 과학탐구토론대회에 참가하여 좋은 결과를 얻을 수 있었습니다. 이를 통해 어떤 현상을 수식으로 만들어 논리적으로 분석해 나가는 과정에 흥미를 느끼며 물리, 화학에 더 큰 관심을 가지게 되었습니다. 보다 주체적으로 학습활동에 임하고, 공부하며 생긴 호기심을 직접 실행해봄으로써, 공부한 내용을 적용하여 문제 상황을 해결하는 것에 대한 매력을 느꼈습니다. 이러한 태도 덕분에 문제 해결을 위한 복합적인 사고와 적용능력을 요하는 교내 수학, 과학 경시대회에서도 좋은 결과를 얻을 수 있었습니다(997자)

2. 고등학교 재학기간 중 본인이 의미를 두고 노력했던 교내 활동을 배우고 느낀 점을 중심으로 3개 이내로 기술하기 바랍니다. 단, 교외 활동 중 학교장의 허락을 받고 참여한 활동은 포함됩니다(1,500자 이내).

2학년 때 동아리 연간탐구를 통해 탐구적, 정신적으로 성장할 수 있었습니다. 1학년 때 참여 기회를 다양하게 갖지 못해 아쉬웠던 경험을 토대로 모든 조원들이 참여하도록 이끌어보고자 결심했습니다. 선배들이 진행했던 왕겨 활성탄 제작을 모티브로 하여, 암모니아성 질소 제거능력을 유지하며 동물 뼈의 수산화아파타이트를 이용해 중금속 흡착력을 보완하는 연구를 진행했습니다. 후배들의 능동적인 참여를 돕고자 1학년 화학Ⅰ의 앙금생성반응, 중화반응을 이용한 실험을 계획하였습니다. 표준 용액을 구하기 힘들어 암모니아성 질소 농도 측정에 난항을 겪었지만 군포시수도사업소에 적극적으로 도움을 요청하며 연구를 끝까지 마무리할 수 있었습니다. 쉬는 시간마다 교실과 실험실을 오가며 조원들이 각자의 역할을 잘 해낼 수 있도록 실험을 총괄하였고, 집에 와서는 논문을 끊임없이 찾아보며 다음날의 실험 계획을 세우는 것을 반복했습니다. 진정한 협력을 통해 사이언스 컨퍼런스에서도 좋은 결과를 얻을 수 있었습니다. 학업과 탐구를 병행하며 지치기도 했지만 이를 통해 탐구에 대한 제 열정을 확인할 수 있었습니다.

2학년 때 과학탐구토론대회에 참가하였습니다. 대본대로 발표하는 것에 익숙해서 토론을 앞두고 불안한 마음을 떨치기 어려웠습니다. 발표 내용을 완벽히 숙지하기 위해 사소한 부분도 꼼꼼히 살펴보았습니다. 시간이 날 때마다 토론 영상을 찾아보며 상대방의 눈을 마주치고 내 이야기를 한다는 생각으로 말하는 연습을 꾸준히 했습니다. 그 결과 대본 없이도 10분간의 발표를 잘 마무리하고 상대팀의 반박에도 여유롭게 답할 수 있었습니다. 이후 시, 도 대회를 거쳐 많은 토론 경험을 쌓으며 서로의 발표를 경청하고 적극적인 피드백이 오가는 토론 문화에 적응해갔습니다. 이를 통해 그동안 실수에 대한 긴장만을 안겨주었던 발표는 제 생각과 열정을 마음껏 표현하는 기회가 되었습니다. 발표에 대한 인식이 달라지니 사이언스 컨퍼런스와 같이 긴장되는 상황에서도 오히려 설레는 마음으로 사람들 앞에서 당차게 말할 수 있게 되었습니다. 발표를 앞두고 발표 내용을 진정한 제 것으로 만드는 철저한 준비과정을 거쳐야한다는 것을 알 수 있었고 두려움에 직접 부딪혀 극복해냈다는 기쁨에 학업, 인간관계에 있어서도 자신감을 가지게 되었습니다.

1학년 때 분리수거 및 쓰레기통 담당에 자원했습니다. 항상 끝부분까지 채워지지 않는 쓰레기봉투를 완벽하게 채울 방법에 대해 고민하던 중, 학교 분리수거장에서 유독 빈 공간이 전혀 없는 쓰레기봉투가 눈에 띄었습니다. 매점의 쓰레기봉투라는 것을 알아챈 후 곧장 매점 관리자 분께 쓰레기 처리 방법을 여쭈었습니다. 쓰레기가 채워지면 매일 무거운 벽돌을 위에 올려놓고 퇴근하신다는 설명을 듣고 그 날 이후 매일 하교하기 전, 쓰레기봉투 위에 아령을 올려놓았습니다. 그 결과, 봉투에 드는 비용을 아낄 수 있게 되어 남는 학급비를 학급단합에 보탤 수 있었습니다. 남들은 눈

길 주지 않는 사소한 문제에 작은 관심을 가지는 것으로도 충분히 의미 있는 결과를 얻을 수 있다는 것을 알 수 있었습니다(1,499자)

3. 학교 생활 중 배려, 나눔, 협력, 갈등 관리 등을 실천한 사례를 들고, 그 과정을 통해 배우고 느낀 점을 기술하기 바랍니다(1,000자 이내).

질문을 많이 받다보니 수학과 물리에서 많은 친구들이 어려워하는 부분이 제가 스스로 공부하며 고민했던 부분과 상당히 일치한다는 것을 알게 되었습니다. 대부분의 친구들이 비슷한 고민을 하고 있다는 것이 안타까워 도울 방법을 찾다가 자율동아리 '무리수'를 만들어 활동하게 되었습니다. 어떤 내용이 유익할지 고민하며 양질의 문제들을 나누고자 노력한 덕분에 매 활동마다 20명 남짓한 부원들 모두가 참여해주었습니다. 한 친구가 물리1의 전력 계산문제를 매번 틀린다는 고민을 털어놨고 꽤 많은 친구들이 전력 계산을 어려워 한다는 것을 알게 되었습니다. 그 이유를 고민한 끝에 전력을 계산하는 2가지 공식이 각각 어떤 상황에서 사용되는지 잘 모르는 것이 문제라는 것을 깨달았습니다. '전력 문제풀이'라는 테마를 가지고 부원이 아닌 친구들 중에서도 희망자들을 포함하여 30명 남짓한 친구들을 대상으로, 직접 선정한 연습문제들을 통해 각 공식을 사용하는 방법을 명확하게 설명해주었습니다. 그 결과 고민을 털어놓았던 친구가 이제는 전력과 관련된 문제는 확실히 맞춘다며 고마움을 전해왔습니다. 그 이후에도 다양한 주제로 선생님의 설명만으로는 이해가 부족한 친구들을 위한 맞춤형 설명으로 활동을 진행하였고 부원이 아님에도 참여하고자 하는 친구들이 늘어날 정도로 호응이 좋았습니다. '왜 열심히 공부한 내용을 시간과 노력을 들여 굳이 모두와 나누려 하는지 모르겠다'는 반응도 많았지만 혼자 공부를 하면서 느끼는 희열보다도 그들이 저처럼 깨달음을 얻으며 기뻐하는 모습을 보며 느끼는 행복이 제가 지치지 않고 공부에 열중할 수 있게 하는 '원동력'이었습니다. 혼자 공부할 때에는 그냥 넘어갔던 사소한 내용들도 꼼꼼히 확인하게 되어 결과적으로 학업에도 좋은 영향을 끼쳤습니다. 친구들의 입장에서 한 번 더 고민하는 습관을 가지게 된 것이 정말 많은 친구들에게 도움이 되는 것을 몸소 확인하며, 남을 위하는 일은 대단한 것이 아니라 진심으로 남의 어려움에 공감하는 마음으로부터 시작된다는 것을 깨달았습니다(997자)

4. 고등학교 재학 기간(또는 최근 3년간) 읽었던 책 중 자신에게 가장 큰 영향을 준 책을 3권 이내로 선정하고 그 이유를 기술하여 주십시오.
   ▶ '선정 이유'는 각 도서별로 띄어쓰기를 포함하여 500자 이내로 작성
   ▶ '선정 이유'는 단순한 내용 요약이나 감상이 아니라, 읽게 된 계기, 책에 대한 평가, 자신에게 준 영향을 중심으로 기술

[선정 도서 1]
- **도서명** : 진실을 배반한 과학자들
- **저자/역자** : 니콜라스 웨이드
- **출판사** : 미래M&B

[선정 이유]
　과학은 가장 객관적인 학문이라는 생각이 확고했던 제게 단연 눈에 띄는 제목의 책이었고 호기심에 첫 장을 펼쳤습니다. 탐구활동을 진행하면서 접했던 많은 논문들을 읽으며 느꼈던 감정은 감탄 혹은 부러움이었습니다. 그러나 책을 통해 위대한 업적으로 여겨졌던 연구들은 물론이고 수많은 논문들이 과학계의 지나친 성과주의에 의해 변질된 결과물일수도 있다는 사실을 알게 되었습니다. 연간탐구를 하며 측정값의 소수 자리를 반올림할 때 기댓값에 가까워지도록 하는 등 원하는 결과를 위한 제 사소한 행동들을 반성하기도 하였습니다. 또한 어쩌면 공학자라는 제 꿈이 '실험을 좋아하니까 공학자가 되어야지'라는 단순한 생각으로 결정된 꿈은 아닐까라는 생각과 이대로라면 언젠가는 초심을 잃고 개인의 이익을 취하기에 급급한 연구를 하게 될지도 모른다는 생각이 들었습니다. 공학자라는 꿈에 대해 진지하게 고찰해보는 시간을 가지며 개인이 아닌 '사회 발전을 위한 연구를 하는' 공학자가 되겠다고 굳게 마음먹을 수 있었습니다(500자)

[선정 도서 2]
- **도서명** : 미래의 물리학
- **저자/역자** : 미치오 카쿠
- **출판사** : 김영사

[선정 이유]
　교과과정을 통해 과학계의 발전 토대가 되었던 기본적인 내용을 배웠다면 현대 과학기술의 발전 방향성에 대해 살펴보는 것도 중요하다는 생각에 읽게 되었습니다. 인공지능의 발전에 감탄하면서도 윤리적 문제에 대해 생각해보았고 인간에 의해 파괴되어온 환경을 되살리기 위한 연구의 중요성을 느낄 수 있었습니다. 이를 통해 진취적인 아이디어로 과학기술 개발에 힘쓰는 것 못지않게 이로 인해 발생할 수 있는 부작용을 해결하는 대책 마련 또한 중요하다는 것을 깨달았습니다. 특히 나노기술에 대해 살펴보며 2학년 때 나노기술원 견학을 통해 직접 방진복을 연구실 내부를 둘러보았던 경험이 떠올랐습니다. 연구하는 모습을 보며 환경을 생각하는 기술개발에 힘쓰는 연구원의 꿈을 굳힐 수 있었습니다. 반복되는 일상으로 비전을 잃고 지쳐있던 와중에 책을 통해 견학 당시에 느꼈던 설렘과 열정이 되살아남을 느꼈습니다. 더 나아가 첨단산업의 발달에 있어 매우 중요한 역할을

하는 재료공학도라는 꿈으로 구체화할 수 있었습니다(500자)

[선정 도서 3]
- **도서명** : 어떻게 원하는 것을 얻는가
- **저자/역자** : 스튜어트 다이아몬드
- **출판사** : 8.0

[선정 이유]
　2학년 때까지 학업과 많은 활동들을 병행하며 쉴 틈 없이 생활하다보니 어느새 졸업을 앞둔 제가 과연 학교라는 울타리를 벗어나 잘 적응할 수 있을지에 대한 막연한 두려움을 가지고 있었습니다. 동아리 선생님의 추천으로 읽게 된 이 책을 통해 사람들 사이에서 일어나는 모든 일들이 크고 작은 협상이라는 것을 깨달았고 특히 '사람을 대하는 방법'을 제대로 배울 수 있었습니다. 친한 친구들과의 관계를 유지하기에도 벅찼던 바쁜 학교생활을 해왔기에 어색한 친구에게 말을 걸 때에도 '날 어떻게 생각할까'라는 걱정 때문에 쭈뼛쭈뼛 다가가던 저였지만 저자가 소개한 전략들에 깊이 공감하고 실천한 결과 처음 대화를 해보는 선생님과도 농담을 나누며 화기애애한 분위기를 이끌어 가는 제 모습을 발견할 수 있었습니다. 그동안에는 어떤 공부를 하고 어떤 직업을 가지고 싶다는 생각만 가득했었다면 어쩌면 이보다 더 중요할 수 있는, 어떤 태도와 가치관을 가진 사람으로 성장하고 싶은지에 대한 고민을 할 수 있었습니다(498자)

자기소개서
고려대/안정환/학교장추천전형/화공생명공학부

1. 고등학교 재학기간 중 학업에 기울인 노력과 학습 경험에 대해, 배우고 느낀 점을 중심으로 기술해 주시기 바랍니다(1,000자 이내).

한국나노기술원과 연계하여 실시한 대학생 멘토링 수업에 참여하였고, 풀러렌을 모형으로 만들어보면서 탄소라는 물질에 흥미를 갖게 되었습니다. 그리고 화학1에서 탄소에 대해 자세하게 공부해보고자 했습니다. 탄소는 원자가전자가 4개여서, 다양한 원소들과 공유결합을 하여 여러 가지 화합물이 될 수 있다는 점이 특히 재미있었습니다. 또한 탄화수소화합물은 굉장히 종류가 많았습니다. 많은 탄화수소화합물을 효과적으로 공부하기 위해서, 친구들과 함께 한달 동안 스터디 그룹을 만들어 탄화수소화합물의 시성식을 구체적으로 그려보았고, 이 내용에 관한 모의고사 문제를 스크랩하고 풀어보며 공부를 했습니다. 공부를 더 해보니 이성질체라는 개념도 배우게 되어 이성질체를 가지는 탄화수소화합물을 여러 번 그려보며 깊이 이해했습니다. 이런 적극적인 공부 경험을 통해 화학1 과목을 좀더 흥미롭게 공부할 수 있었습니다.

제임스 왓슨의 '이중 나선'을 읽고 DNA에 흥미를 느끼고 자세하게 배우고 싶어 생명과학2를 선택하였습니다. 그에 대해 모의고사 문제를 포트폴리오로 만들어서 풀이를 쓰고 추가 조사를 하며 공부했습니다. DNA에 대해 공부할 때 DNA가 복제되는 과정에서 프라이머에 집중하여 공부하다 보니, DNA 말단 부분이 조금씩 사라진다는 것을 알게 되었습니다. 왜 그런 현상이 일어날까 궁금하여 앤드루스의 '텔로미어의 과학'을 읽었습니다. 그리고 텔로미어가 짧아지면서 노화가 진행된다는 것을 깨닫고 "노화를 막을 방법은 없을까?"라는 생각을 하여, 우리 인간의 생식세포에는 텔로미어가 짧아지는 것을 막는 텔로머라아제라는 효소가 있음을 배웠습니다. 이에 대해 조사한 내용을 포트폴리오로 만들고 생명체 내의 모든 세포는 같은 유전정보를 가지고 있음을 알고 DNA 복제와 유전자 발현과정에 대해 이해하게 되었습니다.

복잡한 화합물을 다룰 때에 보였던 능동적이고 적극적인 성격과 생명체에 대한 뚜렷한 관심은, 의학생명을 공부하고자 하는 저의 미래에 커다란 밑거름이 될 것이라 확신합니다.

2. 고등학교 재학기간 중 본인이 의미를 두고 노력했던 교내 활동을 배우고 느낀 점을 중심으로 3 개 이내로 기술해 주시기 바랍니다. 단, 교외 활동 중 학교장의 허락을 받고 참여한 활동은 포함됩니다(1,500자 이내).

과학에 대한 학구심이 높아 1학년 때부터 과학 탐구 토론 대회에 꾸준히 참여해왔습니다. 생명과학1에서 배운 실험군과 대조군을 설정하는 법, 화학1에서 배운 중화반응, 생명과학2에서 배운 효소의 활성 등을 떠올리며 실험을 구체화해나갔습니다. 여러 실험 중 소화제 활성도 실험에서 소화제를 갈아 넣는 바람에 지시약의 색깔이 잘 나타나지 않았습니다. 그러나 다른 팀이 "소화제를 갈아 넣지 말고 소화제의 부식 속도를 측정하는게 어때?"라는 제안을 받아들여 실험을 수정하여 성공적으로 실험을 완료했습니다. 이를 통해서 실험을 성공하기 위해서는 수없이 많은 실험설계 수정과 타인과의 토의가 필요하다는 것을 알게 되었습니다.

저의 탐구심은 동아리 활동으로 이어졌습니다. 의학 관련 과학에 관심이 많아 아스피린 합성 실험을 팀장으로서 주도했습니다. 아스피린 합성 실험은 무수아세트산의 최루성 때문에 눈물샘자극이나 두통을 유발할 수 있다는 위험성이 있었습니다. 그래서 앞에 나가 아이들에게 안전수칙 등을 설명해주었습니다. 저의 설명과 아이들의 협조로 실험은 차질 없이 진행되었습니다. 실험 후에는 수득률을 계산해보기 위해서 화학반응식에 대해서 알아보고 이론적으로는 살리실산과 같은 몰수의 아스피린이 합성되야함을 토대로 조에서 한 실험의 수득률을 계산해보려고 하였습니다. 그러나 그것은 불순물이 많이 섞인 아스피린이었고 정확하지 않은 수치라는 것도 알게 되었습니다. 이 실험을 통해서 실험이란 일정한 조건을 인위적으로 설정하여 기대했던 현상이 일어나는지를 조사하는 일이라는 개념에서 머무르지 않고 인간의 지적능력을 이용해 효율성과 경제성도 연구하는 행위임을 깨달았습니다.

저의 탐구심은 공명프로젝트에서 빛을 발했습니다. 공명프로젝트란 저와 진로가 비슷한 친구들과 함께 주제를 정하고 장기간 동안 탐구하는 프로젝트입니다. 의학생명에 관심이 있어 '일상생활 속 학생들의 세균 감염 경로와 바이러스 대처 방안 고찰'이라는 주제로 프로젝트를 진행하자며 주도했습니다. 세균 실험은 일상생활 곳곳의 손이 닿는 곳을 조사해 일반배지와 대장균 배지에서 세균을 배양하는 것으로 진행했습니다. 스마트 폰에서 변기만큼의 세균, 대장균이 검출된다는 사실을 통해서 우리가 일상생활에서 세균에 쉽게 노출된다는 결론을 도출해내었습니다. 바이러스는 메르스 사태에 대해서 조사해보면서 문제점을 분석하고 해결방안을 세워보며 연구했습니다. 메르스 사태에 대해 조사를 해보면서 국가, 병원, 개인적인 차원에서 조기 대응 부족, SNS를 통한 유언비어의 확산 등의 문제가 있음을 발견하고 국가의 질병 감염원 격리, 국민들의 안전수칙 준수 등의 해결방안을 찾아 정리하였습니다. 또한 후에 후배들에게 세균 배양기 사용법을 직접 알려주면서 세균 배양 실험을 하는 친구들에게 도움도 주며 의미 있는 활동도 할 수 있었습니다.

이처럼 저는 고등학교 생활을 하면서 저의 학구심과 탐구심을 동아리 활동, 탐구토론대회, 프로젝트를 통해 키워나가면서 의학생명을 전공하고자 하는 제 꿈을 구체화시켰습니다.

3. 학교생활 중 배려, 나눔, 협력, 갈등 관리 등을 실천한 사례를 들고 그 과정을 통해 배우고 느낀 점을 기술하세요(1,000자 이내).

저의 학교는 혁신학교로 숙제를 학교에서 하고 집에서 개념을 공부해오는 거꾸로 수업을 하며 교과 과목을 공부했습니다. 평소 혼자 공부하며 성취해오던 저는 이 방법이 익숙치 않았습니다. 그러나 역사시간에 유태인의 공부 방식을 보게 되었습니다. 유태인은 혼자서 공부를 하지 않고 다른 사람과 토의하면서 자신의 부족한 점을 남에게서 배워 훨씬 높은 학습 효율을 보였습니다. 실제로 아이들에게 수학을 설명해 주면서 평소에 자세하게 모르고 있던 개념을 다시 한 번 살펴보게 되어 기본 개념을 확실하게 익혔습니다. 이 경험을 통해서 인생은 혼자서 살아가는 것이 아니라는 것을 알게 되었고 다른 사람과 함께 할수록 더 발전 가능하다는 것을 배웠습니다.

이런 경험으로 배운 저의 지식을 학교 아이들과만 나누는 것은 아쉽다고 생각하였습니다. 때마침 여름방학에 지역아동센터에 지식 나눔 봉사를 할 수 있다는 것을 알게 되었습니다. 좋은 기회라고 생각하여 지역아동센터에 봉사활동을 신청했습니다. 저는 아이들에게 거꾸로 수업의 중요성을 깨닫게 해주고 학년별로 모여 모둠학습을 하도록 했습니다. 그 결과 공부에 흥미를 잃고 있던 아이들은 재미있게 공부를 하게 되었고 곱셈을 잘 못하던 아이들은 효과적이고 빠르게 곱셈을 익혔습니다. 특히 배움에 대한 자세가 좋지 못한 아이도 모둠수업을 하자 다른 아이들과 협력하는 모습을 보고 뿌듯함을 느꼈습니다.

학생회 활동에서는 환경부 부장으로서 점심식사 후 입을 닦은 휴지를 쓰레기통에 넣자는 캠페인 활동을 기획하여 진행했습니다. 캠페인을 진행하기 위해서 학생회 친구들과 협력해 기획안을 만들어 제출한 후 예산을 받아 팻말을 제작했습니다. 평소 점심식사 후 휴지들로 북새통일 화단은 저와 환경부 차장이 함께 진행하면서 단 한조각의 휴지도 없이 깨끗하게 변했습니다. 이 캠페인을 주도하며 기획안을 제출하고 진행할 때의 리더십을 기를 수 있었고, 캠페인을 실시했을 때의 효과를 보고 저의 영향력에 대해 느낄 수 있었던 좋은 경험이었습니다.

4. 해당 모집단위 지원 동기를 포함하여 고려대학교가 지원자를 선발해야 하는 이유를 기술해 주시기 바랍니다.

제가 고려대학교 화학생명공학과에 지원하게 된 이유는 화학공정 기술을 이용해서 노화에 대한 연구를 진행하고 싶기 때문입니다. 노화에 관한 연구는 보통 질병의 치료법을 목적으로 진행된다고 알고 있었습니다. 생명과학2를 배우면서 텔로미어가 노화와 관련이 있음을 알고 나서, 사람의 세포 안에 있는 DNA 수준에서의 노화에 대한 연구를 통해서 노화 자체의 원인을 규명하고 이를 막기 위한 연구를 진행하고 싶었습니다. 그래서 '노화의 생물학'이라는 읽으면서 텔로미어와 노화의 상관관계를 밝히기 위한 선행된 연구를 찾아보았습니다. 하지만 그 선행된 연구에서 '쥐는 텔로미어가 사람보다 긴데 왜 사람보다 수명이 짧을까?'라는 질문에 대한 해답을 찾지 못했다는 것을 알게 되었고, 이것을 화학생명공학연구원이 되어서 연구를 통해 규명한 뒤 텔로미어의 길이를 결정하는 쉘터린 단백질의 발현 여부를 조절하여서 노화를 막는 기술을 개발하겠다고 생각하였습니다.

제가 노화를 공부하는 이유는 '행복의 철학'을 읽고 행복과 노동에 대해 관심을 가지게 되었기 때문입니다. 모든 사람은 누구나 행복하게 사는 것을 원합니다. 행복은 사람에 따라 다양한 형태로 선택될 수 있고 그것을 얻기 위한 방법 또한 다양합니다. 그리고 저는 그 중에서 노동을 통한 자아실현이 매우 중요하다고 생각했습니다. 하지만 노화가 진행될수록 노동을 할 수 없게 되어, 본인의 가치를 못 느끼게 되고 외로움을 느끼거나 우울증에 걸리기도 합니다. 그래서 노화의 원인에 대해서 정확하게 밝히고 노화를 막는 기술에 대한 연구를 진행해서, 인간이 가치 있는 노동을 통해서 행복한 삶을 오래 누릴 수 있도록 돕고 싶다고 생각하였습니다.

화학공학과 생명공학을 접목한 화학생명공학기술은 20세기말부터 유전자 구조와 생명의 신비를 밝혀내며 인간의 병을 치료하고 유용한 물질을 만들어내고 있습니다. 저는 과학기술발전에 핵심적인 역할을 하는 화학생명공학과에 진학하여 노화에 대한 연구를 통해서 인간의 행복한 삶에 도움이 되는 과학자가 되고 싶습니다.

자기소개서
건국대/손영호/KU자기추천전형/산업공학과

1. 고등학교 재학기간 중 학업에 기울인 노력과 학습 경험에 대해, 배우고 느낀 점을 중심으로 기술해주시기 바랍니다(1,000자 이내).

저의 공부는 질문에서 시작되었습니다. 1학년 때 영화 '인터스텔라'를 보고 우주모형에 대해 질문한 적이 있습니다. 선생님께서는 2학년 물리 내용에서 열린, 닫힌, 평평한 우주에 대한 내용이 나온다는 말을 해주셨고, 궁금증이 생겨 물리 교과서를 구해 공부해봤지만, 영화에 나왔던 '웜홀'과 같은 심화된 내용이 교과서만으로는 해결되지 않았습니다. 자연스럽게 관련도서를 찾게 되었고, 브라이언 그린의 '멀티 유니버스'라는 어려운 책에도 도전하게 되었습니다. 특히, 어려웠던 '다중우주이론'을 읽을 땐, 선생님께 질문하고, 인터넷사전을 통해 포기하지 않고 끝까지 읽으려 노력했습니다. 이후 '초끈이론'과 같은 전문적인 내용까지 알고 나니 물리시간에 배우게 된 상대성이론의 시간지연과 같은 내용에도 친숙함이 느껴졌고, 이는 과학의 흥미로 이어져 어려운 내용에도 끝까지 이해하려는 태도를 갖게 해주었습니다.

이런 태도는 확률과 통계에서도 적용됐습니다. 제비뽑기의 당첨확률과 같이 일상에서 찾아볼 수 있었던 확률은 쉽게 다가왔지만, 통계적 추정의 신뢰구간에서 모비율에 따라 바뀌는 표준편차는 일상과 접목이 쉽지 않았고, 어렵게만 느껴졌습니다. 그러다 수학을 잘하는 짝꿍이 쉬운 문제도 풀이를 쓰며 깊이 고민하는 모습을 보고 제가 깊이 생각하고 공부하는 것이 부족했다는 것을 알게 되었습니다. 이를 보완하기 위해 노트에 개념을 정리하며 공식을 암기했고, 효율적인 풀이를 위해 한 문제당 최소한 두 가지 이상의 풀이를 찾는 노력을 시작했습니다. 그 후 문제풀이를 발표하는 '발표의 날'에 참여하여, 친구들 앞에서 설명하고, 그 내용을 완벽하게 이해할 수 있었습니다. 어려웠던 내용도 개념부터 확실하게 알고 이해하려고 노력하다보니 3학년 시험에서도 1등급을 맞을 수 있었고, 이후에도 관련된 에세이와 영어기사를 작성하며 확률과 통계에 대해 깊이 있게 알게 되었습니다. 나아가, 제가 전공할 산업공학에서도 빅 데이터가 많이 이용되고 있다는 사실을 알게 되어, 대학에서의 공부도 기대하게 되었습니다.

2. 고등학교 재학기간 중 본인이 의미를 두고 노력했던 교내 활동을 배우고 느낀 점을 중심으로 3개 이내로 기술해 주시기 바랍니다. 단, 교외 활동 중 학교장의 허락을 받고 참여한 활동은 포함됩니다(1,500자 이내).

유네스코 동아리에 참여하며 교육이 부족한 나라가 존재한다는 것을 배운 적이 있습니다. 교육이 성장하는 방법이라고 생각했던 저는 세계시민을 위한 교육시스템을 마련해주고 싶은 목표가 생겨 '글로벌 환경에서 사용 가능한 교육용 앱 개발' 콘테스트 'E-ICON'대회에 참가했습니다. 대회에서 일본학생들과 한 팀이 된 후 영어를 통해 소통하다 보니 공통 관심사였던 기초과학이 세계의 과학자를 키울 수 있을 것이라는 생각이 들었습니다. 이는 과학교육용 애플리케이션을 만드는 계기가 되었지만, 다른 팀에 비해 DB와 경험이 부족하여 개발 방법을 찾는 데에만 이틀이라는 시간이 걸렸습니다. 다행히 네이버 '모두!'와 웹을 앱으로 구동해주는 프로그램을 이용할 수 있었지만, 다른 문제가 발생했습니다. 나누어놓은 카테고리의 첫 페이지가 모두 빈 페이지로 변했던 것입니다. 대회 첫날부터 방법을 찾느라 녹초가 된 팀원들을 보면서 휴식이 필요하다는 것을 느끼게 되었습니다. 부족했던 휴식을 취하며 일본인 친구들과 간식도 먹고, 탁구도 치니 말은 통하지 않지만 '함께'라는 말이 떠올랐습니다. 이를 통해 팀의 보이지 않는 조력자 '네티즌'을 떠올릴 수 있었고, 문제로만 여겼던 빈 페이지를 열린 공간으로 활용함으로써 릴레이로 내용을 넣고 맨 앞에 빈 페이지를 만드는 네티즌 공동 제작 방식을 생각해 낼 수 있었습니다. 실제로 이런 아이디어는 높은 평점을 받게 되었고, 누군가와 함께하는 것이 혼자보다 더 큰 힘을 발휘할 수 있다는 것을 배우게 됐습니다.

영어를 통해 과학과 기술을 접하고 싶은 생각에 영자신문 동아리 '충북 헤럴드'에 가입했습니다. 과학 잡지를 통해 재미있는 소재를 뽑아 기사로 작성했지만, 노력에 비해 구독률은 높지 않았습니다. 부편집장이 되어 친구들이 신문기사의 그림만 보고 글은 잘 읽지 않는 모습을 보았습니다. 이를 통해 신문에서 관심을 끌 수 있는 요소가 시각적인 측면일 수 있겠다는 생각이 들었고, 이런 생각은 '코리아헤럴드' 'UNESCO신문'과 같은 구독률이 높은 신문을 구해서 학교 신문의 디자인과 비교해보는 계기가 되었습니다. 유명한 신문의 다양한 글씨체와 풍부한 색채감과 달리 학교 신문의 일관된 글씨체와 디자인에서 지루함이 느껴졌고, 동아리 회의에서 문제에 대해 토의하여 '그림을 호기심이 생기는 스토리 형식으로 배치하고 제목에 강조를 줘서 이목을 끌자'는 '3초 스토리텔링' 방식의 디자인 주제를 생각했습니다. 관심이 생기는 신문을 만들기 위해 인쇄소의 시각디자이너와 함께 디자인 주제를 바탕으로 편집과 검토 과정을 통한 신문을 완성했습니다. 이후 교내 영어 골든벨에서 MC를 맡았던 저는 기사와 관련된 문제의 높은 정답률을 통해 그 성과를 알 수 있었고, 원인을 정확하게 파악한 후, 그 문제를 바로 해결하는 실천력이 좋은 결과로 이어질 수 있다는 것을 깨닫게 되었습니다. 이런 실천의 효과를 배운 후 발명아이디어 대회에서 시각장애인을 위한 시계를 만들고, 제설에 대한 소논문을 작성하는 등 생각으로 그치지 않고 실천하는 습관을 만들게 되었습니다.

3. 학교 생활 중 배려, 나눔, 협력, 갈등 관리 등을 실천한 사례를 들고, 그 과정을 통해 배우고 느낀 점을 기술해 주시기 바랍니다(1,000자 이내).

2학년 때까지 저는 대처가 빠른 사람인 줄 알았습니다. 밴드 활동을 통해 공연했던 경험은 무대 위에서 기타 줄이 끊어지는 돌발 상황에도 대처하는 법을 알게 해주었지만, 2학년 수학시간에 일어났던 친구의 발작은 제게도 당황스럽던 경험이었습니다. 평소 여느 아이들과 다르지 않았던 친구는 갑자기 발작을 일으키며 쓰러졌고, 아무도 대처하지 못했습니다. 다행히 경험이 많으신 수학 선생님이 혀가 말려들어가지 않는지 확인하며, 머리가 다치지 않도록 사물들을 치워주셨습니다. 이후 친구는 무사히 깨어났지만, 아무런 대처를 하지 못한 스스로에게 큰 화가 났습니다. 더 큰 문제는 그다음에 일어났습니다. 발작을 보고 겁이 나서 멀리하는 친구들이 생긴 것입니다. 이는 반장이었던 제게 왕따라는 학교폭력으로 이어질 수 있다는 생각이 들게 했고, 이를 담임선생님께 말씀드리니 친구에게 뇌전증이 있다는 것을 말씀해주셨습니다. 그 후 뇌전증에 대해 제대로 알고 있어야겠다는 생각에 자료를 찾아보니, 예방하기는 힘들지만 조치만 잘 취하면 큰 문제가 없다는 것을 알게 되었고, 친구가 혼자 힘들어 했다는 점과 도움이 필요하다는 것을 앎으로서 비로소 친구를 이해할 수 있었습니다. 이후 보건 선생님께 대처법을 배우고 그 친구가 학교를 쉬는 날 학급회의를 연 뒤, 친구들에게 뇌전증이 무엇인지, 어떤 대처를 해야 하는지 이야기해주니 미안한 감정을 느끼며 앞으로 빠르게 대처할 특공대를 구성하자는 의견까지 나왔습니다. 책임감이 강한 아이들을 추천받아 특공대를 구성한 뒤 실제 상황에서 당황하지 않도록 연습했고, 이후 빠른 대처로 친구는 몸도 마음도 다치지 않고 한 해를 보낼 수 있었습니다.

상황을 이해하게 된 저희에게 그 친구는 더 이상 무서운 존재가 아니었습니다. 친구들이 그 친구에게 괜찮은지 물어볼 때, 오히려 놀라게 해서 미안하다고 하는 모습을 보며 서로의 입장을 생각해주는 것이 진정한 배려임을 알게 되었고, 앞으로도 서로를 배려하던 저희 반처럼 배려하는 공동체에 동참하고 싶다는 생각이 들었습니다.

4.해당 모집단위에 지원하게 된 동기와 이를 준비하기 위해 노력한 과정이나 지원자의 교육환경 (가정, 학교 지역 등)이 성장에 미친 영향 등을 경험을 바탕으로 구체적으로 기술해주시기 바랍니다(1,500자)

저희 가족은 매년 가족여행을 다니는 여행 마니아입니다. 전국을 여행하면서 가장 많은 시간을 보낸 곳은 민박도, 해수욕장도, 산도 아니었습니다. 그곳은 바로 자동차였습니다. 자동차에서 많은 시간을 보내다보니 오랫동안 운전하시는 아버지의 모습을 보고 운전자의 불편함에 대해 생각해 보게 되었습니다. 이는 자동차와 관련된 정보를 찾는 계기가 되었는데, 운전자의 편의와 자동차의 효율을 높이기 위한 '스톱 앤 고' '크루즈 모드' 등의 많은 기능이 추가되는 것을 보며 이를 발전시키고 싶다는 생각이 들게 만들어 주었습니다. 이후, 자동차를 만드는 사람이 되겠다는 생각에 기계공학을 목표로 공부했지만, 학교에서 들었던 진로특강을 통해 자동차와 관련된 직업은 만드는 사람뿐만이 아니란 것을 알게 되었습니다. 그중에서도 자동차가 제작되는 모든 과정에 참여하는 사람은 APQP 프로세스와 같은 전문지식을 가진 산업공학 지식인이었습니다. 궁금증이 많은 저의 성격과, 자동차의 모든 제작과정에 참여하여 아이디어를 제공해주고 싶은 생각은 한 부분보다는 모든 부분을 보고 기획하고 싶은 마음이 들게 했고, 이는 산업공학과에 진로목표를 세우는 동기가 되었습니다.

산업공학과에 지원하기 위해 준비한 저의 첫 번째 노력은 산업공학과 관련된 독서활동입니다. '공학계의 마에스트로 산업공학' '더 골' 'IT를 넘어 BPM으로' 등의 다양한 책들은 산업공학이 어떤 학문인지, 어떤 공부를 하고 졸업 후 어떤 일을 하는지 알게 해주었습니다. 특히, 책 '더 골'은 일상에서 산업공학이 활용되는 예시를 통해, 병목현상과 같은 기초를 다질 수 있게 해주었고, 꾸준히 관심을 두게 만들어주었습니다.

두 번째 노력은 올바른 가치관 형성과 리더십을 기르기 위한 활동입니다. 2년간의 반장 활동 후에도 3학년이 되어 '클린 서포터스' 단장에 지원해 학급이란 나무에서 학교라는 숲을 보고 학생들을 이끌 수 있는 능력을 기르기 위해 노력했고, IT 산업이 중요해진 사회에서 올바른 가치관과 능력을 기르기 위해 '아두이노 동아리' '인터넷 문화 글쓰기 대회' '세계시민학교' 등에 참여했습니다. 그중에서도 UNESCO 동아리에서 주최한 세계시민학교에 참여한 후 모두가 평등한 세상을 꿈꾸고 행동해야 한다는 것을 깨닫고 장애인을 위한 자동차 시스템을 만들고 싶다는 꿈을 꾸게 되었습니다.

위와 같은 활동을 통해 산업공학의 기초를 다진 저는 두 가지 목표를 세웠습니다. 화성 이주계획 '마스-원' 프로젝트에서 화성과 같은 극한의 상황에서도 자동차를 누구나 쉽게 만들 수 있게 자동차 생산시스템을 간소화하여 작은 노력으로도 같은 결과를 낼 수 있는 효율적인 시스템을 만들어 보고 싶습니다. 또한, 몸이 불편한 사람들 중에서도 시각장애인과 같은 운전이 불편한 사람들을 위해 자동차 시스템을 발명해보고 싶다는 꿈을 건국대학교의 산업공학과에서 배울 수 있는 인간공학과정을 통해 시작하고 싶습니다. 저의 이런 꿈을 건국대학교에서 키워나가며 목표지점에 한 걸음씩 다가가는 제 모습을 보여드리고 싶은 바람입니다.

자기소개서

경희대/조은별/네오르네상스전형/생체의공학과

(이화여대 고교추천전형은 자기소개서를 제출하지 않아 경희대 제출서류를 대신합니다.)

1. 고등학교 재학기간 중 학업에 기울인 노력과 학습 경험에 대해, 배우고 느낀 점을 중심으로 기술해 주시기 바랍니다.

저는 모호한 것은 그냥 넘어갈 수 없는 성격덕분에 '하이애나'라는 별명을 갖고 있습니다. 그런 저에게 수학은 가장 이상적인 과목이었습니다. 평소와 같이 수학 교과서를 공부하던 중 다른 개념의 정리에는 보통 증명이 있는데, 수열의 극한에 대한 성질은 이례적으로 증명이 없다는 것을 알아차렸습니다. 의문점이 들어 선생님께 찾아가 여쭈어보니 대학교에서 배우는 어려운 내용이라서 교과서에서 생략된 것 같다고 하셨습니다. 더욱 궁금해져 인터넷 검색을 해봤는데, 생소한 기호들이 많아서 의미를 이해하기 힘들었습니다. 하지만 몹시 알고 싶었기에 하길찬 교수님의 해석학개론 강의 녹화를 청강했습니다. 수열의 극한의 정의에 있어서 고등학교와 대학교 교과 과정은 상당히 달랐습니다. 하지만 '한없이 다가간다' 라는 직관적 이해가 아니라 '델타 입실론'에 기반한 수학적 이해를 할 수 있었습니다. 이 계기로 그냥 지나칠 수 있는 작은 것들을 깊이 생각해 보는 습관이 생겼습니다.

이렇게 깊이 사고하는 습관은 넓게 사고하는 습관으로 이어졌습니다. 일례로 중학교 때에는 그저(x+1)의 거듭제곱의 계수들이 파스칼 삼각형의 숫자 배열과 일치한다는 것을 알고 있었습니다. 고등학교에 올라와서 '파스칼 삼각형' 구조에 대해 다시 생각할 수 있었는데 그 구조 안에서 프랙탈 형태를 발견하고, 이를 통해 수열의 극한의 개념까지 응용할 수 있다는 것에 흥미를 느꼈고 이후에 이항정리 단원을 공부하면서도 연결시킬 수 있었습니다. '프랙탈이 수학 이외의 학문과 연결된 내용은 없을까?'하고 수학 도서를 읽던 중 식물의 생김새뿐만 아니라, 생명체가 물질대사를 효율적으로 하기 위해 신체 내부 일부에 프랙탈 형태가 이용된다는 것을 보고 학문들이 유기적으로 연결되어있다는 것을 깨달았습니다. 수학적 모델링을 통해 생물학적 난제를 풀어낸 사례가 있듯이, 학문들 간의 융합을 통해 앞으로 인류의 문제를 해결하기 위한 열린 사고를 갖게 하는 계기가 되었습니다. 또한 자기 주도적으로 깊고 넓게 사고했던 저의 학습 태도는 통섭능력을 키울 수 있었습니다.

2. 고등학교 재학기간 중 본인이 의미를 두고 노력했던 교내 활동을 배우고 느낀 점을 중심으로 3개 이내로 기술하세요. 단, 교외활동 중 학교장의 허락을 받고 참여한 활동은 포함됩니다 (1,500자 이내).

동아리 ppt 발표 주제를 고민하던 중 국어시간에 '무채혈 혈당기'에 관한 독서지문을 읽었습니다. 예전에 당뇨병으로 고생하셨던 할머니의 아파보이시는 손을 상기하면서 채혈침의 불편함에 공감을 하고, '혈당기'에 대해 자세히 알고 싶어 주제로 선정하였습니다. 자료를 조사하면서 TED사이트에서 Eric Topol 교수님의 강의가 인상 깊었습니다. 실제 손가락에서 채혈한 데이터와 지속적으로 센서를 이용하여 얻은 데이터의 그래프를 보았을 때 일치하지 않는 부분이 많았다는 것을 보고 채혈침의 정확성 면에서의 한계를 깨달았습니다. 무채혈 혈당기가 병원에 보편화되어 있는지 궁금하여 직접 동네 병원에 가서 간호사 분을 통해 실태를 알 수 있었습니다. 여전히 채혈침을 사용하고 있었고 당연하게 여기시는 것을 보고 당황했습니다. 혈당기의 데이터 상의 오류와 불편함을 극복한 기계가 나왔음에도 대중화되지 않은 현실이 안타까웠고, 저는 수시로 변화하는 생체 시스템을 다루기에, 정밀한 기술을 기반으로 대중화까지 고려한 기술을 개발하고 싶습니다.

이 강의에서 혈당기 외에도 다른 사실들을 알게 되었습니다. 그 중 바이탈 사인의 측정과 영상 처리에 대한 사실이 흥미로웠는데, 수면 상태를 매 순간마다 스마트폰으로 전송하고 모니터할 수 있었습니다. 그런데 이 기술은 수면의 질 향상에 기여하는 반면, 인간으로 하여금 자는 척 할 수 없게 한다는 단점이 있습니다. 즉 미래의 의료기기에서 매 시간마다 개인의 건강 상태가 노출될 수 있고 자칫하면 남용될 수 있다는 문제점이 있다고 생각합니다. 저는 기술을 개발할 때 이와 같은 사생활 문제와 정보의 접근성에 대한 문제에 있어 이용자를 우선 가치에 두고 싶습니다.

평소 문자 타이핑을 할 때 오타가 잦아 불편함을 느꼈던 저는 '왜 이렇게 배열했을까'에 대한 의문이 생겨서 조사하던 중 현재 우리가 사용하는 한글 자판은 '한글'이라는 우수한 글자를 표현하는 중요한 도구임에도 불구하고, 그 제작 원리가 분명하지 않은, 단순한 서양 문물 수용의 산물이라 판단했습니다. 그래서 제작 원리가 뚜렷한 청소년들을 위한 스마트폰 자판을 설계하는 논문을 작성하였습니다. 설문조사를 통해서 중요한 자판 요소를 선정하여 정확하고(exactly), 빠르고(expeditiously), 쉽게(easily) 타이핑할 수 있는 일명 'three-E' 자판을 만들기로 하였습니다. 설계와 보완을 거듭하여 가운데 줄의 위치적 이점을 활용한 육각형 모양의 자판에 사용량이 압도적으로 많은 'ㅋ' 을 양쪽 끝에 배치하여 웃긴 감정을 효과적으로 표현할 수 있도록 하였습니다. 조장으로서 팀원인 동생들이 부족하더라도 이끌어주고 격려하면서 능동적으로 참여할 수 있도록 편한 분위기를 조성했기에 각자의 역량을 발휘할 수 있었다고 생각합니다. 같이 밤도 새면서 열정적으로 임한 결과, 논문 대회에서 1등을 수상했습니다. 과학 선생님들께서 '공모전이나 스마트폰 회사에 제안해도 될 것 같은데?' 하시며 신선한 아이디어로 창의성을 인정받아 도전에 대한 자신감이 더욱 상승하는 계기가 되었습니다.

3. 학교 생활 중 배려, 나눔, 협력, 갈등 관리 등을 실천한 사례를 들고, 그 과정을 통해 배우고 느낀 점을 기술해 주시기 바랍니다.

"요즘 누가 학원 안다녀요? 애들 다 예습 해 와요. 그니깐 내가 못하죠." 교육봉사 첫 날에 초등 남자 아이가 한 말입니다. 이 아이는 열악한 환경에서 할머니와 단 둘이 지냈습니다. 저는 아이가 뒤쳐지지 않도록 격려해주고 어떻게 하면 좀 더 잘할 수 있을까 고민도 많이 했습니다. 계산 속도가 느리고 기계적으로 답만 적는 문제점을 발견한 저는 풀이과정을 쓰면서 생기는 사고의 용이성, 계산의 편리성을 언급하고 나아가 풀이과정 쓰는 방법을 순차적으로 방법을 알려주었습니다. 그 결과, 아이는 자신감을 갖고 문제를 적극적으로 푸는 모습으로 변화하였습니다. 한편 교육봉사를 하면서 느꼈던 교육의 불평등성을 바탕으로 '선행학습 금지법'에 관한 교내 토론 대회에서 선행학습의 사각지대에 있는 아이들을 위한 목소리를 냈고, 상대 팀과 심사 선생님들의 공감을 얻어낼 수 있었습니다. 사회에 작은 변화라도 만들기 위해 제 위치에서 할 수 있는 일을 하면서 교육봉사는 단순히 알려주는 것이 아닌, 진정한 소통을 기반으로 하는 활동임을 되새길 수 있었습니다.

저는 고등학교 2년 동안 학생회 간부로서 체육대회 기획을 주도했었는데 그 과정에서 어려움이 있었습니다. 일례로, 킨볼 룰이 까다로워서 심판들이 서로 주심을 맡기를 꺼려하고, 오심의 부담감에 반발도 심했습니다. 우선 심판들부터 이해시키기 위해 혼자서 나열되어 있는 표를 수학적 기호를 이용하여 재구조화시켰습니다. 이는 완벽한 이해와 분위기 개선에 한 몫을 했습니다. 후에, 저의 단순화된 설명은 전교생의 이해를 돕는데도 이용되었습니다. 그래서인지 처음에는 낯설어만 했던 학생들이 좋은 호응과 관심을 가졌고, 체육대회의 킨볼 경기가 출발점이 되어 후에 킨볼 학교 대표팀이 구성될 정도로 활성화 되었습니다.

이 경험은 앞으로도 문제를 남들이 생각하지 못한 방법으로 해결하고자 하는 의지를 갖게 해주었습니다. 또한, 개인의 노력으로 인해 타인들의 부담을 덜 수 있다는 것을 경험하고, 더욱 분발해서 저의 노력으로 더 많은 사람들에게 긍정적인 영향을 끼치고 싶습니다.

4. 해당 모집단위에 지원하게 된 동기와 이를 준비하기 위해 노력한 과정이나, 지원자의 교육환경(가정, 학교, 지역 등)이 성장에 미친 영향 등을 경험을 바탕으로 구체적으로 기술하시오 (1,500자 이내).

'정상 생활로 복귀시켜 삶의 질 향상을 가능하게 한다'
체험활동에서 접한 3d 프린터를 통해 알게 된, 의학으로만은 추구할 수 없는 의공학의 가치였습니다. 3d프린터와 관련된 기사에서 실제 인공장기와 뼈, 의수와 같은 생체형 프린트물의 발달로 일상으로 돌아갈 수 있었다는 내용이 사회복지와 의학 분야에 관심이 있었던 저에게 매혹적이었습니다.

이런 분야들에 관심을 가지게 된 것은 다름 아닌 어머니와의 사별을 겪고 나서였습니다. 당연했던 누군가가 남긴 빈자리는 제 주위만 신경써왔던 저 자신으로 하여금 '남을 위해서 살고 싶다'라는 목표를 갖게 하는 계기가 되었습니다. 그 후로 봉사 활동과 학생회 활동을 통해 제 위치에서 도와줄 수 있는 일이라면 마다하지 않고 했습니다. 이런 과정들을 통해 많은 보람을 느꼈고, 저의 목표는 더 굳건해졌습니다. 그런 저에게 의공학은 목표와 관심의 접점이었습니다.

의공학은 인체를 대하는 학문이기 때문에 생물의학지식이 기본이 되어야한다고 생각합니다. 그래서 저는 Biolet 동아리에서 한 달에 2번 1인ppt를 발표하며 제 생각을 공유하고 지식을 넓혀가는 시간을 꾸준히 가져왔습니다. 일례로 '수면과 꿈'에 대한 발표를 하면서 '꿈을 꾸지 않는다'는 잘못된 통념이고 주로 REM수면기에 꿈을 꾼다는 사실과, 수면의 소중함을 깨달을 수 있었습니다.

또한 '청년의사'라는 미디어와 관련 도서를 이용해 의공학 정보들을 끊임없이 탐색하였습니다. 한 예시로 '약이 사람을 죽인다'라는 책에서 알게 된 약의 부작용에 관한 실태에 충격을 받았습니다. 이를 해결할 수 있는 방법을 탐색하던 중 의공학의 한 분야인 약물 전달 시스템이 많은 연구가 진행되면 부작용을 최소화할 수 있다고 생각했습니다. 또한 '청년의사'를 통해 실제로 이상훈 교수님께서 벌집의 마이크로구조물을 이용한 효율적인 약물 전달 장치를 개발하셨다는 것을 보고 의공학은 할 수 있는 일이 많은 분야라고 생각했습니다.

또한 사람을 다루기 때문에 윤리적이고 이타적인 자세가 필요하다고 생각합니다. 저는 옥시사건과 같은 사회적 이슈에 관심을 갖고 연구자로서의 자세를 평소에 고민하고, 책을 읽고 토론하기도 하면서 윤리적 의식을 확립해 나갔습니다. 이에 그치지 않고 저는 본교에 입학하면서 윤리적 의식을 확립해 나갔습니다. 이에 그치지 않고 저는 본교에 입학하면 지구사회봉사단(GSC)에 가입하여 다양한 봉사활동을 지구적으로 하고 싶습니다. 특히 재활치료 봉사를 하고 싶고, 기회가 닿는다면 조직공학을 연구하여 재활치료에 직접적인 도움을 줄 수 있는 기계도 만들고 싶습니다.

그리고 의공학은 발전가능성이 무궁무진한 분야로 도전의식을 갖고 임해야 한다고 생각합니다. 저는 도전을 매우 좋아합니다. 어린 시절, 바둑은 남학생들이 잘하는 것이라는 편견을 깨고 싶어서, 꾸준한 연마로 사고력과 집중력, 예절과 인내와 같은 덕목을 키울 수 있었습니다. 이런 노력 끝에 초등 6학년 때 도 대회에서 우승했던 경험은 지금의 도전하는 저 자신을 만들었습니다. 지금의 저에게 '의공학을 통한 전 인류의 삶의 질 개선' 이것이 경희대 생체의공학과에 진학하여 도전하고 싶은 일입니다.

자기소개서

성균관대/강성준/과학인재전형/글로벌바이오메디컬학과

1. **고등학교 재학기간 중 학업에 기울인 노력과 학습 경험에 대해, 배우고 느낀 점을 중심으로 기술해 주시기 바랍니다.**

저는 우선선발이라는 우수한 성적으로 영재학교에 입학하였습니다. 저희 학교에서는 일반 교과목 및 다양한 심화과목들을 수강하고, 과제연구 및 R&E 활동, 동아리 활동 등 다양한 활동을 경험해 볼 수 있습니다. 저는 이러한 활동들을 관심을 가지고 참여하였고, 다 챙기려고 하다 보니까 성적관리를 제대로 하지 못하였습니다. 떨어지는 성적에 저는 학업에 대한 자신감을 잃기도 하였지만 어릴 때부터 관심이 많았던 물리 분야만큼은 놓치지 않으려고 노력하였습니다.

1학년 초 물리 수업에서는 가장 많이 쓰이는 계산방법인 미적분에 관한 이론을 배웠습니다. 교과서 문제나 일반물리학에 있는 문제들을 풀면서 기본적인 방법을 익히자 다룰 수 있는 분야가 훨씬 넓어졌습니다. 단진동 주기공식이나 F=ma라는 식에서 파생되는 여러 식들이 이전에는 단순암기를 통해 답을 구해냈지만 미적분을 사용하니 결과를 직접 계산을 통해 유도할 수 있다는 것을 알게 되었습니다. 단순히 내용을 이해하는 것이 아닌 기초적인 부분부터 다져나가면 좀 더 응용된 내용을 쉽게 쌓을 수 있다는 것을 알고 새로운 것을 배워나갈 때는 기초가 되는 부분부터 완벽하게 공부하려고 노력하였습니다.

물리 중에서도 역학 부분에 관심이 많아서 좀 더 심도 있게 배워보고자 심화과목인 고급물리학을 수강하였는데 저에게는 이 과목이 하나의 큰 도전이었습니다. 심화 과목이다 보니 시간이 오래 걸리더라도 기초부터 다져나가야겠다는 생각에 가장 기본적인 계산 방법들부터 공부하였습니다. 수업시간 중 필기한 내용을 여러 번 읽어보고, 수리물리책의 선형대수, 변분법 부분과 해석역학책의 벡터, 좌표계 부분을 공부하면서 기초적인 부분을 공부하였습니다. 그 뒤 라그랑지안이나 해밀토니안 등 심화된 내용을 배워나갈 때는 라그랑주역학 부분을 찾아보면서 수업시간의 내용을 공부하니 큰 어려움 없이 따라갈 수 있었고, 알고자 하는 부분에 관심을 가지고 노력한다면 더 큰 발전을 할 수 있겠다는 생각을 하다 보니 물리에 자신감도 생기고 재미를 더해갈 수 있었습니다.

2. 고등학교 재학기간 중 본인이 의미를 두고 노력했던 교내 활동을 배우고 느낀 점을 중심으로 3 개 이내로 기술해 주시기 바랍니다. 단, 교외 활동 중 학교장의 허락을 받고 참여한 활동은 포함됩니다.

2학년 R&E 활동으로 생체 물리 분야인 'window 챔버를 이용한 피부 및 Primo System 의 생체 광학 영상화와 분석에 대한 연구'를 진행하였습니다. 저는 이 활동을 하면서 다양한 학문 들 간의 연계를 통해 무궁무진한 발전을 할 수 있다는 것을 느꼈습니다. 저희가 한 활동은 직접 Window를 제작하고 Rat을 해부하여 혈관속 Primo관을 염색하여 관찰해보는 것이었습니다. 이 R&E 활동이 이미 진행되고 있는 연구에 참가 하는 것이고, 대학원생과는 달리 저희는 2~3주에 한 번씩 방문 하여 실험을 진행 할 수밖에 없다 보니 실험에 대한 이해와 숙련도가 떨어질 수밖에 없었습니다. 이 연구의 한계였던 부분은 Primo관을 지속적으로 관찰하는 것이 어렵다는 것이었습니다. 이것을 해결하고자 Window System을 제작하여 문제를 해결하는 것이 목표였습니다. 그리하여 Window System을 활용하여 Primo관을 관찰하는 기존에 선행 연구된 내용을 검증할 수 있었습니다 R&E 활동을 진행하면서 Primo관의 지속적인 관찰이 어렵다는 것을 알고 Window System을 이용하여 문제를 해결하는 것이 인상 깊었고 생물 연구의 한계를 물리적인 시스템을 활용하여 연구를 더욱 발전시켜 나갈 수 있다는 점에서 저는 각 분야의 전문성을 가지고 학문을 연구함과 동시에 융합연구를 위해 폭넓은 시야를 갖고 사고방식을 확장한다면 미래의 과학은 상상이 현실로 이룰 수 있겠다는 생각에 설렘과 열심히 실력을 갖춰야겠다는 각오가 생겼습니다.

정보 분야에 관심이 많았던 저는 학교 특별교육 활동으로 기업에서 주관하는 Rurple과 Arduino 과정을 이수 하였습니다 이 수업은 코딩을 하여 컴퓨터 속 로봇을 이용하여 과제를 수행하는 Rurple 과정과 브레드보드를 이용하여 다양한 도구 및 로봇을 제작하는 Arduino 과정을 배울 수 있었습니다 이 수업을 통하여 정보 분야에서 단순히 c 언어로 코딩하여 프로그램을 만드는 것뿐만이 아니라 하드웨어와 연결시켜서 다양한 활동을 진행하는 방법을 익혀 나갔습니다. 그 뒤 학교 축제 기간에 동아리 발표를 위하여 Arduino 과정에서 배운 내용을 응용하여 보았습니다. 코딩을 하고 브래드보드에 바퀴와 집계를 연결하여 신호를 주어 바퀴를 이용하여 앞뒤로 움직이고 모터를 돌려서 집게를 조였다 풀었다 할 수 있는 집게 로봇을 제작하였습니다. 처음 제작 하였을 때는 여러 가지 문제점으로 잘 작동하지 않아지만 조원들과 같이 코딩의 문제점을 찾아내고 수정 하여 성공적으로 완성시킬 수 있었습니다 이 제작 활동은 제가 노력하여 이룬 일에 대한 뿌듯함을 느끼게 해 주었고 정보 분야에 좀 더 관심을 가질 수 있게 해 주었습니다 1학년 때는 단순한 구조물을 제작하는데 그쳤지만 좀 더 복잡한 코딩을 하고 과학상자 키트, 브레드보드 등을 활용하여 지금은 간단한 집게로봇이지만 성공적으로 완성시켰을 때 그 성취감은 제가 포기하지 않고 계속해서 도전할 수 있는 계기가 되었습니다.

3. 학교 생활 중 배려, 나눔, 협력, 갈등 관리 등을 실천한 사례를 들고, 그 과정을 통해 배우고 느낀 점을 기술해 주시기 바랍니다.

저는 어려서부터 매년 부모님과 함께 대천에 있는 보육원에 봉사를 다녔습니다. 처음에는 아무 의미 없이 부모님을 따라다녔는데 해를 거듭할수록 학생 신분으로 할 수 있는 것이 많지는 않아도 내가 가진 재능을 다른 이들에게 나누어 줄 수 있다는 것을 깨달았습니다.

2학년 여름방학 때 학교에서 이루어지는 과학 나눔 봉사에 참여하였습니다. 처음에는 어떤 식으로 해야 할지 막막하였지만 저의 과학적 지식을 함께하면서 그 아이들이 새로운 것을 알고, 과학에 관심이 있는 아이들에게는 과학도로써 꿈을 키울 수 있도록 희망을 줄 수 있다는 생각에 적극적으로 준비하였습니다. 저희 조는 물리 동아리에서 기획한 녹말 가루를 이용한 점탄성 실험을 준비하였습니다. 녹말 가루를 물에 일정 비율로 풀면 점탄성 현상이 발생하는데 이것을 직접 제작하여 실습을 하면서 그 원리를 설명해 주었습니다. 처음 방문했을 때 활동에 큰 관심이 없던 학생들에게 어려운 학습이 아닌 생활 속의 과학, 주위에서 일어나는 다양한 현상들이 이런 과학적 원리에 의해 일어난다는 것을 알려주고, 수학적 확률에 의해 맞추어 볼 수 있다는 이야기를 하였습니다. 꼭 이론적인 수학, 과학이 아니라 흥미를 유발하는 이야기로 다가서다 보니 재미없어하는 아이들도 시간이 지날수록 적극적으로 질문도 하고, 실험에 참여하는 모습을 보여 주었습니다. 제가 수학, 과학에 관심을 가지고 시작하게 된 것처럼 많은 친구들에게 과학의 즐거움을 알려주고, 과학도로써의 꿈을 가질 수 있도록 저의 재능기부를 게을리 하지 말아야겠다는 각오를 세워 볼 수 있었습니다.

4. 다음 중 하나를 선택하여 기술해 주시기 바랍니다(1,000자 이내).
  ○ 본인의 성장환경 및 경험이 자신에게 미친 영향
  ● 지원동기 및 진로를 위해 노력한 부분
  ○ 본인에게 영향을 미친 유·무형의 콘텐츠(인물, 책, 영화, 음악, 사진, 공연 등)

저는 한때 학업과 진로에 대해 고민하고 방황하던 중 '엘론 머스크, 미래를 내 손으로 만들어'라는 책을 읽고 제2의 엘론 머스크를 꿈꾸게 되었습니다. 그의 도전정신은 다른 어떤 사람에게 결코 뒤지지 않고 다른 사람들의 생각에는 전혀 불가능해 보이는 일이더라도 자신이 생각하기에 어느 정도 확신 하면 끝까지 밀어 붙이는 추진력이 정말 대단한 사람이었습니다. 어떤 문제가 발생하면 그 문제를 풀기 위해 끊임없이 생각하고 또 고민하면서 해답을 찾기 위해 노력하는 사람이 바로 기술자라고 생각합니다. 엘론 머스크가 기존 비용의 10분에 1로 로켓을 발사 하겠다는 그 약속을 지킨 것은 거듭된 실패에도 불구하고 굴하지 않는 그의 승리임이 분명합니다. 거기에서 끝이 아니고 또 우주를 넘나드는 초고속 열차를 꿈꾸고 있는 엘론 머스크를 보면서 저는 고교 시절 3년간 끊임없는 도전과 실패, 방황도 있었지만 이 모든 시간이 헛되지 않고 더 밝은 미래를 만들기 위한 바탕이 되는 시간이었다고 생각합니다. 2학년 때 R&E 활동을 진행하면서 공학과 의학의 연계는 무궁무진한 응용이 가능하다는 것을 알게 되었고 그 당시 제가 연구한 Window라는 도구에 그치지 않고 좀 더 공부하여 발전된 도구를 제작하면 의학 분야에 큰 발전을 이룰 수 있지 않을까 생각이 들었습니다. 의학의 한계를 공학으로 극복하기 위해 탄생한 글로벌 바이오 메디컬 공학과는 공학에 관심이 많은 저에게 큰 매력이 있고 공부해 보고 싶은 분야였습니다. 이 학문에 관심을 갖고 찾아보던 중 성균관대학교에 제가 공부하고 연구하고 싶은 분야를 우수한 환경에서 공부할 수 있다는 것을 알게 되었습니다. 저는 꼭 글로벌 바이오 메디컬 공학과에 진학하여 인체 시스템 및 공학적 원리를 이용해 질병을 진단하는 첨단장비를 개발하는 학문에 집중하여 공부하고 싶으며 인류의 미래를 책임질 바이오 기술자로 성장하기 위하여 끊임없는 도전과 노력을 할 것입니다.

자기소개서
동국대/정상훈/Do Dream학교장추천전형/생명과학과

1. 고등학교 재학기간 중 학업에 기울인 노력과 학습 경험에 대해, 배우고 느낀 점을 중심으로 기술해 주시기 바랍니다(1,000자 이내).

 고교 진학 후 첫 시험에서 수학 I 교과에서 실망스런 성적을 받은 후 학교 선생님의 추천으로 학교역점사업인 학습플래너 창의적 학습 강의를 듣게 되었습니다. 이전까지 일관된 계획이나 체계적 과정 없이 공부해온 제게 '과목별 학습 방법' 및 '능동적 학습 계획 작성' 그리고 '효율적 복습 방법' 등에 대한 강의는 한 줄기 빛이었습니다. 이후 특히 수학 과목에서 나만의 개념정리 노트를 만들어 공식 도출 과정 및 기본 개념의 정리 그리고 핵심적인 공식 적용 과정 연습을 하였습니다. 틀린 문제와 고급 난이도의 문제는 오답 노트를 통해 문제점을 집중적으로 보완하고 연습하였습니다. 또한 수학 심화 학습을 위해 수학 심화 동아리 및 각종 교내 대회에 적극적으로 참여했습니다. 그 중 교내 수학 소논문대회에 '다양한 함수에 대한 연구'라는 주제로 참가했습니다. 함수식의 적용을 통해 교과서 범위를 넘어서는 복잡한 함수를 극좌표와 사이클로이드 곡선을 이용하여 그림으로 표현하는 내용이었습니다. 비록 수상은 못했지만 사이클로이드곡선을 연구하며 최하강곡선, 등시곡선, 진자 등의 용어에 대한 이해는 물리 I 교과 학습에 도움이 되었습니다. 또한, 미분 및 적분을 이용하여 사이클로이드 곡선 같은 복잡한 함수를 직접 그린 경험을 통해 미적분 II 교과 학습에 도움이 되었습니다. 이후에도 저의 수학에 대한 식지 않는 관심과 열정은 계속되었고, 2학년 말, 미적분 II 성적 1등급이라는 결과를 얻었습니다. 그 동안의 저의 노력과 열정이 담긴 수학 노트 및 교과별 공부법을 3학년 때 교내 진로 대회인 '나를 찾는 여행프로젝트(역경극복과정)'에서 발표하였습니다. 수업과 수학 동아리 심화 학습을 활용한 노트 작성 과정과 노트 이용 방법 및 학습법을 제 경험적 사례를 중심으로 발표하여 학생들의 공감대를 이끌어 내었고 수상할 수 있었습니다. 고등학교 생활 중 수학점수 향상을 위한 노력은 타 교과학습에도 긍정적인 영향을 주었고, 열심히 노력하면 무엇이든지 이루어 낼 수 있다는 자신감을 갖게 해줬습니다.

2. 고등학교 재학기간 중 본인이 의미를 두고 노력했던 교내 활동(교과 및 비교과 포함)을 3개 이내로 기술하세요. 단, 교외 활동 중 학교장의 허락을 받고 참여한 활동은 포함됩니다(1,500자 이내).

2학년 때, 단국대 생명과학부 대학생들과의 'CAMBIO' 멘토 학습 프로그램에 참여했습니다. 학교 공부에 대한 부담이 있었지만 전문적인 지식을 배울 수 있다는 점과 첨단 장비를 이용한 여러 실험을 해볼 수 있다는 생각에 20여명의 학생과 함께 참여했습니다. 첫 실험은 'EM발효액의 항산화 작용 실험'이었습니다. 제가 맡은 역할은 EM원액을 EM발효액으로 제조하는 것이었습니다. 처음에 간단한 실험으로 판단했기 때문에 따로 주의사항을 읽어보지 않은 채, 여러 물질과 혼합한 EM원액을 실험실에 4일 간 놓아두고 이후 확인하려 했습니다. 하지만 4일 후 실험실에서 EM원액이 든 병이 터져있는 것을 발견했습니다. 원인을 파악하기 위해 실험 과정과 재료를 철저히 점검했지만 문제점을 찾을 수가 없었습니다. 결국 EM발효액 제조과정에서 폭발을 막기 위해 반드시 주기적으로 가스를 빼주어야 한다는 사실을 대학생 멘토에게 듣게 되었습니다. 실험의 가장 기본적인 요소인 주의사항을 간과한 것이 실수였습니다. 간단하고 쉽게 보이더라도 과학 실험에서는 과정에 대한 철저한 숙지 및 재료 이용 방법 그리고 실험 시 주의 사항에 대한 사전 준비가 완벽해야 한다는 것을 깨달았습니다. 이 후 철저한 사전준비를 통해 '바나나, 브로콜리 DNA추출' '무즙 효소 실험' 등은 실수없이 진행할 수 있었습니다.

2학년 때 전자기기에서 발생하는 블루라이트라는 빛이 인체에 악영향을 끼친다는 뉴스를 보았습니다. 당시 물리Ⅰ교과에서 가시광선의 한 영역인 블루라이트에 대해 배우고 있어서 그 뉴스에 관심을 가지게 되었습니다. 약간의 호기심과 교과와의 연계성 때문에 블루라이트에 대한 보도자료 및 문헌을 조사해보았고, 그 유해성에 대해서 확정적인 결론이 없다는 것을 알게 되었습니다. 이후 블루라이트가 인체에 어떤 영향을 끼칠 수 있는가에 대해 생물실험을 통해 직접 확인해 보고 싶어서 교내 자율 과제 연구 대회에 '블루라이트가 생물에 미치는 영향'이라는 주제로 참여했습니다. 실험 대상은 햄스터와 강낭콩이며, 블루라이트 노출 유무 및 시간 그리고 자연 빛 노출 시간 등을 주요 변인으로 하여 6개월 간 실험집단과 대조군 집단의 성장 속도를 비교하고 성장 과정상의 특이사항을 관찰 기록하였습니다. 연구 계획 수립, 실험 대상 선정, 실험 조건 설정 그리고 변인 통제 등에서 많은 어려움을 겪었지만 과학적 탐구의 흥미진진함을 느낄 수 있었고 생명과학 및 물리에 대한 직접적인 경험 및 지식을 얻을 수 있었습니다. 실험결과 두 집단 간 성장 속도에서 유의미한 정도의 차이가 있었고 실험집단의 성장부진 뿐만 아니라 햄스터에게서는 비정상 행동 유형을 관찰할 수 있었습니다. 즉 블루라이트가 생물의 성장과 행동에 중대한 영향을 끼칠 수 있다는 것입니다. 좀 더 장기적이고 철저한 실험 조건하에서의 연구가 필요하겠지만, 나름 유의미한 결과를 얻은 것 또한 기뻤습니다. 이 연구 결과는 학내 게시판과 전단지 등을 통해 블루라이트의 유해성에 대한 학생들의 경각심을 일깨우는 활동에 계기가 되기도 했습니다.

3. 학교생활 중 배려, 나눔, 협력, 갈등 관리 등을 실천한 사례를 들고 그 과정을 통해 배우고 느낀 점을 구체적으로 기술하세요(1,000자 이내).

1학년 때 교내 창의과학캠프에 선발되어 카이스트와 서울대생 멘토의 지도하에 공동 연구를 하였습니다. 연구 팀을 구성하는 과정에서 전학 온 쉐셍판이라는 조선족 친구가 혼자 남게 되었는데, 당시 그 친구는 문화적 그리고 언어적 차이로 인해 새로운 환경에 적응을 하지 못한 상태였던 것 같았습니다. 서로 의논하고 협력하면 어려움 없이 해낼 수 있다고 말하면서 공동연구 팀원으로 제의했고 그 친구는 우리 팀의 일원이 되었습니다. 연구 가설은 '에어로졸이 인체에 악영향을 미친다.'이었습니다. 각자 맡은 부분의 사전 자료조사를 하고 내용을 요약 정리하는 과정에서 쉐셍판은 '에어로졸' '콜로이드' 그리고 '틴들 현상' 등의 전문적 용어 및 내용에 대한 이해도가 부족하여 힘들어했습니다. '그 친구가 자칫 팀에서 이탈할 수도 있겠다.'라는 생각이 들어서 저도 어렵고 생소한 부분이 있었지만 저를 비롯한 팀원 모두가 그 친구를 이끌었습니다. 수동적이고 경계심을 보였던 쉐셍판은 어느덧 긍정적인 자세와 적극적인 관심을 가지게 되었습니다. 각자 조사한 자료를 비교, 검토한 후 PPT제작과정에서 쉐셍판이 파워포인트 이용방법 및 제작에 대해 전혀 경험이 없다는 것을 알게 되었지만 경험 많은 조원들 대신에 PPT제작과정을 쉐셍판이 주도하고 팀을 대표하여 발표까지 맡아서 하면 어떨까라는 생각이 들었습니다. 쉐셍판은 불안해했지만 긍정적으로 받아들였고 PPT제작과정에 팀원 모두가 쉐셍판이 해나갈 수 있도록 조금씩 도왔습니다. 그 과정에서 우리 팀원은 그 친구가 팀을 대표하여 발표를 하도록 계속 격려했습니다. 발표 대본을 공동으로 만들고, 사전 연습을 통해서 자신감을 가질 수 있도록 했습니다. 쉐셍판은 무난하게 발표를 했고 저희 팀은 금상을 수상하였습니다. 서로간의 차이로 인한 외면과 이해 부족으로 인한 갈등은 진실된 의사소통으로 허물 수 있고, 남을 돕는다는 것이 결국 자신을 돕는 것이라는 알게 되었습니다. 지금 쉐셍판은 남들과 다르지 않은 '우리'가 되었습니다.

4. 해당 전공(학부, 학과)에 지원한 동기와 입학 후 학업계획 및 향후 진로 계획에 대해 서술하시오(1,000자).

고등학교 2학년 말, 생명공학과 대학생과의 CAMBIO프로그램에서 다양한 실험을 할 기회가 있었습니다. DNA증폭 실험인 'PCR 및 전기영동 실험'과 '바나나 DNA 추출' 등의 실험을 준비하고 진행하는 과정에서 생명과학 II 교과와 관련도서를 이용해 유전자 분석 및 재조합, 핵 치환, 배아 및 성체줄기세포 등의 생명과학분야에 대한 기본적인 이해와 미래의 발전 가능성에 대해 학습하였습니다. 줄기세포 와 유전자를 이용한 질병의 예방과 치료가능성은 제게 가장 큰 관심과 흥미를 불러일으켰고, 좀 더 폭 넓고 세부적인 지식에 대한 탐구심으로 'MEDIFOOD'라는 생명과학 동아리를 직접 만들었습니다. 동아리 활동 중 '게놈 에디팅'의 혁명을 가져온 '크리스퍼 유전자 가위'와 말라이아와 같은 난치병을 해결할 '유전자 드라이브 기술'에 대해서 알게 되었습니다. TED 강연을 들으며 '유전자 드라이브 기술' 같은 첨단 유전기술의 이면에는 이를 악용할 시 발생할 수 있는 문제점이 많다는 것을 깨닫게 되었습니다. 이 후 첨단 유전기술의 악용 및 생명윤리 문제, 미래 발전가능성에 대해 토론하며 제가 공부하고 싶은 분야가 무엇인지 깨달았습니다. 또한 미래 인간의 삶이나 미래 의학의 중심은 생명과학에 있다고 생각하게 되었고, 무엇보다도 생명과학 분야에 뿌리칠 수 없는 강렬한 매력을 갖게 되었습니다.

동국대학교에 진학하여 교과 과정을 바탕으로 기본 소양을 쌓고 전문적인 지식을 습득하고 싶습니다. 특히 유전학, 유전체학을 중점적으로 학습하여 고등학교 때에는 배우지 못했던 심화적인 내용을 다루고 싶습니다. 또한 'NSA' 동아리에도 적극적으로 참여하여 자연과학 분야에 대한 폭 넓은 지식과 최신 연구 동향 파악 및 첨단 정보 숙지에 게을리 하지 않을 것입니다. 누구보다도 더 열심히 준비하여 우리나라 유전학 분야의 핵심적인 일원이 되어 주도적인 역할을 하고 싶습니다. 더 나아가서는 유전자를 이용한 질병 치료 및 예방 분야에서 세계 최고의 권위를 가진 생명연구원이 될 것입니다.

자기소개서
경희대/지용성/네오르네상스전형/식물 · 환경신소재공학과

1. 고등학교 재학기간 중 학업에 기울인 노력과 학습 경험에 대해, 배우고 느낀 점을 중심으로 기술해주시기 바랍니다(1,000자 이내).

생명과학시간에 교정의 백목련이 꽃이 피려하는데 꽃봉오리들이 일제히 북쪽을 향해있다는 이야기를 들었습니다. '북향화'라고 불리는 백목련은 햇빛을 많이 받는 남쪽 꽃잎에 비해 늦게 열리는 북쪽 꽃잎 때문에 수그러들게 된다는 설명을 듣고 학교 주변 식물에 대한 호기심이 생겼습니다. 그래서 동아리 부원들과 함께 점심시간을 활용해 생명과학 선생님과 교정을 거닐며 식물을 관찰했습니다. 관찰활동을 하며 소나무의 수분과정, 철쭉의 유도선의 역할과 같은 설명을 듣고 수첩에 정리했습니다.

하지만 수첩에 정리한 내용들은 휘갈겨 쓴 글씨 때문에 알아보기 힘들었고 정리한 식물들이 어떻게 생겼는지조차 헷갈렸습니다. 그래서 고심한 끝에 관찰한 식물을 한눈에 볼 수 있는 교내 식물도감을 제작하기로 했습니다. 관찰한 날마다 식물사진을 찍고, 선생님의 설명을 바탕으로 인터넷과 여러 식물도감을 참고하여 내용을 채워갔습니다. 또한 수업시간에 배운 겉씨와 속씨식물의 비교, 양수와 음수의 구분과 같은 식물생태에 관한 내용을 보충해 식물도감의 완성도를 높였습니다.

식물에 관심을 갖고 직접 조사하며 식물도감을 만들어 보니 자연히 교과공부에도 도움이 되었습니다. 수업시간에 배운 계통수를 활용하여 교내 식물 계통수를 만들어보면서 식물을 유연관계에 따라 분류하니 개념을 더 쉽게 이해할 수 있었습니다. 생물의 계통과 분류체계 개념을 암기하려고만 했던 제게 이 활동은 마치 연구원이 되어 유연관계를 밝혀나가는 것 같은 희열을 느끼게 했습니다. 또한 주목을 관찰하면서 암꽃 끝에 물방울 같은 점액이 수분을 돕기 위해 맺혀있는 것을 보고, 미선나무를 관찰하면서 부채모양의 열매가 멀리 날아가는 것을 본 경험은 바이오매스생리학을 더 깊게 연구하고 싶다는 결심을 갖게 했습니다.

생명과학의 개념을 식물도감에 적용해보면서 흥미를 느꼈고, 교과서를 넘어 다양한 활동을 통해 능동적으로 배움으로써 학문을 폭넓게 배우고 싶은 의지를 갖게 되었습니다. 이 의지는 제가 연구하고 싶은 바이오매스신소재학을 수행하는데 큰 역할을 할 것입니다.

2. 고등학교 재학기간 중 본인이 의미를 두고 노력했던 교내 활동을 배우고 느낀 점을 중심으로 3개 이내로 기술해 주시기 바랍니다. 단, 교외 활동 중 학교장의 허락을 받고 참여한 활동은 포함됩니다(1,500자 이내).

2학년 때 동아리에서 교내 텃밭 가꾸기 활동을 했습니다. 텃밭을 가꾸기로 정한 곳은 학교 뒤편에 있어 일조량도 부족하고, 땅도 척박했습니다. 밭을 가는 과정에서 흙먼지가 날리고, 튀어 오르는 돌에 상처도 나면서 포기하고 싶은 생각까지 들었습니다. 그래도 끝까지 포기하지 않고 부원들과 힘을 합쳐 텃밭을 만들고 8종류의 식물들을 텃밭에 심었습니다. 처음에는 이 척박한 환경에서 식물들이 잘 자랄 수 있을까 걱정이 앞섰습니다. 하지만 주기적으로 물도 주고 상한 우유로 거름을 준 결과, 식물들이 무럭무럭 자라났고, 토마토와 파프리카 같은 식물들은 열매를 맺기도 했습니다. 텃밭을 가꾸면서 옥수수수염 하나에 옥수수 한 알씩 연결되어 있는 것을 눈으로 보고, 파란 수국이 토양의 pH로 인해 자주색으로 변해가는 과정을 관찰한 경험을 통해 견문을 넓힐 수 있었습니다. 또한 생장하기 어려운 환경에서도 열매를 맺는 식물들을 보며 주어진 환경에서 포기하지 않고 최선을 다하면 결실을 맺을 수 있다는 희망을 갖게 되었습니다.

식물관찰 활동을 하며 어린 소나무가 연간 3kg의 탄소를 흡수한다는 설명에 호기심을 갖고 평소 환경에 관심이 많은 부원들과 함께 교내 탐구보고서 발표대회에 참여했습니다. '교내 탄소발자국을 지우자'를 주제로 한 탐구는 교내 탄소발자국을 측정하는 것부터 시작하였습니다. 측정하는데 필요한 교내의 월별 쓰레기 배출량을 조사하기 위해 쓰레기봉투 배급도우미를 자원하여 배급활동을 한 후, 분리수거장에 버려지는 쓰레기봉투를 하나하나 파악하였습니다. 에너지 사용량도 행정실에 도움을 구해 직접 계산함으로써 탄소발자국을 측정하였습니다. 5개월에 걸친 탐구 끝에 한 사람이 학교에서 약 21kg의 탄소발자국을 남기고, 이를 지우기 위해 1인당 연간 7그루의 어린 소나무를 심어야 한다는 결론을 내릴 수 있었습니다. 이 활동을 통해 우리가 학교에서 배출하는 탄소의 양이 엄청나다는 것을 실감하면서 경각심을 갖게 되었습니다. 그 경각심을 통해 탄소발자국을 지우기 위해 학생으로서 할 수 있는 일들을 생각하고 실천할 수 있었습니다.

2학년이 되어 다양한 과학지식을 배우고 싶은 친구들과 함께 과학 잡지 스크랩 활동을 하였습니다. 각자 자신의 관심분야와 관련된 기사를 찾아 스크랩하고 친구들 앞에서 내용을 소개하고 토의해보는 시간을 가졌습니다. 발표하면서 기사 내용에 대한 각자의 의견을 듣게 되었는데, 저와 다른 생각을 갖고 있는 친구를 보게 되었습니다. 처음에는 제 의견이 가장 합리적이라고 생각했지만, 여러 번의 토의를 통해 친구들의 다양한 의견을 들어보면서 그 친구의 의견을 존중할 수 있었습니다. 또한 전혀 생각지 못한 관점으로 문제에 접근하는 친구를 보며 한 방향의 생각만 고집하기보다는 문제를 통합적으로 바라보는 사고가 중요함을 깨달았습니다. 이 활동을 통해 기초과학과 응용과학, 과학윤리에 관한 다방면의 기사를 읽고 지식의 폭을 넓힐 수 있었습니다. 더불어 여러 문제에 대처할 수 있는 방안들에 대한 의견을 나누면서 다른 사람의 의견을 경청하는 자세를 배울 수 있었습니다.

3. 학교 생활 중 배려, 나눔, 협력, 갈등 관리 등을 실천한 사례를 들고, 그 과정을 통해 배우고 느낀 점을 기술해 주시기 바랍니다(1,000자 이내).

어릴 때부터 지적장애가 있는 누나와 함께 자란 저는 장애인이 가진 아픔에 잘 공감할 수 있었고, 그들에게 도움을 주고 싶었습니다. 그래서 1학년 때부터 충북대학교 병원에서 환자 돌봄 봉사활동을 했고, 그곳에서 사고로 장애를 가진 환자분을 만나게 되었습니다. 하반신이 마비된 환자분이 혼자서 밖에 나가는 것은 매우 힘든 일이었습니다. 저는 밖으로 나가고 싶다는 환자분의 말씀에 봉사를 갈 때마다 그분을 병상에서 들어 올려 휠체어에 태워드렸습니다. 처음에는 무겁게 느껴져서 힘들었지만, 도움을 드릴 수 있다는 기쁨에 힘을 냈습니다. 밖에 나오자 먼저 보이는 것은 복잡하게 늘어선 주차장의 차들이었습니다. 답답한 실내생활 때문에 밖에 나왔지만, 밖에서도 답답함이 느껴졌기에 환자분은 실망하는 듯 보였습니다. 이를 알아챈 저는 휠체어를 끌고 주차장을 벗어나 근처 공원에 갔습니다. 탁 트인 공원을 돌아다니면서 환자분의 표정은 한결 밝아졌습니다. 그 모습을 보며 작은 배려로 다른 사람에게 행복을 줄 수 있다는 것을 느꼈습니다.

하지만 2학년 때 환자분의 건강이 악화되어 예전처럼 밖을 나갈 수 없게 되었습니다. 더 이상 환자분이 외출을 할 수 없어 안타까웠고, 그 대신 제가 어떤 도움을 드릴 수 있을지 생각했습니다. 그러던 중 〈숲으로 떠나는 건강여행〉을 읽고 식물이 재활치료 환자들에게 도움이 된다는 것을 알게 되었고, 식물을 사서 병실에 놓기로 마음먹었습니다. 그러나 식물의 꽃가루가 환자에게 악영향을 줄 수 있다는 간호사님의 말씀에 그 계획을 접어야했고, 환자분에게 도움을 드릴 수가 없어 아쉬웠습니다. 다른 방법을 고민하던 중 꽃가루의 피해가 없는 조화를 떠올리게 되었고, 환자분이 계신 병실에 조화를 사와 서툴지만 화사하게 꾸몄습니다. 비록 조화였지만, 환자분은 자그마한 병실 정원이 생겼다고 좋아하시고 고맙다고 해주셔서 무척 뿌듯했습니다. 조화이지만 진심어린 선물이었기에 기쁘게 받아주시는 환자분을 보면서 봉사를 할 때는 무엇보다도 진심을 담은 마음이 중요하다는 것을 깨달았습니다.

4. 해당 모집단위에 지원하게 된 동기와 이를 준비하기 위해 노력한 과정이나, 지원자의 교육 환경(가정, 학교, 지역 등)이 성장에 미친 영향 등을 경험을 바탕으로 구체적으로 기술하시오 (1,500자 이내).

저의 꿈은 산림자원을 이용하여 인간생활에 유용한 천연소재를 개발하는 연구원이 되는 것입니다. 저는 어릴 적은 물론, 최근까지도 일상생활이 힘들 정도로 아토피로 고통스러웠던 적이 있었습니다. 그때마다 집 근처 산에 올랐고, 덕분에 아토피가 완화될 수 있었습니다. 그때부터 인간에게 유익한 산림자원의 중요성과 가치를 이해할 수 있었습니다. 산림자원은 인간에게 신체적, 정신적으로 유익할 뿐만 아니라 미래 산업사회에서도 유용한 천연소재로 활용될 수 있어 매우 가치 있는 자원이라고 생각합니다. 저는 생태계의 균형적 개발을 토대로 환경을 보전하면서 산림자원을 효율적으로 활용하겠다고 다짐했습니다. 이를 통해 산림자원을 이용한 친환경 천연소재를 개발하여 사회에 기여하겠다는 목표를 갖고 식물환경신소재공학과에 지원하게 되었습니다.

저에게는 지적장애가 있는 누나가 있습니다. 어릴 때 고열로 인해 뇌를 다쳐 장애를 갖게 된 누나는 종종 말썽을 부렸습니다. 제가 공부하던 책을 찢어버리고, 필기구들을 못 쓰게 망가뜨려놓기도 하는 등 저를 힘들게 할 때도 있었습니다. 그런 누나를 보면서 '왜 나한테 이런 시련이 찾아왔을까'라는 생각을 하며, 서러움에 울기도 했습니다. 하지만 이런 상황 속에서도 누나를 위해 자신의 직업을 포기하고 희생하시는 어머니의 모습을 보게 되었습니다. 그런 어머니를 위해서 지금 겪는 시련을 극복하고, 제 꿈을 이루어야겠다고 다짐했습니다. 그래서 꿈을 이루기 위한 기반을 학교생활에서 다양한 활동을 통해 쌓았습니다. 교내식물관찰활동을 하면서 교내에 있는 식물들의 종류와 식물이 갖고 있는 특징을 알게 되었고, 이를 통해 식물환경자원의 중요성을 인식할 수 있었습니다. 더불어 교내 동아리 탐구보고서 발표대회를 준비하면서 탄소배출로 인한 환경문제를 파악함과 동시에 산림자원의 보전 및 효율적 관리의 필요성을 느낄 수 있었습니다. 이러한 경험들은 제 목표인 산림자원을 활용한 천연소재 개발 연구에 밑거름이 될 것이라고 생각합니다.

또한 누나의 장애로 인해 장애인이 갖고 있는 아픔을 누구보다 잘 공감할 수 있었기에 시작한 병원 봉사활동도 꾸준히 참여할 수 있었습니다. 봉사활동을 통해 휠체어 생활을 하는 환자분을 보면서 미래에 장애인을 위해 할 수 있는 일을 생각해보았습니다. 그러던 중 나무에서 바이오신소재를 추출했다는 기사를 보게 되었습니다. 나무의 리그닌을 바이오플라스틱과 탄소나노섬유로 이용할 수 있다는 소식은 저에게 큰 목표를 바라보게 했습니다. 풍부한 산림자원을 이용하여 탄소섬유와 같은 바이오신소재를 개발해서 장애인들을 위한 보조공학기기 연구에 도움을 줄 것입니다. 물론 안전성과 상용화의 문제 또는 개발로 인한 환경문제가 있겠지만, 포기하지 않고 문제점을 해결하여 목표를 이루어낼 것입니다.

아토피로 고생했던 경험은 산림자원의 가치를 인식하게 했고, 누나의 장애는 장애인보조공학기기 연구를 위한 바이오신소재 개발이라는 목표의식을 심어주었습니다. 한때는 시련이라고만 생각했던 것들이 큰 자산이 되면서 더욱 성장할 수 있었고, 목표에 다가가게 되었습니다.